W. TIMOTHY GALLWEY
DR. EDWARD S. HANZELIK
DR. JOHN HORTON

INNER GAME STRESS

Wie Sie größere innere Stabilität gewinnen, um die Herausforderungen des Lebens zu bewältigen

allesimfluss_verlag

allesimfluss-Verlag und Shop AG, Am Schießrain 37, D – 79219 Staufen
Telefon +49-7633-933480 / Fax +49-7633-9334811
www.allesimfluss-verlag.de / kontakt@allesimfluss-verlag.de

1. Auflage Dezember 2012

Autoren: W. Timothy Gallwey, Dr. Edward S. Hanzelik und Dr. John Horton
Projektleitung: Frank Pyko
Übersetzung: Ingrid Proß-Gill
Umschlaggestaltung: Meike Herzog
Illustrationen: Nike Schenkl
Layout und Satz: Satzbüro B. Herrmann
Korrektur: TextBüro Meßmer
Druck und Bindung: fgb · freiburger graphische betriebe GmbH

Printed in Germany

Print CO2 kompensiert
Id-Nr. 1223955
www.bvdm-online.de

Veröffentlicht in den USA 2009 von Random House, New York
unter dem Originaltitel »The Inner Game of Stress«.

ISBN 978-3-9809167-6-9

Menschen auf der ganzen Welt gewidmet,
die angesichts der Herausforderungen des Lebens
nach Stabilität, Ruhe und Weisheit streben

VORWORT

Was wir von unseren Patienten gelernt haben

Als Ärzte sehen wir die gesundheitlichen Auswirkungen von Stress jeden Tag. Einer Schätzung des American Institute of Stress zufolge spielt Stress bei 75 bis 90 Prozent aller Besuche bei Hausärzten eine Rolle. Für uns ist diese Zahl keine Überraschung. Forscher aus dem medizinischen Bereich finden es zwar schwierig, die Auswirkungen von Stress zu messen und zu beziffern, doch die Ärzte wissen intuitiv und aus Erfahrung, dass chronischer Stress mental und körperlich seinen Tribut fordert. Auch wenn unsere Patienten der Sache keinen Namen geben, wissen sie generell, wie schlecht Stress sich anfühlt, und die meisten sind sich ihrer eigenen Beschwerden bewusst. Bei dem einen können es Kopf- und Schulterschmerzen sein, bei einem anderen Übelkeit, Durchfall und Darmprobleme, bei einem dritten Herzrhythmusstörungen, Angst und eine Depression. Bei manchen sind die Auswirkungen subtil, bei anderen trägt Stress jedoch zu einer lebensbedrohlichen Erkrankung bei.

Die meisten unserer Patienten haben erkannt, dass der Stress in ihrem Leben zu einer körperlichen Belastung geworden ist; sie sind aber oft der Ansicht, dass sie dagegen nichts tun können. Sie glauben, dass ihr Stressgrad von den äußeren Umständen abhängt und dass der Stress sich angesichts ihrer Situation nicht vermeiden lässt. Sie denken, dass sie ihn einfach akzeptieren und sich bemühen müssen, sich durch ihn hindurchzukämpfen. Oder sie haben das Gefühl festzustecken und sehen keine Chance, ihre derzeitigen Gewohnheiten, Umstände oder emotionalen Reaktionen zu verändern.

Schon zu Beginn unserer Praxistätigkeit sahen wir, wie stark Stress unsere Patienten beeinträchtigte; das regte uns dazu an, nach Möglichkeiten zu suchen, das Grundproblem – den Stressverursacher selbst – zu beeinflussen. Wir probierten es mit Beratung, und das hatte auch tatsächlich positive Auswirkungen, doch wir brauchten mehr als bloße

Worte. Unsere Patienten brachten zum Ausdruck, dass sie praktische Tools benötigten. Die große Frage war aber: Welche Tools konnten wir ihnen als Ärzte geben?

Gewöhnlich suchen Ärzte nach medizinischen Lösungen für die Probleme, die sie sehen – Tabletten, Operationen oder verschiedene Therapien. Bei Stress sind diese Strategien jedoch nicht wirksam genug, da dabei nicht berücksichtigt wird, weshalb das Stresssystem überhaupt aktiviert wird. Dieses System ist als lebensrettende biologische Reaktion auf Gefahren gedacht; bei Menschen, die unter chronischem Stress stehen, wird es aber dauerhaft aktiviert, als Reaktion auf die ganz alltäglichen Herausforderungen. Es gibt immer mehr wissenschaftliche Beweise dafür, dass ständiger Stress der Gesundheit schadet. Daher fragten wir uns, wie wir unseren Patienten helfen könnten, die wiederholte Aktivierung ihres Stresssystems zu vermeiden.

Wir waren damals schon seit einer Reihe von Jahren mit Tim Gallwey befreundet und bewunderten seinen Inner Game-Ansatz, zu dem das natürliche Lernen und die Nutzung der eigenen Ressourcen gehören. Er zeigt in seinen Inner Game-Büchern, wie man sich auch angesichts äußerer Stressoren seine Balance bewahren kann. Also sprachen wir mit Tim darüber, wie man seine Erkenntnisse zum inneren Spiel – dem, was sich gedanklich in uns abspielt – auf die uralten Probleme der praktischen Medizin anwenden könnte.

Mit Tims Hilfe begannen wir dann, unsere Patienten in die Inner Game-Tools einzuführen und ihnen zu zeigen, wie man sie benutzen kann, um chronischen Stress zu verhindern. Die phänomenalen Ergebnisse aus den letzten zwölf Jahren haben uns bewogen, dieses Buch zu schreiben. Tatsächlich haben die Leute uns nach vielen unserer Stressseminare voller Dankbarkeit angeschaut und eben das gesagt: »Darüber sollten Sie ein Buch schreiben!«

Wir haben miterlebt, dass durch die Anwendung der Inner Game-Tools bei akuten wie chronischen medizinischen und psychischen Problemen eine fundamentale Verbesserung eintrat. Wir haben entdeckt, dass unsere Patienten sogar die Kontrolle über etwas so Verheerendes und Zerstörerisches wie Stress haben – dass Stress sich verhindern lässt, wenn sie das Inner Game wirklich beherrschen.

Unsere Patienten zeigten uns auch, dass sie bei der Verhinderung von Krankheiten und der Vermeidung von Stress sehr aktiv mitarbeiten wollten. Wir lernten, dass unsere Rolle als Ärzte sich verlagern musste. Wir waren nicht mehr die Experten, die alle Fakten kannten, Rezepte ausstellten, Anweisungen erteilten und völlige Willfährigkeit verlangten. Wir mussten Coachs werden und unsere Patienten dazu anregen, ihre eigenen Stärken und Fähigkeiten zu entdecken. Das ist der Punkt, an dem die Inner Game-Strategien sich so gut mit der medizinischen Praxis verbanden. Selbst Athleten von Weltklasse haben Coachs. Weshalb? Weil sie wissen, dass der Coach sie bei ihrem Lernprozess unterstützen kann, dass er ihnen helfen kann, Dinge zu sehen, die sie selbst vielleicht übersehen würden, und sie zu größeren Leistungen inspirieren kann.

Der Arzt spielt als Coach eine ganz ähnliche Rolle: Er hilft den Patienten, die Vielfalt ihrer Ressourcen zu entdecken, unterstützt sie bei ihren Bemühungen, ihre Gesundheit zu stärken, und inspiriert sie dazu, nach Möglichkeiten zur Vermeidung der schädlichen Auswirkungen von Stress zu suchen. Unsere Patienten bewiesen uns, dass sie schnell lernen konnten, das Ausmaß von Stress in ihrem Leben zu reduzieren und ihr Wohlbefinden insgesamt zu steigern. Sie haben uns durch ihr Verhalten gezeigt, dass Coaching oft die wirkungsvollste Hilfe für sie war.

Uns ist bewusst, dass es angesichts all der Herausforderungen des Lebens unvorstellbar scheinen kann, dass die Leute Stress vermeiden können. Wir staunen aber immer wieder darüber, welche Vielfalt von Ressourcen wir Menschen dafür in uns haben, unser Leben genau so zu führen.

Wir danken unseren Patienten für alles, was sie uns gelehrt haben. Sie haben uns eine Tür geöffnet, sodass wir entdecken konnten, wie wir uns an unserer ärztlichen Tätigkeit erfreuen können. Im Buch werden Sie Strategien für die Anwendung des Inner Game finden, die auf den aktuellen medizinischen Erkenntnissen und den Geschichten unserer Patienten beruhen. Wir hoffen, dass sie Ihnen helfen werden, Ihre Stressbelastung zu reduzieren und in Ihrem Leben höchste Zufriedenheit zu erreichen.

EINLEITUNG

INNER GAME UND STRESS

Einmal kam eine Golferin von Weltklasse zu mir und bat mich, sie zu coachen. Sie erzählte mir, sie brauche Hilfe, weil sie Stress verspüre, wenn sie bei Turnieren, bei denen sie den Titel gewinnen könne, die letzten Löcher spiele. »Meine Hände fangen dann an zu zittern und ich verliere den Kontakt zum Gefühl des Schlägers«, sagte sie. Sie stand gerade besonders unter Druck – sie brauchte nur noch zwei Turniere zu gewinnen, um für die Hall of Fame des Golfs infrage zu kommen.

Da es unmöglich war, die Umstände zu simulieren, die ihren Stress verursachten, stellte ich ihr zwei einfache Fragen:

»Was ist das Ziel beim Golf?«

»Weshalb spielen Sie Golf?«

Ihre ersten Antworten waren klar und einfach: »Das Ziel beim Golf besteht darin, jede Runde mit möglichst wenig Schlägen zu absolvieren. – Weshalb ich Golf spiele? Erstens liebe ich die Umgebung, zweitens liebe ich Wettkämpfe und drittens liebe ich es, das Talent zum Ausdruck zu bringen, das Gott mir geschenkt hat.«

Ich beobachtete sie genau, als sie antwortete, und sagte dann: »Bisher zittern Ihre Hände nicht!« Vorhersehbare Veränderungen würden keine Bedrohung für ihr Spiel sein. »Fallen Ihnen noch andere Gründe dafür ein, dass Sie sich dem Golfspiel gewidmet haben?«

Sie dachte kurz nach und rief dann: »Ja, die gibt es! Erstens schulde ich dem Golf etwas – bevor ich damit anfing, war ich ein Niemand, aber jetzt bin ich jemand. Und noch etwas: Ich schulde meinen treuen Fans etwas, die erwarten, dass ich bei jedem Turnier um den Titel mitspiele.«

Sie hielt inne, sah mich an und sagte: »Jetzt werden meine Hände zittrig, nicht?«

Ja, das stimmte. Sobald sie aufgehört hatte, über ihre Liebe zum Golf zu sprechen, und zu ihrem Gefühl im Hinblick auf die Beurteilungen und Erwartungen von anderen gewechselt hatte, war Nervosität unvermeidbar. Sie blickte bereits auf das Ende des Wegs, auf eine Zeit, in der sie die Treue ihrer Fans und ihre Identität als Profigolferin nicht mehr haben würde. Sie verfügte über phänomenale Fertigkeiten, doch ihr innerer Stress - ihre Angst davor, ihrem Selbstbild oder dem Bild, das andere auf sie projizierten, nicht zu entsprechen - erzeugte körperlichen Stress und beeinträchtigte ihre Leistung und ihre Freude am Spiel.

Als sie allmählich erkannte, was sie blockierte, erlangte sie die Fassung wieder und begann darüber zu sprechen, wie viel Mühe es erforderte, in Höchstform zu bleiben und professionell Golf spielen zu können. Es war, als würde sie ernsthaft darüber nachdenken, ob es das wert war. Und sie kam zu dem Schluss, dass es sich tatsächlich lohnte. Das nächste Turnier, das sie spielte, gewann sie zwar nicht, aber das Turnier danach. Ihre Hochstimmung war unübersehbar: Vor lauter Freude sprang sie in den Teich neben dem 18. Loch.

Diese Frau schlug sich mit einer Tatsache herum, der wir uns alle stellen müssen: Wir müssen zwischen dem, wer wir sind, und dem, was wir tun, unterscheiden. Wir spielen im Leben viele Rollen - Vater oder Mutter, Ehepartner, Golfer, Manager -, doch die äußere Realität ist nicht das, was wir wirklich sind. Es ist eine der Aufgaben im Umgang mit unserem inneren Spiel, diese Unterscheidung zu machen und es uns dann zu erlauben, uns ganz zu zeigen, ohne Behinderung durch Konzepte und Erwartungen, die nicht im Einklang mit unserem Ziel stehen. Sobald wir das machen, können wir frei von Stress sein und in Bestform spielen - auf dem Golfplatz, bei der Arbeit und auch im Leben selbst.

In diesem Buch werden Sie viele Beispiele für Menschen finden, die ihre Denkgewohnheiten veränderten, die Stress auslösten und ihre Weiterentwicklung behinderten. Wir hoffen, dass diese Beispiele Sie dazu inspirieren werden, nachzudenken und sich Ihren eigenen Weg zur Freiheit von Stress zu suchen.

DER INNER GAME-ANSATZ

Ich denke, an dieser Stelle sind ein paar Worte zum Inner Game angebracht. Man kann sagen, dass jeder ein inneres Spiel spielt, ob er das nun erkennt oder nicht. Das heißt: Wir sind alle mit *äußeren* Spielen beschäftigt, bei denen wir Hindernisse in der äußeren Welt überwinden, um äußere Ziele zu erreichen; zugleich sehen wir uns aber *inneren* Hindernissen wie Angst, Selbstzweifel, Frustration, Schmerzen und Ablenkungen gegenüber, die uns daran hindern, das volle Spektrum unserer Fähigkeiten zu nutzen und uns uneingeschränkt an unserer Zeit zu erfreuen. Die Voraussetzungen des Inner Game – die Prinzipien, Methoden und Tools, durch die ich Menschen helfen möchte, sowohl bei den inneren als auch bei den äußeren Spielen zu gewinnen – sind konstant geblieben. Für Erfolg und Zufriedenheit im Leben ist eine Balance zwischen der nach außen und der nach innen gerichteten Aufmerksamkeit erforderlich.

Das Herz der Inner Game-Methode bilden drei Prinzipien:

1. nicht urteilende Aufmerksamkeit,
2. Vertrauen zum eigenen Selbst,
3. die Ausübung einer freien und bewussten Wahl.

Die Lernmethode, die sich aus diesen Prinzipien ergibt, habe ich ursprünglich beim Coachen im Sport und später in Unternehmen angewendet. Dabei habe ich festgestellt, dass die Leute lernen konnten, ihre inneren Hindernisse zu überwinden. Sie konnten ohne technische Anweisungen jede Fertigkeit verbessern, unproduktive mentale und körperliche Gewohnheiten wieder verlernen und diesen Prozess genießen. Dass ich das Tag für Tag beim Coaching von Sportlern und Führungskräften sah, brachte mich zu der tiefen Überzeugung, dass jeder auf natürliche Weise lernen und die gewünschten Veränderungen in seinem Leben vornehmen kann.

Es kann kein Zweifel daran bestehen, dass äußere Ereignisse Stress verursachen können. Falls Sie beispielsweise befürchten, Ihre Arbeit zu verlieren, ist das ein großer Stressor. Die Frage in diesem Fall ist: Können Sie zwischen Ihrer Arbeit und dem, der Sie sind, unterscheiden? Die Fähigkeit, zwischen dem Selbst und den Umständen zu unterscheiden, lässt sich erlernen; der Lohn sind Klarheit und eine Perspektive, die den Stress lindern und Ihnen helfen wird, Ihre äußeren Ziele leichter zu erreichen.

Wenn Sie Ihr inneres Spiel beherrschen, können Sie die Herausforderungen des Lebens bewältigen, ohne durch chronischen Stress krank zu werden. Das Geheimnis liegt in dem Wissen, dass Sie selbst entscheiden können, wie Sie die äußeren Ereignisse betrachten, wie Sie sie definieren, welche Bedeutung Sie ihnen beimessen und wie Sie mental und emotional auf sie reagieren können. Zu den fundamentalen Überzeugungen beim Inner Game gehört, dass jeder von uns ein tieferes inneres Verstehen in sich trägt, um die Frustrationen und die Ängste zu umgehen, die ihn in den negativen Stresskreislauf ziehen.

Ein Beispiel: Als ich Tennisspielern half zu lernen, wie sie ihre Rückhand, ihre Vorhand und ihren Aufschlag verbessern konnten, half ich ihnen im Grunde zu lernen, wie sie in ihrem Inneren bessere Leistungen erbringen konnten. Zu lernen, wie man *lernt*, war wichtiger, als den Ball auf dem Platz gut zu treffen; zu lernen, wie man Angst überwinden kann, war wichtiger als der Sieg bei irgendeinem Spiel. Das Erlernen der Kunst der entspannten Konzentration lässt sich auf alle Unterfangen auf dem Tennisplatz oder außerhalb von ihm anwenden. Die Lektionen aus dem Sport sind auch auf das ganze Leben anwendbar. Wenn das innere und das äußere Spiel synchron liefen, nahm der Stress ab, die Leistung verbesserte sich, das Lernen erfolgte auf natürliche Weise und die Freude an der Aktivität war besonders groß. Manche Sportler nennen das »in der Zone spielen« oder »ganz im Fluss sein«. Beim Inner Game geht es auch darum zu lernen, immer öfter in diesem Zustand zu sein.

Ein weiterer einzigartiger Wert des Inner Game-Modells und der entsprechenden Tools ist, dass sie unser natürliches Vermögen anzapfen, essenzielle Bedürfnisse zu erfüllen. Die menschliche Gabe zu lernen kann das ganze Leben lang anhalten. Kinder lernen aus Freude und Neugier, zu laufen, zu sprechen und zu spielen. Diese Prozesse werden als natürlich und positiv erlebt. Zu lernen, wie wir eine Balance zwischen einem höheren Gang angesichts einer Herausforderung und einem niedrigeren Gang für Ruhe und Entspannung herstellen können, kann ebenfalls einfach und leicht sein. Wir besitzen alle die natürliche Fähigkeit, mitten in den täglichen äußeren Kämpfen überlegt und ruhig zu bleiben. Wir müssen nur den Zugang zu unseren Ressourcen finden. Unter den Lebensumständen, mit denen wir konfrontiert sind, lohnt es sich besonders, diese Fähigkeit zu entwickeln.

IM TEAM MIT DEN ÄRZTEN

In den 1970er-Jahren, als ich *Tennis – das innere Spiel* (*The Inner Game of Tennis*) schrieb, freundete ich mich mit zwei bemerkenswerten Ärzten an: Dr. John Horton und Dr. Edd Hanzelik. Wir unterhielten uns oft über unsere jeweilige Arbeit und stellten fest, dass bei unseren Denkweisen große Übereinstimmung bestand. John und Edd hatten sich einer anderen Art von Medizin verschrieben; sie legten den Fokus darauf, die ganze Person zu behandeln und die Patienten zur vollen Beteiligung an ihrer Behandlung und zum Vertrauen in das angeborene Heilvermögen des Körpers anzuregen. Die beiden Ärzte lernten von ihren Patienten, dass chronischer Stress die Ursache vieler Krankheiten war. Sie suchten nach Möglichkeiten, ihnen zu helfen, Stress nicht nur durch Medikamente zu bekämpfen. Und sie stellten fest, dass die Prinzipien und Tools des Inner Game für die Bedürfnisse ihrer Patienten von bemerkenswerter Relevanz waren.

Als ich begann, mit Edd und John darüber zu sprechen, ob wir nicht gemeinsam an einem Stressseminar arbeiten könnten, erkannte ich, dass Stress längst nicht nur eine Barriere für die Leistung von Sportlern und Führungskräften war, sondern etwas viel Ernsteres. Und dass er in einem engeren Zusammenhang mit medizinischen Problemen steht, als ich bis dahin begriffen hatte. In Wirklichkeit öffnet er Krankheiten Tür und Tor – er ist ein kritischer Faktor bei einem großen Prozentsatz der Patienten, die Ärzte aufsuchen.

Als ich darüber nachdachte, ob ich mit den beiden Ärzten zusammenarbeiten sollte, erinnerte ich mich daran, dass ich einmal einem Augenarzt geholfen hatte, ein Trainingsprogramm für eine spezifische und komplexe Form der Augenchirurgie zu entwickeln. Die Tatsache, dass es hier nicht um Tennisbälle oder Egos ging, sondern um Augäpfel, hatte mich damals ernüchtert. Als ich mit den Ärzten über Stress sprach, verspürte ich das gleiche Gefühl der Ernüchterung. Hier standen die Gesundheit und die Lebensqualität auf dem Spiel. Hier konnten wir bei Menschen etwas bewirken, was weit über die Leistung hinausging.

Wenn ich mich auf diese Aufgabe einließ, würde ich das Inner Game noch viel besser verstehen.
Mir halfen mehrere andere Fakten im Hinblick auf Stress, mich für die Zusammenarbeit mit den beiden Ärzten zu entscheiden. Ich erfuhr, dass chronischer Stress viel verbreiteter und schädlicher war, als ich gewusst hatte. Er schien größtenteils dadurch verursacht zu werden, wie die Leute die Ereignisse und Umstände in ihrem Leben *wahrnahmen*, nicht durch die Realität selbst.
Ich lernte, dass die Mittel gegen chronischen Stress, die die Mediziner anbieten konnten, oft auf Medikamenten beruhten und dass die Ursachen für den Stress dabei gewöhnlich außer Acht gelassen wurden. Standardverfahren wie sportliche Betätigung, gesunde Ernährung und Ruhe waren zwar an sich gut, gingen die Ursachen jedoch nicht an. Schließlich machten John und Edd mir bewusst, dass die neueste medizinische Forschung die fundamentalen Prinzipien und Methoden stützte, die beim Inner Game benutzt werden. Sie halfen mir auch zu verstehen, dass die Patienten Zugang zu geistigen Fähigkeiten bekommen können, die tiefer liegen als die körperliche und intellektuelle Koordination.
Ich begann zu sehen, dass man durch Inner Game die wahrnehmungsbedingten Ursachen von Angst, Frustration und Schmerzen angehen und den Menschen nachhaltig helfen konnte, durch einen erfreulichen Prozess der Selbstentdeckung zu lernen. Dieser Prozess zielte weniger darauf ab, den Stress zu beseitigen, sondern hatte das positivere Ziel, eine dynamische innere Stabilität aufzubauen – und das hat für alle Menschen einen bedeutenden Wert an sich, nicht nur, wenn sie sich im Stresszustand befinden.

WAS SIE IM BUCH ERWARTET

Die Hauptstrategie bei unseren Stressseminaren hat darin bestanden, den Teilnehmern zu helfen, einen inneren Zustand aufzubauen, der so stabil ist, dass er den unvermeidbaren äußeren Stressoren widerstehen kann. In diesem Buch präsentieren wir Ihnen die Ergebnisse unserer Entdeckungen und unsere Erkenntnisse, wie man diese Stabilität – und damit die Hoffnung auf ein Leben ohne die schädlichen Auswirkungen von chronischem Stress – erreichen kann.

Auf den folgenden Seiten werden John, Edd und ich Sie auf eine Reise mitnehmen, auf der Sie zum Lernen und Selbstentdecken eingeladen werden. Dabei werden meine Arbeit mit Sportlern und Führungskräften und die Geschichten und Erkenntnisse der Patienten der beiden Ärzte ineinandergreifen.

In Teil 1 beschreiben wir die Prinzipien des Inner Game im Zusammenhang mit Stress und helfen Ihnen, ein Gefühl für Ihren eigenen Stressgrad zu bekommen. Sie werden merken, dass schon das eine Veränderung bei Ihrer Reaktion auf Stress hervorrufen kann. Das ist die besondere Wirkung des Selbstentdeckens und Lernens über die eigenen Erfahrungen. Es handelt sich dabei nicht um einen abstrakten Vorgang, sondern um eine reale Veränderung der Weise, wie Sie auf die Welt sehen und auf sie reagieren.

In Teil 2 helfen wir Ihnen, die Wurzeln Ihrer Stabilität zu ermitteln. Hier liegt der Schwerpunkt auf den angeborenen Ressourcen, die Sie besitzen und die Ihnen angesichts von Stress Sicherheit verleihen. Oder, wie ein Teilnehmer an unserem Stressseminar es ausgedrückt hat: »Wenn die Scheiße auf den Ventilator trifft, brauchen Sie sie nicht auch noch abzubekommen.« Wir werden Ihnen zeigen, wie wichtig es ist, Stabilitätswurzeln wachsen zu lassen, die Sie auf lange Sicht standfest halten werden, sowie sich einen Schild als Schutz zu bauen, damit die Stressoren des Lebens Sie gar nicht treffen können.

In Teil 3 geht es dann um die Toolbox für das Inner Game. Wir stellen Ihnen dort acht praktische und effektive Tools vor, durch die Sie Ihre Stabilität erhöhen und die täglichen Stressoren bekämpfen können. Ich bringe den Umgang mit diesen Tools seit vielen Jahren Sportlern und Führungskräften bei und wir verwenden sie auch in unseren Stressseminaren. Sie können sie auswählen, wenn Sie vor einer schwierigen Herausforderung stehen, oder sie einfach trainieren, um jeden Tag stärker zu werden. Suchen Sie sich bitte diejenigen Tools aus, die Ihnen für Ihre Situation geeignet scheinen. Schon das Wissen, dass Sie über so wirkungsvolles Werkzeug verfügen, kann Ihnen mehr Zutrauen und Sicherheit verleihen. Sie werden dann die Veränderungen vornehmen können, die Sie in Ihrem Leben wirklich machen wollen.

Im Buch werden Sie immer wieder Aufgaben finden, die Sie auf Ihre eigene Lebenssituation beziehen und anwenden können. Überlegen Sie sich bitte, wie Sie sie benutzen wollen. Sie könnten einen Teil gleich machen und andere für eine spätere Bearbeitung markieren. Sie können Ihre Antworten in ein Notizbuch schreiben, während Sie das Buch lesen. Sie können sich aber auch dafür entscheiden, die Aufgaben einfach zu lesen und über sie nachzudenken. Wir hoffen, dass Sie eine passende Methode finden werden, das Material auf Ihre persönlichen Erfahrungen hin anzuwenden.

Ich habe vor einiger Zeit gehört, wie der Vater von Tiger Woods – einem der besten Golfer der Welt – seinen Sohn darin coachte, beim Golfspielen mit Stress umzugehen. Er sagte zu Tiger, er dürfe auf dem Golfplatz jedes Gefühl verspüren, allerdings höchstens zehn Schritte lang. Mir kommt da ein Bild in den Sinn: Tiger Woods, der das Fairway entlangschlendert, gelassen und zuversichtlich. Er scheint die Zuschauer gar nicht wahrzunehmen, sondern ganz in sein eigenes Reich des Wohlbefindens eingetaucht zu sein, von ruhiger Energie und Konzentration durchdrungen. Es ist keineswegs so, dass er sich der Zuschauer nicht bewusst oder von ihnen abgeschnitten wäre. Nein, es ist eine Frage der Fähigkeit, in seiner eigenen Mitte zu bleiben und sich nicht selbst im Weg zu stehen – was etwas ist, was wir alle in uns tragen.

1 DAS STRESSSPIEL

WER WILL STRESS?

»Ich stehe so unter Stress!« Das hören wir jeden Tag Dutzende von Malen. Es wird in den verschiedenen Sprachen auf der ganzen Welt auf unterschiedliche Weise gesagt. Hier in Kalifornien, wo ich lebe, ist Stress eine Lebensweise. Wir machen uns Sorgen wegen der Brände, die unsere schöne Natur verschlingen, oder wegen der Erdbeben und der Überschwemmungen, deren Fluten Häuser zerstören. Wir machen uns Sorgen wegen des Benzinpreises, der unsere Autofahrerkultur im Würgegriff hält, wegen unseres wirtschaftlichen Überlebens, den Entlassungen, eines Krieges und des Gesundheitswesens. Wer sich Sorgen machen will, ist hier richtig!

Für die meisten von uns ist offensichtlich, dass wir sowohl von globalen als auch von alltäglichen Stressoren bedrängt werden. Der Sturzbach der Nachrichten in den Medien, der auf uns niederprasselt, ist wie ein Angriff - Zusammenbruch der Wirtschaft, Zwangsversteigerung von Häusern, Terrorismus, Kriege, Verlust der Ersparnisse, Hunger, Bankrotte, Naturkatastrophen, Gesundheitssysteme, die versagen ... Diese Nachrichten verschärfen die Anspannung, unter der wir durch die alltäglichen Stressoren stehen, wie Streit mit unserem Ehepartner, Schwierigkeiten bei der Erziehung unserer Kinder, berufliche Überlastung, der Kampf darum, die Rechnungen bezahlen zu können, gesundheitliche Probleme usw.

Unglücklicherweise erzeugt Stress weiteren Stress. Je gestresster wir sind, desto leichter lassen wir uns durch die kleinen Dinge in Aufregung versetzen. Wenn wir beunruhigt sind, beeinträchtigt das unsere Fähigkeit, klar zu denken und produktiv zu funktionieren, und das bringt uns noch mehr Stress. Wir sind sogar so daran gewöhnt, unter Stress zu stehen, dass er uns wie ein natürlicher Bestandteil unseres Lebens vorkommt.

Stress ist aber nicht normal! Es handelt sich dabei um ein Ungleichgewicht, das wir im Körper verspüren, wenn unser Stresssystem ständig aktiviert ist. Die *Stressoren* können innere oder äußere Faktoren sein, doch eins ist klar: Der Stress, den wir verspüren, beeinträchtigt unsere Funktionsfähigkeit und zehrt an unserer körperlichen Gesundheit.

Einer von Edd Hanzeliks Patienten verkündete mal: »Ich glaube, frei von Stress zu sein, würde sich sehr merkwürdig anfühlen!« Ein Lebensstil mit viel Stress kann tatsächlich eine verführerische Seite aufweisen. Manche Leute glauben sogar, Stress sei gut für uns – er motiviere uns und verschaffe uns einen Wettbewerbsvorteil. Wenn ich Geschäftsleute coache, sehe ich diese Einstellung ständig: »Wer Erfolg haben will, muss aggressiver sein als die Konkurrenz. Man muss sich antreiben. Man muss die Einstellung eines Kriegers haben.« Unsere Gesellschaft bewundert Menschen sogar, die auf Adrenalin leben, mit ihren summenden BlackBerrys und Arbeitstagen von 18 Stunden. Wir betrachten es als ehrenvoll, wenn jemand mit vier oder fünf Stunden Schlaf pro Nacht auskommt.

Wir sind darauf konditioniert, Stress als notwendig und unvermeidbar zu betrachten, doch in Wirklichkeit trifft das Gegenteil zu. Unsere Körper streben nach *Homöostase*, nach Balance, nach Gleichgewicht. Das ist das Natürliche – und das, was uns nachhaltig am Leben hält Auch unser Kopf muss sich im Gleichgewicht befinden, nicht in Aufruhr. Die Prioritäten müssen klar sein, und dazu gehört auch unser eigenes Wohl. Dass wir Stress brauchen, um besonders gute Leistungen zu erzielen, ist ein Märchen. Studien zeigen im Gegenteil, dass chronischer Stress unserer Gesundheit schadet, zu schweren Krankheiten führt und unseren beruflichen Erfolg behindert.

Wenn wir tatsächlich Menschen sehen, die es auch angesichts von großen Herausforderungen schaffen, die Nerven zu behalten, sind wir beeindruckt. Während des Wahlkampfes wurde Barack Obama von den Medien auf »No Drama Obama« getauft; seine Gelassenheit gab Menschen auf der ganzen Welt wieder mehr Hoffnung. Ein anderes herausragendes Beispiel ist Nelson Mandela. Nach 27 Jahren in einem südafrikanischen Gefängnis bildete er eine Regierung mit den Leuten, die ihn hineingesteckt hatten. Später sagte er über diese Zeit: »Bei den politischen Häftlingen überwanden Entschlossenheit und Klugheit die Angst und die menschliche Schwachheit.«

In gewisser Weise sind wir alle die Gefangenen der Bedrohungen um uns herum oder unserer persönlichen Situation. Für manche ist eine Krankheit ein Gefängnis, für andere werden Trauer, Armut oder Auseinandersetzungen in der Familie lähmende Realitäten. Die Frage ist dann: Wie können wir Zugang zu unserer eigenen Willensstärke und Klugheit erlangen, statt uns von Hilflosigkeit und Hoffnungslosigkeit überwältigen zu lassen? Stress erzeugt ja mehr Stress – Hoffnung und Klugheit führen zu Stabilität und Wohlergehen, was auch von außen auf uns zukommen mag.

DER UNTERSCHIED ZWISCHEN DRUCK UND HERAUSFORDERUNGEN

Als Erstes sollten wir zugeben, welche Rolle wir selbst bei der Erzeugung von Stress spielen. Ich erinnere mich sehr gut an ein Interview mit einem damals noch relativ unbekannten brasilianischen Tennisspieler, Gustavo Kuerten, der später dreimal das Grand-Slam-Turnier in Paris gewann. Die Reporter wunderten sich darüber, dass er in der Rangliste höher platzierte Spieler schlug, und fragten ihn: »Wie gehen Sie mit dem ganzen Druck um?« Seine Antwort lautete: »Mit was für einem Druck? Ich bin gar nicht mit dem Druck umgegangen – ich habe überhaupt keinen Druck verspürt.« Diese Antwort schien niemand zu verstehen. Die Journalisten fragten ihn immer wieder: »Wie konnten Sie unter diesen Umständen keinen Druck verspüren?« Er sagte: »Für mich war das eine tolle Zeit. Es hat mir Freude gemacht, gegen diese Leute zu spielen. Es hat mir Freude gemacht, gut zu spielen. Ich verstehe das nicht – was soll das mit diesem Druck?«

Für die Reporter war »Druck« offensichtlich etwas Reales, das auf höheren Wettkampfebenen existierte. Für Kuerten hingegen war er *keine* Realität. Für ihn war real, dass er die Gelegenheit gehabt hatte, sich mit den besten Spielern der Welt zu messen und sich darüber zu freuen, dass er gut spielte. Er spielte in einem mentalen Zustand, der die Freude und ein hohes Leistungsniveau verstärkte. In diesem Zustand gibt es kaum Platz für Stress.

Ich sollte wohl noch sagen, dass auch Kuerten nach seinem ersten Sieg bei den French Open im Jahre 1997 nicht stressfrei blieb. Seine wachsende Popularität in Brasilien und die großen Erwartungen anderer lösten tatsächlich etwas aus, was er als Druck wahrnahm, und darunter litt sein Spiel mehrere Jahre lang; die French Open gewann er erst wieder im Jahre 2000.

Die Vorstellung, dass wir Druck brauchen, um Erfolg haben zu können, wird uns schon in der Kindheit eingeimpft. Der Druck beginnt, wenn wir etwa drei Jahre alt sind – geh schneller, rede mehr, mach es besser ... Dieses Thema begleitet uns durch unser ganzes Leben. Das hört nie auf! Meiner Erfahrung nach können wir jedoch mehr Erfolg haben, wenn wir aufhören, selbst Druck auf uns auszuüben. Uns allen ist etwas angeboren, das will, dass wir besser werden. Wenn ich Führungskräfte coache, fällt es ihnen jedoch schwer, das zu begreifen. Der Chef denkt: »Wenn ich keinen Druck ausübe, wird die Aufgabe nicht erledigt.« Und die Mitarbeiter sagen: »Wenn es nicht *so aussieht*, als würde ich an meine Grenzen gehen, wird der Chef denken, dass ich nicht hart arbeite.« Das ist ein unproduktiver Kreislauf.

Es ist wichtig, an dieser Stelle zwischen *Druck* und *Herausforderung* zu unterscheiden. Wenn ich das Gefühl habe, vor einer Herausforderung zu stehen, die ich als etwas akzeptiere, was ich möglichst gut machen will, empfinde ich gewöhnlich keinen Stress, kann mich dieser Sache aber trotzdem gewachsen zeigen. Ich bin frisch und meine Fähigkeiten sind mir zugänglich. Druck erleben wir zwar innerlich, doch es fühlt sich an, als würde uns jemand von außen antreiben. Unsere eigene Motivation, uns wirklich auszuzeichnen, wird dann dadurch ersetzt, dass wir die Erwartungen anderer Leute erfüllen sollen. Mit dem Druck kommen die Angst vor dem Versagen und innere Konflikte. Eine Herausforderung, die wir akzeptiert haben, bringt uns dagegen entspannte Konzentration, Klarheit über die Absicht und die Fähigkeit, unser Bestes zu tun. Beides versetzt uns in einen Zustand größerer Aufmerksamkeit. Eine von uns akzeptierte Herausforderung kann zwar am Ende zu Müdigkeit führen, doch sie ist nicht mit den schädlichen körperlichen und mentalen Nebenprodukten von Stress verbunden.

Ich habe mal die Verkaufsgruppen eines gehobenen Beratungsunternehmens von der amerikanischen Ostküste gecoacht. Ich erklärte allen Gruppen, dass die Leistung beim Verkauf nicht das einzige »Spiel« ist, das zählt. Zu den anderen Herausforderungen gehörten das, was sie beim Verkaufsprozess lernten, und das Ausmaß der Freude, die sie empfanden. Das seien die drei stabilen Komponenten der Arbeit: *Leistung*, *Lernen* und *Freude*.

Ich riet den Führungskräften, sich zu bemühen, diese drei Arbeitsziele in eine Balance zu bringen, da das sowohl den Erfolg ihres Unternehmens als auch ihren persönlichen Erfolg steigern würde. Ich wusste allerdings nicht, dass die Leute aus der an letzter Stelle stehenden Gruppe sich das zu Herzen nahmen und zu dem Schluss kamen, dass sie sich so unter Druck gesetzt fühlten, dass sie keine sehr guten Leistungen erbrachten. Der Leiter war entschlossen, das Ungleichgewicht zu beheben. Er sagte: »Ich möchte, dass Sie im nächsten Monat losziehen und die Sache genießen und möglichst viel über den Kunden und seine Meinung von unserem Produkt und dem Produkt der Konkurrenz lernen.« Seine Grundbotschaft im Hinblick auf die Herstellung einer besseren Balance war: »Seien Sie neugierig und freuen Sie sich!«

Das erfuhr ich erst im nächsten Monat, als sich herausstellte, dass diese Gruppe bei den Verkaufszahlen nicht mehr auf dem letzten Platz lag, sondern auf dem ersten. Als die Leute keinen Leistungsdruck mehr verspürten, blieb die Herausforderung, gute Leistungen zu erbringen, offensichtlich bestehen – das zeigten ihre Ergebnisse. Damals erkannten sie möglicherweise noch nicht, dass die Energie, die sie in diese neue, von jedem Druck freie Vorgehensweise gesteckt hatten, sich immer wieder erzeugen lässt, ohne dass es zu einem Burn-out käme.

Die drei Komponenten der Arbeit sind interdependent, miteinander verflochten. Wird im Streben nach guten Leistungen die Lernkomponente ignoriert, wird die Leistung unvermeidbar sinken oder auf einem niedrigen Niveau bleiben. Und wenn die Freude in der Gleichung für die Arbeit fehlt, werden sowohl das Lernen als auch die Leistung leiden. Das gilt für alle menschlichen Aktivitäten.

AUS EINER PATIENTENAKTE

von Dr. Edd Hanzelik

Die Verführungskraft von Stress

Der 52-jährige Sam war ein gutes Beispiel für jemanden, der sich auf Stress verließ – doch das brachte ihn allmählich um. Auf Drängen seiner Frau und seiner Freunde hatte er sich widerstrebend einen Termin bei uns geben lassen. Er hatte eine Vielzahl körperlicher Symptome, beispielsweise Kopfschmerzen, Übelkeit, Bauchschmerzen und ein inneres Zittern; hin und wieder musste er sich auch übergeben. Einen Arzt wollte er nicht aufsuchen, weil er große Angst davor hatte, dass man bei ihm Krebs oder sogar einen Hirntumor diagnostizieren würde. Ich führte bei ihm eine ganze Reihe von Tests und körperlichen Untersuchungen durch, fand aber keine einzige körperliche Anomalie.

»Wie ist es möglich, dass die Ergebnisse bei allen Tests normal sind, obwohl ich mich so schlecht fühle?«, fragte Sam. Als ich die Vermutung äußerte, dass die Wurzel seiner Beschwerden Stress sein könnte, war er überrascht und ein bisschen abwehrend. Wie so viele engagierte Geschäftsleute betrachtete er Stress als notwendigen Bestandteil seines Berufslebens – als etwas, mit dem er umgehen konnte. Seine Arbeit – er lieferte der Flugzeugbranche Dienstleistungen – war anspruchsvoll und beinhaltete lange Arbeitstage und viele Höhen und Tiefen, doch so verdiente er sich nun mal seinen Lebensunterhalt. In gewissem Sinne hatte er mehr Angst davor, den Stress als Wettbewerbsvorteil zu verlieren, als vor den Symptomen an sich. Das hatte ich schon öfters gehört. Manche unserer Patienten bezeichnen sich sogar als Adrenalin-Junkies und sagen, ohne ein mit Stress zusammenhängendes Problem würden die Leute annehmen, man arbeite nicht hart genug.

Der menschliche Körper ist jedoch nicht dafür ausgerüstet, mit chronischem Stress fertigzuwerden. Unser Stresssystem ist eine eingebaute, lebensrettende Reaktion für Notfälle, bei denen es ums Überleben geht. Es ist nicht als Dauerzustand gedacht. Wenn dieses System in einen höheren Gang geschaltet wird, erzeugt es ein chemisches Ungleichgewicht; wird die *Homöostase* – das Gleichgewicht der physiologischen, also die Lebensvorgänge im Organismus betreffenden, Körperfunktionen – nicht wiederhergestellt, werden das körperliche, mentale, emotionale und soziale Wohlergehen stark beeinträchtigt.

Sam ließ sich dann coachen und entdeckte, dass sein Stress ihm keineswegs einen Wettbewerbsvorteil verschaffte – und dass das Gegenteil von Stress nicht ist, entspannt zu sein. Das Gegenteil von Stress ist vielmehr, angesichts des ganzen Aufruhrs im Leben und bei der Arbeit stabil zu bleiben. Im Laufe der Zeit akzeptierte Sam, dass der Stress erhebliche negative Auswirkungen auf seine Fähigkeit zu funktionieren hatte. Er wurde offener dafür zu lernen, wie er ein Gefühl des Wohlbefindens aufrechterhalten konnte, was auch immer in der Welt um ihn herum geschah. Er erklärte: »Ich habe entdeckt, dass ich manchmal Nein sagen muss! Ich habe aufgehört, mich selbst anzugreifen, weil ich keine besseren Leistungen bringe, und mir ist jetzt bewusst, dass meine Arbeit keinen Sinn ergibt, wenn ich mich dabei nicht gut fühlen kann.« Das war für Sam ein bedeutsamer Durchbruch und hatte große Auswirkungen auf seinen Gesundheitszustand.

Wir haben in unserer Praxis gelernt, dass der häufigste Stresstyp – das Bemühen, sich auf unvernünftigen Druck von außen einzustellen, während man die eigenen Bedürfnisse vernachlässigt – oft der schlimmste ist. Diese Anpassung kann belanglos und ganz normal wirken, doch es ist klar, dass sie im Laufe der Zeit zu Erschöpfung und diese wiederum zu Krankheiten führt. Deshalb wollen wir von neuen Patienten früh wissen, wie angespannt sie sind. Für mich war es keine Überraschung, dass Sams Beschwerden nachließen, nachdem er seine Ängste und seinen Stress reduziert hatte. Schon die Erkenntnis, wie die Situation ist, kann dramatischere Auswirkungen haben, als den meisten Menschen bewusst ist. Akzeptanz war jedoch nur der erste Schritt. Wenn wir den Stress hinter uns lassen wollen, ist eine ernsthafte innere Verpflichtung erforderlich, und die Entscheidung darüber, ob er sie eingehen wollte, lag bei Sam.

Eine Aufgabe: Ihre Stresstemperatur

Ich möchte, dass Sie jetzt ein bisschen Zeit darauf verwenden, Ihre Stresstemperatur zu messen. Das Erleben von Stress ist keine Abstraktion, sondern wird real erlebt. Das hier ist kein Buch über irgendeine allgemeine Sache, die als Stress bezeichnet wird. Nein, Stress ist konkret und persönlich, und Ihre Haltung gegenüber dem Rest des Buchs wird davon abhängen, auf welche Weise Sie Ihren eigenen Stressgrad erleben und wie Sie damit umgehen. Stress schadet Ihrer Gesundheit, sodass Ihre Temperatur Ihnen zeigen wird, ob Sie »Stressfieber« haben und wie gefährlich dieses Fieber ist.

Beantworten Sie bitte auf einem Blatt Papier die folgenden Fragen:

1. Schreiben Sie, ohne groß darüber nachzudenken, eine Zahl zwischen 1 und 10 auf, die wiedergibt, wie gestresst Sie sich in der letzten Zeit gefühlt haben.

2. Schreiben Sie jetzt alle Stressoren auf, die möglicherweise zu diesem Stress beitragen. Dann beurteilen Sie durch eine Zahl zwischen 1 und 10, wie viel Stress sie jeweils in Ihnen hervorrufen.

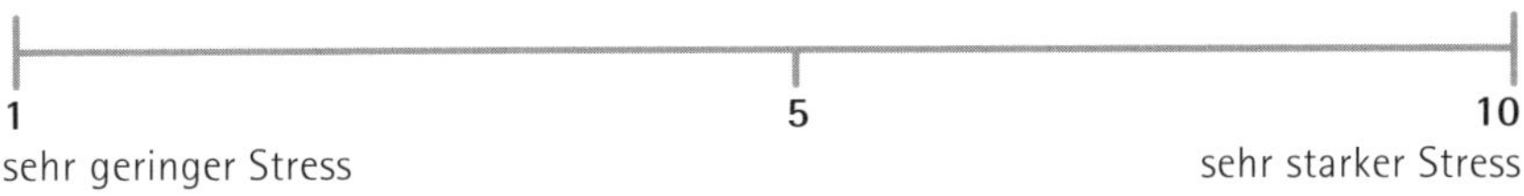

Zum Beispiel:

- Ihr Chef setzt einen unrealistischen Termin. (7)
- Streit mit Ihrem Sohn, einem Teenager. (5)
- Die Stromrechnung nicht bezahlen können. (9)
- Ihre Mutter oder Ihr Vater (beide schon älter) muss ins Krankenhaus. (8)
- Zeit, ein Hochzeitsgeschenk für einen Freund zu kaufen. (3)

Ihre Liste kann lang oder kurz sein. Auch kleine Dinge können Stressoren sein – beispielsweise die Entdeckung, dass keine Milch mehr da ist, wenn Ihre Kinder lautstark ihr Frühstücksmüsli verlangen. Auf täglicher Basis können uns all diese kleinen Stressoren wirklich fertigmachen.

3. Schreiben Sie auf, wie Sie sich angesichts dieser Stressoren fühlen. Wie sehen Ihre körperlichen, mentalen, emotionalen und sozialen Symptome aus?

   Zum Beispiel:
   Körperliche Symptome: schweißige Handflächen; Kopfschmerzen; Bauchschmerzen
   Emotionale Symptome: am Rande eines Tränenausbruchs stehen; sich fühlen, als würden Sie auf eine Wand einhämmern
   Mentale Symptome: benebelter Kopf; sich nicht konzentrieren können
   Soziale Symptome: Befürchtungen, dass Sie versagen werden und dass Ihr Chef Ihnen Vorwürfe machen und Sie vielleicht sogar entlassen wird

4. Denken Sie über Ihre Antworten nach und sehen Sie sich die unten stehenden Beschreibungen an. Platzieren Sie sich dann auf dem Stressthermometer.

   37°: Ihre Temperatur ist »normal«. Sie fühlen sich entspannt, ausgeruht und produktiv. Sie genießen es, sich zu erholen. Sie nehmen sich Zeit, um darüber nachzudenken, was Ihnen passiert. Sie sind frei von körperlichen, mentalen, emotionalen und sozialen Symptomen, die mit Stress im Zusammenhang stehen. Sie fühlen sich gut.

   38°: Sie haben schwachen Stress und einige mit Stress im Zusammenhang stehende Symptome, wie verspannte Muskeln im Nacken oder Verdauungsstörungen. Vielleicht fühlen Sie sich auch ein bisschen »aufgedreht« oder etwas müde. Ihr Stress beeinträchtigt Ihre Freude, Ihre Klarheit und Ihre Produktivität kaum.

38,5°: Sie haben mäßigen Stress. Er wirkt sich physisch, mental, emotional oder sozial auf Ihren Körper aus. Sie fühlen sich etwas erschöpfter. Ihre Pflichten erscheinen Ihnen als eine Last, die Ihre Gesamtbalance stören könnte.

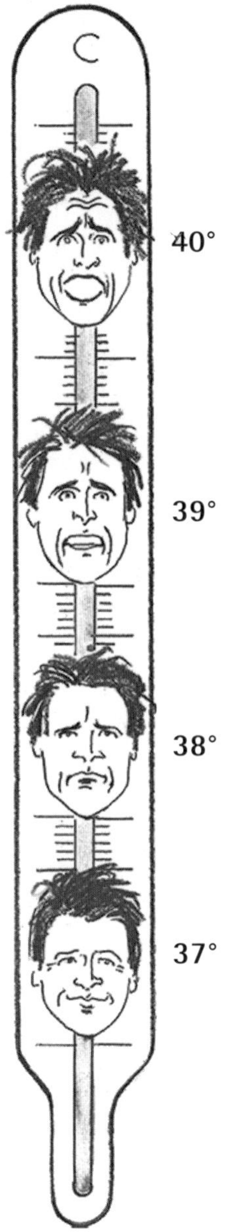

39°: Sie leiden unter ernstem Stress. Sie sind reizbar, und der Stress hat große Auswirkungen auf Sie, die sich bei Ihrem Körper und Ihrem Verstand zeigen. Sie können nicht so klar denken wie sonst. Sie fühlen sich einen großen Teil der Zeit über recht erschöpft und belastet. Sie befürchten, dass ein oder zwei weitere Belastungen Sie umwerfen könnten.

39,5°: Sie nähern sich gefährlichen Stressgraden. Ihr Körper und Ihr Verstand leiden stark unter mit Stress im Zusammenhang stehenden Beschwerden. Noch ein weiterer Stressor, und Sie könnten zusammenbrechen. Sie fühlen sich meistens erschöpft. Die Bewältigung normaler Pflichten und Aufgaben erscheint Ihnen besonders unangenehm. Sie suchen bewusst oder unbewusst nach Auswegen.

40° oder höher: Der Stress vergiftet Sie. Sie leiden an einer stressbedingten Krankheit. Ihr Körper und Ihr Verstand zeigen viele Symptome, von denen Sie wissen, dass sie durch Stress verursacht werden. Sie sehen keine Möglichkeit, das zu beenden. Sie haben Angst vor dem, was als Nächstes passieren könnte. Sie sind erschöpft. Die Erledigung Ihrer normalen Pflichten und Aufgaben wird ernstlich beeinträchtigt. Sie brauchen Medikamente und Drogen, um mit allem fertigzuwerden und um schlafen zu können. Ein weiterer Stressor könnte Sie umwerfen.

Wenn Sie Fieber haben, nehmen Sie das normalerweise ernst. Sie bleiben zu Hause, statt arbeiten zu gehen. Sie gönnen sich Ruhe. Falls Ihre Temperatur über 38,3° liegt, lassen Sie sich behandeln. Sie sagen nicht: »Ich werde mich da einfach durchkämpfen!« Bei Stressfieber sollte man es genauso machen, doch viele Leute glauben, sie könnten es so durchstehen; sie ignorieren es, nehmen Tabletten oder andere Stoffe, um sich besser zu fühlen, und gewöhnen sich daran. Je länger man Stressfieber hat und je höher die Temperatur ist, desto geringer ist die Wahrscheinlichkeit, dass man es mit einem Achselzucken abtun kann.

Ich hoffe, diese kleine Aufgabe hat Ihnen stärker bewusst gemacht, dass Stress schwerwiegende Auswirkungen auf Sie hat. Um ihn bewältigen zu können, brauchen Sie eine tiefgründigere Strategie – Stressmanagement allein reicht nicht! Sie würden ja auch nicht versuchen, ein Fieber zu »managen«, und Stress lässt sich nicht managen. Man kann ihn jedoch überwinden.

DAS INNER GAME BIETET EINE ANDERE MÖGLICHKEIT

Die meisten Gespräche über Stress, die wir hören, sind darauf fokussiert, ihn loszuwerden. Leute, die sagen, Stress sei schädlich, fragen auch: »Wie kann ich ihn loswerden?« Soll Ihr Leben aber wirklich allein darin bestehen, sich von schlechten Dingen zu befreien? Die Bekämpfung von Stress funktioniert nicht, das Bemühen, ihn zu managen, schon gar nicht. Sie müssen sich ein intelligenteres und positiveres Ziel setzen. Die Beschäftigung mit dem Inner Game eröffnet Wege, sich auf das zu konzentrieren, was Sie wirklich *wollen.*

Beim Inner Game kommt es darauf an, eine innere Stärke aufzubauen und dabei den Folgen von chronischem Stress zu entgehen. Wenn Sie diese Stabilität haben, können Sie auch angesichts der zahllosen unvorhersehbaren Herausforderungen, vor die das Leben Sie stellt, eine Balance, Klarheit, Bewusstheit und Gelassenheit aufrechterhalten.

☛ Eine Aufgabe: Welchen Stress wollen Sie bearbeiten?

Sehen Sie sich die Liste der Stressoren an, die Sie eben bei der Aufgabe mit dem Stressthermometer aufgeschrieben haben. Wählen Sie einen oder mehrere, auf die Sie sich konzentrieren wollen, wenn Sie das Buch lesen, die Aufgaben machen und die hier präsentierten Tools anwenden. Entscheiden Sie sich für Stressoren, deren Ausschaltung einen bedeutungsvollen Unterschied in Ihrem Leben machen würde.

UNSERE ZWEI SELBST

Inner Game basiert auf zwei Grundannahmen: Erstens, dass wir alle mehr innere Ressourcen haben, als uns bewusst ist. Und zweitens, dass wir uns bei der Nutzung dieser Ressourcen selbst mehr im Wege stehen, als wir zugeben möchten.

Diese Erkenntnis trat bei mir vor vielen Jahren in den Fokus, als ich Tennis-Coach war – und brachte mir die Lösung für ein großes Rätsel: Wie kam es, dass ich selbst und meine Schüler manchmal so gut spielten, dann aber erleben mussten, dass unser Spiel in die gewohnte Mittelmäßigkeit zurückfiel? Ich erkannte, dass sowohl in mir selbst als auch in meinen Schülern ein ständiger innerer Dialog stattfand. Wenn der Ball auf uns zuflog, wurden wir von einer Flut gedanklicher Selbstanweisungen überschwemmt: *Beug die Knie ... Hol früh genug aus ... Triff den Ball vor deinem Körper ... Mist! Du hast ihn nicht getroffen ... Achte auf den Ball ... Oh, wie peinlich ... Komm schon ... Komm schon!*

Offensichtlich standen zwei »Selbst« auf dem Platz – das eine spielte tatsächlich Tennis, das andere gab Anweisungen, bewertete und machte sich Sorgen. Ich nannte das hineinredende Selbst *Selbst 1* – dieses erfundene Selbst, das von Konzepten und Erwartungen im Hinblick auf richtig und falsch, sollte und sollte nicht, wünschenswert und nicht wünschenswert erfüllt war. Und das Selbst, das tatsächlich spielte, nannte ich *Selbst 2*. Das Problem beim Tennis – und, wie ich bald erkannte, im Leben – war, dass Selbst 1 wie ein Billigcomputer war, aber bestimmen wollte, was geschah, und dabei einen milliardenteuren Zentralrechner, Selbst 2, behinderte.

Selbst 1 war voll von den Konzepten und Erwartungen anderer Menschen und gab sie gewöhnlich im Tonfall eines Ausbildungsoffiziers von sich. Es konnte zwar nicht spielen, hatte aber jede Menge Kritik vorzubringen. Der Dialog erschuf eine innere Umgebung voller Stress, die dem Ziel – den Ball gut zu treffen – letztlich schadete. Je stärker Selbst 1 beteiligt war, desto schlechter war die Leistung von Selbst 2.

Aus der Perspektive von Selbst 1 gesehen war es schwer, eine Fertigkeit wie das Tennisspielen zu lernen. Man musste herausfinden, wo man den Arm hinhalten musste, wie man in die richtige Ausgangssituation kam und welchen mechanischen Aspekten die Schläge unterlagen. Sobald dem Spieler Selbstbeurteilungen in den Kopf kamen, wallte Stress auf, der Schlag ging ins Aus und die Ergebnisse wurden schlechter.

Was stimmte bei diesem Bild nicht? Ich begann, über die natürliche Klugheit des Körpers nachzudenken. Das beschreibe ich gern durch das Beispiel des Laufenlernens. Was würde passieren, wenn wir Kindern das Laufen so beibringen würden, wie wir den Leuten beibringen, Tennis zu spielen? Man kann sich die Anweisungen leicht vorstellen: »Halte den linken Fuß parallel zum rechten ... Heb ihn acht Zentimeter hoch ... Setz ihn jetzt acht Zentimeter weiter vorn wieder auf den Boden, zusammen mit einer Vorwärtsbewegung deines Körpers ... Heb dann den rechten Fuß ... Achte auf deine Arme – sie sollten leicht nach vorn schwingen ... Nein, nicht zu stark!«

Das ist doch lächerlich! Laufen lernt man nicht durch Anweisungen und Positionsangaben. Es ist eine natürliche Sache. Kinder ziehen sich hoch, bewegen sich, fallen hin, rappeln sich wieder auf und probieren es noch einmal. Es gibt keine Selbstbeurteilung, sondern nur Versuche und ständige Verbesserungen. Die Kennzeichen dieses natürlichen Lernens sind Einfachheit und Freude.

Es wurde dann mein Ziel als Tennis-Coach, meinen Schülern zu helfen, beim Tennislernen die belastenden Störungen durch Selbst 1 zu ignorieren und sich auf ihre eigenen natürlichen Fähigkeiten zu verlassen.

WENN SELBST 1 IGNORIERT WIRD: DIE GESCHICHTE VON MOLLY

Meine Erfahrungen mit einer Frau namens Molly zeigen, was möglich ist, wenn Selbst 1 zum Schweigen gebracht wird. Als *The Inner Game of Tennis* erschienen war, bekam ich einen Anruf vom Fernsehsender ABC. Sie wollten ein Team nach Kalifornien schicken und einen 20-minütigen Film über das Inner Game drehen, der im Rahmen des bekannten *Reasoner Report* gesendet werden sollte. Harry Reasoner bezweifelte, dass jeder schnell lernen kann, Tennis zu spielen, unabhängig von

seinen Fertigkeiten und seiner körperlichen Verfassung. Er hatte vor, meine Theorie auf den Prüfstand zu stellen – er wollte eine Gruppe von Leuten zusammenstellen, die noch nie einen Tennisschläger in der Hand gehabt hatten, und dann schauen, wie viel Tennis sie in nur 20 Minuten durch Inner Game Coaching lernen würden.
Aus der Gruppe, die zusammenkam, wählte der Produktionsleiter für die Fernsehfassung der Demonstration eine Frau, die angesichts ihrer ersten Schläge mit der *geringsten* Wahrscheinlichkeit Erfolg haben würde. Molly war eine etwas übergewichtige Frau in den Fünfzigern mit weißem Haar. Sie trug ein hawaiianisches Muumuu (weites Kleid) und sagte, sie habe in den letzten 20 Jahren keinerlei Sport getrieben; sie sei sich sicher, dass nichts sie in die Lage versetzen können würde, Tennis zu spielen.
Beim Einschlagen verfehlte Molly jeden einzelnen Ball. Sie fühlte sich verständlicherweise gestresst, denn sie wollte nicht bei etwas, bei dem sie, wie sie wusste, nicht gut war, im Fernsehen gezeigt werden. Ich muss zugeben, dass ich selbst auch Stress verspürte – schließlich würde Molly, den Schläger nervös in der Hand haltend, das erste Beispiel für Inner Game im landesweiten Fernsehen sein.
Nachdem ich der Gruppe kurz vom natürlichen Lernen erzählt hatte, bat ich Molly, eine einfache Fokussierungsübung zu machen. »Zuerst werde ich ein paar Bälle schlagen; ich möchte, dass Sie in dem Augenblick, in dem der Ball auf dem Platz aufspringt, ›Boden‹ sagen, und ›Schläger‹ in dem Augenblick, in dem der Ball auf dem Schläger auftreffen würde. Versuchen Sie nicht, den Ball zu treffen – sagen Sie einfach ›Schläger‹, wenn Sie ihn treffen *würden.*« Ich beobachtete Molly genau, als sie dem Ball mit den Augen folgte, und merkte schon nach wenigen Augenblicken, dass sie sehr fokussiert und entspannt war. Ich sah, dass sie unbewusst kleine Bewegungen mit ihrem Schläger machte, genau im Takt von »Boden/Schläger«. Dann bat ich sie, den Schläger jetzt jedes Mal zu schwingen, wenn sie sich dabei wohlfühlte.
Bei ihrem ersten Schlag traf Molly den Ball nicht. Ich ermutigte sie – sie solle sich deswegen keine Sorgen machen, sondern einfach weiter zur richtigen Zeit »Boden/Schläger« sagen. Danach verfehlte sie keinen einzigen Ball mehr. Das war aber noch nicht alles – ich konnte sehen, dass ihr Schlag sich vor meinen Augen entwickelte! Es begann mit einer einfachen Bewegung nach vorn und zurück; nach fünf Minuten vollführte

sie eine runde, flüssige Schlägerbewegung, die ich Anfängern bis dahin wohl erst nach einigen Monaten beigebracht hätte.

Als Nächstes forderte ich Molly auf, einfach genau auf den Klang zu hören, den der Ball auf ihrem Schläger erzeugte, ohne »Boden/Schläger« zu sagen. Als es an der Zeit für die Rückhand war, instruierte ich sie, »eine Zeit lang nur auf dieser Seite zuzuhören«. Das tat sie dann, und dabei entwickelte sie einen immer besseren Rückhandschlag, ohne überhaupt zu wissen, dass sie »die Rückhand« benutzte. Inzwischen schlug ich die Bälle vom hinteren Teil des Platzes aus zu ihr und steigerte den Schwierigkeitsgrad; ich hatte nämlich gesehen, dass sie ihre Fokussierung bewahrte. Ich lobte sie kein einziges Mal für einen guten Schlag und gab ihr auch keinen Hinweis darauf, dass etwas nicht stimmte, wenn sie den Ball nicht über das Netz brachte.

Molly war ganz offensichtlich so in den Prozess »Boden/Schläger« vertieft, dass sie die drei Fernsehkameras, die jede ihrer Bewegungen aufzeichneten, völlig vergaß. Sie war entspannt; die Sache machte ihr Spaß. Und ich war so auf Molly und ihr Lernen fokussiert, dass ich die Kameras ebenfalls vergaß und zudem die Zeit aus dem Blick verlor. Plötzlich blieben nur noch drei Minuten, und mit dem Aufschlag hatten wir noch gar nicht angefangen.

Ich sagte zu Molly, der Aufschlag sei wie ein Tanz und sie könne den Rhythmus meiner Bewegung mitzählen. Sie beobachtete mich, als ich ungefähr fünfmal melodisch »da, da, da« sagte und dabei Aufschläge machte. Dann bat ich sie, sich vor ihrem geistigen Auge vorzustellen, dass sie selbst aufschlug, und dabei weiter »da, da, da« zu sagen, im Rhythmus ihres Bildes von ihren Aufschlägen. Als ich sah, dass sie entspannt war und begann, den Schläger rhythmisch zu schwingen, forderte ich sie auf, jetzt zu versuchen, einen Aufschlag zu machen. Wieder verfehlte sie den ersten Ball – dann aber keinen einzigen mehr. Das für mich wirklich Erstaunliche war jedoch, dass sich bei ihr sofort alle Grundelemente eines guten Aufschlags zeigten. Ihr Rhythmus war natürlich und gleichmäßig. Es gab keine zu starke Muskelanspannung – man konnte ihre Bewegungen nun als wirklich anmutig bezeichnen.

Die 20 Minuten waren schnell vorbei; die Leute von ABC wollten nun gern noch ein Spiel von Molly und mir sehen, mit dem Aufschlag bei ihr. Wir taten ihnen den Gefallen. Ein durchschnittlicher Ballwechsel dauerte zehn Schläge. Beim längsten sagte ich zu Molly, der Punkt würde zu lange dauern; ich würde den Ball jetzt immer härter schlagen, und das tat ich dann auch. Molly zeigte keine Anzeichen von Stress. Ganz im Gegenteil – sie bewegte sich immer auf meine Bälle zu und traf sie vor ihrem Körper, mit einer natürlichen Autorität. Nach rund 17 Schlägen rannte sie schließlich über den ganzen Platz und streckte sich, um eine Vorhand zu schlagen; der Ball berührte die Netzkante und fiel auf meiner Seite herunter, sodass der Punkt an Molly ging. Da machte sie in spontanem Überschwang einen Luftsprung.

Der Film endete mit einer Vorhand und einer Rückhand von Molly in Zeitlupe. Erstaunlicherweise waren ihre Schläge technisch so ausgereift, dass man sie Anfängern hätte zeigen können, um sie zu lehren, wie man den Tennisball schlägt. In meinen Augen war aber noch verblüffender, welche menschlichen Qualitäten in Mollys Bewegungen zum Ausdruck kamen: eine nie erlahmende Fokussierung der Aufmerksamkeit und tänzerische Anmut, aber auch Friedlichkeit, ruhiges Selbstvertrauen und tiefe Freude am Spiel. All das schien nie nachzulassen, nicht einmal, wenn ihr Ball sein Ziel verfehlte. Mollys Selbst 2 zeigte, wie natürliches Lernen aussehen kann, aber nie gelehrt werden könnte. Das war Poesie in Bewegung!

Für diese beginnende Leistung gibt es viele mögliche Erklärungen. Eine ist, dass Molly ihre Aufmerksamkeit so vollständig in der Gegenwart fokussierte, dass für die stressigen Anweisungen und Bewertungen – die guten wie die schlechten – von Selbst 1 einfach kein Raum blieb. Vielmehr durfte Selbst 2 auf eine sehr kindliche, aber geschickte Weise das Talent zum Ausdruck bringen, das in Molly geschlummert hatte, ohne dass sie das wusste. Eine andere Erklärungsmöglichkeit ist, dass Molly sich die ganze Zeit über in einem Zustand entspannter Konzentration befand und das Lernumfeld so sicher (frei von Bewertungen) war, dass ihr Stresssystem trotz all der Faktoren, durch die sie sich hätte gestresst fühlen können, gar nicht ausgelöst wurde. Das war ein bemerkenswertes Beispiel dafür, dass Selbst 1 zum Schweigen gebracht wurde und sich daher die inneren Ressourcen von Selbst 2 manifestieren konnten. Sie können sich den Film über Molly beim Tennis selbst ansehen, auf YouTube. (Stichwort: Inner Game of Tennis (Tim Gallwey method).)

STRESS UND DIE OJE-ERFAHRUNG

Eines Tages, als ich wieder mal über die Beziehung zwischen Selbst 1 und Selbst 2 beim Tennis nachdachte, sah ich einen Kreislauf von Reaktionen, den ich die »Oje-Erfahrung« nannte. Zu diesem Kreislauf kommt es bei vielen Stressreaktionen im Alltagsleben.

Falls der Kreislauf irgendwo beginnt, dann bei der Verzerrung unserer Wahrnehmung von Situationen durch Selbst 1. Sagen wir mal, dass eine Tennisspielerin nicht viel Zutrauen zu ihrer Rückhand hat. Bei einem Match sieht sie einen Ball auf ihre Rückhandseite kommen. Ihr Selbst 1 sieht keinen *Ball*, sondern eine *Bedrohung*, die direkt auf ihre schwache Seite zukommt. Diese angstbasierte Wahrnehmung des Balls reicht, um das Stresssystem auszulösen, mit all seinen körperlichen Reaktionen, einschließlich des Erstarrens, Fliehens und Kämpfens – manchmal sogar alle drei auf einen Schlag.

Vielleicht besteht die erste Reaktion der Spielerin darin zu *erstarren* – ein Augenblick des Zögerns, in dem keinerlei Handlung stattfindet. Darauf folgt wahrscheinlich eine *Flucht-* oder *Abwehr*reaktion – sie macht einen Schritt zurück, in der Hoffnung, den aus ihrer Sicht unvermeidbaren Fehler doch zu vermeiden. Dann, als sie keine Wahl mehr hat, denkt sie: *Ich sollte diesen Ball vor meinem Körper treffen! Ich muss das Gewicht auf den vorderen Fuß verlagern – oje, meine Gegnerin läuft ans Netz vor!* Dann hackt sie aggressiv auf den Ball ein, mit zu stark angespannten Muskeln, in einer ungeschickten *Kampf*bewegung.

Die Störung der Wahrnehmung führt also zu einer Störung der Reaktion, was zwangsläufig zu einer Störung der Ergebnisse führt. Wenn eine Spielerin ihren schlechten Schlag bemerkt, kommt es zum letzten Schritt des Oje-Kreislaufs: Selbst 1 sagt: »Ich habe eine furchtbare Rückhand!« und bestätigt so die verzerrte Wahrnehmung, die sie ursprünglich in eine sich selbst erfüllende Prophezeiung geführt hat. Nun wird die nächste Rückhand wie eine noch größere Bedrohung aussehen. Dieser Kreislauf kann leicht weitergehen, bis er zu einem Muster wird, zu einem Bestandteil ihrer Denkweise im Hinblick auf sie selbst als Tennisspielerin.

Ein interessanter Aspekt dieses Kreislaufs ist, dass hinter dem Ganzen ein ausgesprochen fähiges Selbst 2 steht, das trotz aller Störungen durch Selbst 1 mit seinen Verzerrungen sein Bestes tut. Es verhält sich bei dem Wahrnehmungsdrama, das Selbst 1 ihm aufzwingt, sehr geschickt. Auch erfahrene Spieler können dazu neigen, bestimmte Schläge als Bedrohungen zu betrachten und sich gerade so stark durch Selbst 1 stören zu lassen, dass Stress hervorgerufen, eine kleine Verzerrung in den Schlag gebracht und ein Fehler gemacht wird. Das ist nur eine Frage des Ausmaßes.

»Oje!«-Stressreaktion

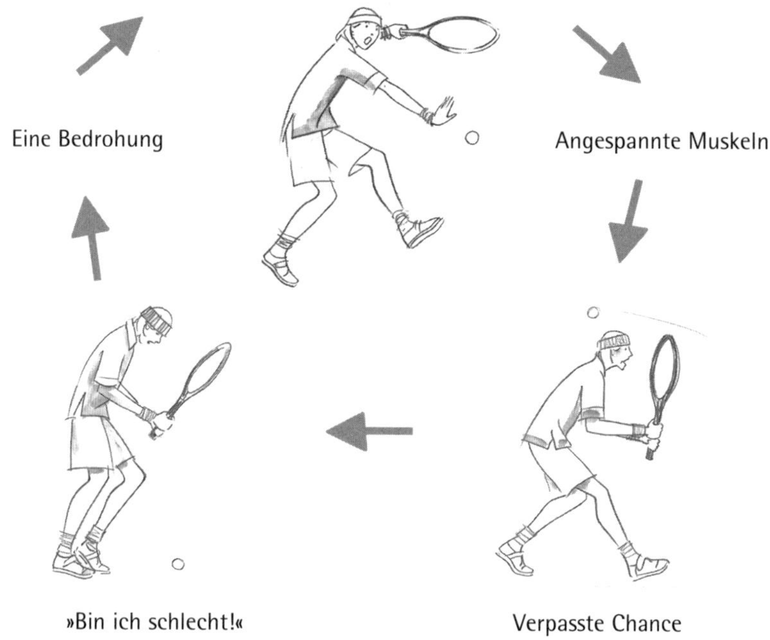

Natürlich kann dieser Oje-Kreislauf auch in Situationen entstehen, die mit Tennis nichts zu tun haben. Stellen Sie sich nur mal vor, welche Oje-Kreisläufe durch Faktoren wie die folgenden ausgelöst werden können: einen wütenden Chef, ein ungehorsames Kind, einen nörgelnden Ehepartner, ein schwieriges Problem, einen Absturz der Börsenkurse, ein weiteres Projekt, das man Ihnen neben schon zu vielen anderen auch noch aufhalst, eine entgegengesetzte Meinung, einen persönlichen Verlust oder eine unerwartete Veränderung ... All das sind äußere Ereignisse, die im Grunde auf Sie zufliegen und leicht als

Bedrohungen wahrgenommen werden können, sodass sie den Oje-Kreislauf in Bewegung setzen.

Sie könnten allerdings auch einfach als Herausforderungen wahrgenommen werden, die die Konzentration steigern und zu einer kreativen Reaktion inspirieren. Dann wird dieser Kreislauf zu einer Lernerfahrung – zu einem »Aha!« statt zu einem »Oje!«.

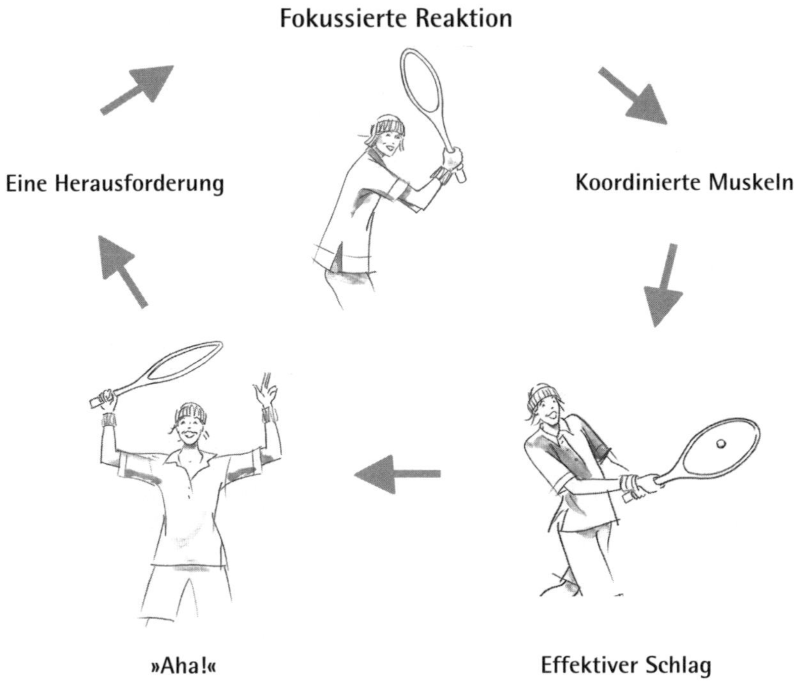

Eine Aufgabe: Die Verzerrungen durch Selbst 1 erkennen

Wählen Sie eine der Stresssituationen, die Sie bei der Übung mit dem Stressthermometer in Kapitel 1 ermittelt haben. Schreiben Sie drei bis fünf Beispiele für Verzerrungen durch Selbst 1 auf – für den inneren Kommentar, der diese Situation wie eine Bedrohung aussehen lässt.

WELCHES SELBST BIN ICH?

Die Geschichte von David ist ein wundervolles Beispiel für die Koexistenz unserer beiden Selbst. David meldete sich bei einer Inner Game-Demonstration zum Lernen und Coachen. Er brachte sein Problem beim Tennis klar und emphatisch zum Ausdruck. »Ich habe einen sehr unsicheren Rückhand-Volley!«, sagte er und war sich offenbar ganz sicher, dass er wusste, wovon er sprach. Ich bat ihn, ans Netz zu treten und mich das mit eigenen Augen sehen zu lassen; ich dachte nämlich, dass er, kein Anfänger mehr, wahrscheinlich übertrieb. Doch dann sah ich ihn nach jedem Schlag zurücktreten und ineffektiv nach den Rückhandbällen hacken, die ich ihm servierte. Ich sagte: »Ja, das muss einer der defensivsten Volleys sein, die ich je gesehen habe.« David schien erleichtert darüber, dass der Coach sein Problem gesehen und bestätigt hatte. Doch dann sagte ich: »Mir ist klar, weshalb dieser Schlag Ihnen nicht gefällt – aber ich weiß noch nicht, wie Sie ihn gern spielen würden.« Er begann, es mir zu erklären: »Na ja, ich hätte gern einen kraftvolleren Schlag ...«

Ich unterbrach ihn: »Nein – erzählen Sie mir das nicht, sondern zeigen Sie es mir! Zeigen Sie mir, wie Sie den Ball eines Tages spielen möchten! Dann kann ich Sie entsprechend coachen.«

David kam meiner Aufforderung nach und fing an, es mir zu zeigen. Die ersten Bälle traf er vor seinem Körper wie nie zuvor, und dann sagte er: »Nein, nicht so ... Eher so.« An diesem Punkt begann er, sehr kraftvolle Rückhand-Volleys in die Ecken zu schlagen, mit einer glühenden Intensität, immer aus der Einstellung heraus, dass er lediglich versuchte, mir zu zeigen, wie er gern spielen würde. Nach kurzer Zeit begannen die Zuschauer zu lachen; ich wusste, dass der »Bann« jetzt nicht mehr lange anhalten würde. Ich sagte: »David, es ist wirklich schade, dass Sie keine Rückhand-Volleys wie den von eben schlagen können!«

Sofort kehrte David zu seinen früheren defensiven Schlägen zurück. Ich sagte: »Ja, so *schlagen* Sie sie. Zeigen Sie mir doch aber bitte noch mal, wie Sie sie schlagen *möchten*!« Seine kraftvollen Rückhandschläge kehrten dann genauso schnell zurück, wie sie verschwunden waren. »So ... Und so ...« Jedes Mal, wenn er sich dabei ertappte, dass er den Ball so spielte, wie er es seiner Ansicht nach gar nicht konnte, tauchte seine alte Rückhand wieder auf. Er wechselte mehrmals hin und her, wie der Tag auf die Nacht folgt.

Als ich die Demonstration beendet hatte, kam David mit hängendem Kopf auf mich zu. Er blieb dann vor mir stehen, blickte mir in die Augen und sagte mit einem Zittern in der Stimme: »Wer bin ich also?«

Er war offensichtlich sehr verwirrt. In seinem Inneren schien es zwei Personen zu geben. War er die Person, die ihm selbst und anderen seit 20 Jahren »bewiesen« hatte, dass er einen unsicheren Volley hatte? Oder war er die Person, die ein paar Minuten lang gezeigt hatte, dass er eine erstaunlich aggressive, kraftvolle Rückhand spielen konnte?

Als Antwort fiel mir damals nur ein: »Das liegt ganz bei Ihnen!«

Davids Körper war offenbar durchaus in der Lage, das zu tun, was er seiner bisherigen Überzeugung nach nicht konnte. Als erfahrener Spieler muss er in seinem Kopf ein klares Bild von einem kraftvollen Rückhand-Volley gehabt haben. Im Stressmodus hatte er jedoch keinen Zugang dazu.

Nicht alle Demonstrationen sind so schwarz-weiß. In meiner Sprache ausgedrückt hatte Davids Selbst 1 ihn aber völlig davon überzeugt, dass er einen sehr schlechten Rückhand-Volley hatte. Doch sein Selbst 2 war immer da, es war bereit hervorzukommen, sobald die Schaltkreise im Gehirn umgeschaltet wurden. Selbst 1 hatte nie zu David gesagt, er könne mir nicht *zeigen*, wie er den Ball gern schlagen würde. Das schien eine vernünftige Aufforderung zu sein. Also tat er es. So wurden die Stressmuster von Selbst 1 umgangen, und Selbst 2 war sofort verfügbar. Auch wenn diese Umschaltung sofort erfolgte, würde es offensichtlich eine Weile dauern, bis Davids neuer Volley eine Waffe wurde, auf die er sich verlassen konnte. Er wusste jetzt aber zumindest, dass er sie besaß.

AUS EINER PATIENTENAKTE

von Dr. Edd Hanzelik

Der Verlust des Selbst

Eine meiner Patientinnen, Brenda, war sehr viel krank. Sie hatte immer wieder etwas anderes: Allergien, Erschöpfung, Verdauungsstörungen, Kopfschmerzen. Sie befand sich chronisch im Krankheitszustand, und nichts, was ich versuchte, brachte eine Besserung.

Eines Tages kam Brenda mit ihrer Mutter in die Praxis, einer älteren, sehr willensstarken Frau, die kein Blatt vor den Mund nahm. Es gelang ihr, allen in der Praxis mitzuteilen, dass Brenda als Kind von Musik besessen gewesen sei. Damals habe sie nichts anderes gewollt, als Musik zu machen. Sie erklärte, zum Glück habe sie Brenda davon überzeugen können, dass Musik ein fruchtloses Berufsfeld sei und dass sie studieren solle, um dann in der Geschäftswelt zu arbeiten. »Sehen Sie sich doch mal an, was aus ihr geworden ist!«, rief sie und zeigte auf ihre zarte, kränkliche Tochter. »Sie ist Büroleiterin, bekommt ein gutes Gehalt und hat ein schönes Zuhause. Ich habe bei ihr gute Arbeit geleistet!«

An diesem Punkt konnten wir sehen, dass Brenda ihre Tage damit verbrachte, dafür zu sorgen, dass in einem Büro alles glatt lief, dass sie in Wirklichkeit aber Musik machen wollte. Und da tat sich plötzlich ein möglicher Weg zur Gesundheit auf. Konnten denn Zweifel daran bestehen, dass Brendas chronischer Krankheitszustand mit dem Verlust ihres Selbst im Zusammenhang stand? Wie traurig zu sehen, dass diese hübsche junge Frau ihren eigenen Bedürfnissen und Wünschen völlig entsagte – und dass sie das krank machte!

Ich fragte Brenda, ob sie noch immer Musik zu ihrer eigenen Freude mache, und sie antwortete, dafür habe sie nicht viel Zeit. Dann zählte sie ihre vielen Verpflichtungen auf. Im Coaching lotete ich dann zusammen mit ihr die Möglichkeit aus, sich Zeit dafür zu verschaffen, wieder Musik zu machen. An dieser Idee fand Brenda schnell Gefallen. Wir beschlossen, dass sie das als Training betrachten sollte, nicht für die Muskeln ihres Körpers, sondern für die Muskeln ihres Verstandes und ihres Geistes.

Als Brenda das nächste Mal in meine Praxis kam, wirkte sie munterer und tatkräftiger. Sie fühlte sich bereits besser und erzählte mir voller Begeisterung, sie habe sich einfach nur der Freude wegen einer Musikgruppe angeschlossen. Ich war froh darüber, dass sie sich jetzt aus dem Stresssystem ins Reich der Freude und der Freiheit hinausbewegte, wo Gesundheit und Wohlergehen viel eher zu finden sind. Die einfache Aufgabe, das zu tun, was man will, Zeit für reines Vergnügen und reine Freude aufzuwenden, kann die Tür zur Heilung öffnen. Das ist keine Zauberei, sondern ein ganz entscheidender Anfang.

Selbst 1 trägt Schicht um Schicht Beurteilungen und Angst auf uns auf, wie bei einem Möbelstück, das immer wieder gestrichen und lackiert wird. Dann kommt ein Möbelrestaurator und beginnt, die Schichten abzutragen. Er sucht nach dem wirklichen Firnis. Im Laufe unseres Lebens werden Sorgen, Bewertungen und Ängste aufgeschichtet; die Frage ist daher: Was ist das wahre Ich? Was finden Sie, wenn Sie all die von Selbst 1 erzeugten Konzepte abtragen?

Im Laufe der Jahre habe ich festgestellt, dass wir Menschen erstaunliche innere Fähigkeiten haben, die natürlich und produktiv sind. Wenn Selbst 1 dominiert, haben wir aber keinen Zugang zu diesen Fähigkeiten. Als ich begann, gemeinsam mit den Ärzten daran zu arbeiten, Inner Game-Techniken zur Behandlung von Stress einzusetzen, war das, als wäre ich auf die Hauptader von Selbst 1 gestoßen. Bei unseren Stressseminaren begreifen die meisten Leute, dass sie diese negativen Gefühle und die daraus resultierende schlechte Leistung nicht haben wollen. Für manche ist es aber schwer, die Denkgewohnheiten von Selbst 1 abzustreifen und sie selbst zu sein.

UNSERE INNEREN FÄHIGKEITEN: DIE QUALITÄTEN UNSERES SELBST 2

Eine der ersten Fragen, die wir bei den Stressseminaren stellen, lautet: »Was sind die natürlichen inneren Fähigkeiten, auf die Sie sich in schwierigen Situationen stützen und die Sie im Alltag benutzen können?« Wir geben den Leuten dann drei Richtlinien dafür, wie sie diese Fähigkeiten ermitteln können:

1. Es handelt sich um Qualitäten, die man bei Kindern findet.
2. Wir bewundern diese Qualitäten, wenn wir sie bei anderen sehen.
3. Wir mögen diese Qualitäten, wenn wir sie bei uns selbst sehen.

Im Laufe der Jahre haben die Teilnehmer uns erstaunlich ähnliche Aufstellungen von fundamentalen Fähigkeiten und menschlichen Kräften präsentiert. Hier eine Zusammenfassung:

- Sich seiner bewusst zu sein und zu fühlen
- Mut und Stärke zu haben
- Sich innerlich zu verpflichten und Wahlfreiheit zu haben
- Zu genießen und wertzuschätzen
- Zu lieben und freundlich zu sein
- Zu hoffen und zu vertrauen
- Zu lernen, zu verstehen und Klarheit zu finden
- Kreativ und wissbegierig zu sein
- Spontan und ehrlich zu sein
- Glücklich und zufrieden zu sein

Viele Teilnehmer sagen, sie hätten vorher nicht erkannt, dass sie so viele positive natürliche Fähigkeiten hätten; Tatsache ist aber, dass wir Menschen so »programmiert« sind, dass wir Stabilität, Klarheit und Frieden bevorzugen, nicht Stress, Angst und Frustration. Und dass jeder von uns diese Fähigkeiten durch Reflexion und Selbstentdeckung entwickeln kann.

Natürlich hängt Stress nicht immer mit der Leistung zusammen. Es gibt auch den Stress durch Verlust (oder durch die Angst davor, etwas zu verlieren, was uns teuer ist); den Stress des Konfliktes, der bei Beziehungen entsteht; und den Stress, der darauf beruht, dass wir das Gefühl haben, unsere Umgebung und die Umstände nicht kontrollieren zu können. Diese Stressoren gehören bei uns allen zum Leben. Der Unterschied liegt darin, ob wir sie aus der Perspektive von Selbst 1 oder Selbst 2 betrachten. Selbst 2 ist real, Selbst 1 hingegen größtenteils ein mentales Konstrukt, eine Illusion. Diese Illusion kann jedoch unser Leben bestimmen, wenn wir das zulassen. Manchmal ist nicht leicht zu erkennen, welches Selbst welches ist; die Tools für das Inner Game können uns bei dieser wichtigen Unterscheidung helfen – einer Unterscheidung, die auf unseren Gefühlen beruht, nicht auf Konzepten oder Glaubenssätzen.

KENNEN SIE IHREN STRESSMACHER?

In unseren Stressseminaren bezeichnen wir Selbst 1 als *Stressmacher*. Diese nagende Stimme in unserem Inneren kann in allen Situationen Aufruhr hervorrufen. Wie vorher schon erwähnt, ist der Stressmacher auf Golfplätzen häufig anzutreffen. Golf kann die Dämonen in uns so hervorbringen wie kaum ein anderes Spiel. Es amüsiert mich immer, dass erwachsene Männer und Frauen – ich selbst auch – es so wichtig nehmen, einen kleinen weißen Ball mit einem komischen Stock in ein kleines rundes Loch zu befördern. Die meisten tun das aber.

Vor einiger Zeit habe ich Charlie gecoacht, einen charmanten, leutseligen Geschäftsmann, der entspannt und froh darüber wirkte, auf dem Golfplatz zu sein. Er war ein guter Spieler, seine Runden lagen gewöhnlich Mitte 80. Als er zum Abschlag bereit dastand, sah er entspannt und gelassen aus. Beim Rückschwung und zu Beginn des Durchschwungs blieb er gefasst. Als sein Schläger sich dem Ball näherte, verzerrte sich sein Gesicht jedoch zu einer Grimasse, die beinahe gewalttätig, zugleich aber auch entsetzt wirkte. Es war, als hätte er sich im Bruchteil einer Sekunde in einen ganz anderen Menschen verwandelt. Ich fragte mich: »Wer ist dieser Mann? Wo ist denn Charlie geblieben?« Nur einen Sekundenbruchteil, nachdem er den Ball geschlagen hatte, war das gefasste Gesicht des unbeschwerten Charlie dann wieder da.

Ich fragte Charlie, ob er während seines Schlags irgendetwas Besonderes bei seinen Lippen bemerkt habe. Bei den nächsten Schlägen konzentrierte er sich dann auf seine Lippen. Das, was er dabei erkannte, war ihm ein bisschen peinlich; er lächelte verlegen, und ich wusste: Er hatte gemerkt, dass seine Lippen sich verspannten.

Ich zeigte auf sein jetzt wieder lächelndes Gesicht. »Was würde Ihrer Ansicht nach passieren, wenn Sie Charlie den Ball schlagen lassen würden? *Diesen* Charlie! Nicht den verängstigten Mann, der den Ball tatsächlich geschlagen hat. Ich frage mich, was dann wohl passieren würde.«

Charlie verstand, was ich meinte, schien aber angesichts dieser Idee bestürzt. Er sagte: »Das weiß ich nicht. Das traue ich mich fast nicht. Ich fürchte, wenn *dieser* Charlie den Ball schlagen würde, käme dabei ein sehr zaghafter Schlag heraus.«
Ich sah keine Notwendigkeit dafür, Charlie zu fragen, weshalb der Wechsel zwischen den beiden Charlies auftrat. Ich wollte einfach, dass er sich seiner selbst stärker bewusst wurde und sah, was dann passierte. »Lassen Sie uns doch mal sehen, wie zaghaft der Schlag wird, wenn Sie ihn von Charlie ausführen lassen!«, sagte ich. Während der nächsten Schläge verschwand die Grimasse allmählich, denn er sah zu seiner Überraschung, dass seine Bälle jetzt erheblich länger und gerader waren als vorher.
Die Geschichte von Charlie ist ein gutes Beispiel dafür, was in einer Stresssituation passieren kann. Selbst 1, der Stressmacher, stellte den Augenblick, in dem der Ball getroffen wurde, als Bedrohung für den Erfolg dar. Dieses Bild reichte aus, um eine körperliche Reaktion und eine Störung bei der flüssigen Bewegung des Schlags von Selbst 2 auszulösen. Beim Inner Game haben wir die schlichte Aufgabe, den Stressmacher zu umgehen, sodass Selbst 2 glänzen kann.

DIE STIMME DES STRESSMACHERS

Was ist in *Ihrem* Leben der Stressmacher? Wie hört er sich an? Das, was wir den Stressmacher nennen, können wir auch als Angst, Zweifel, Verwirrung und Unwissenheit bezeichnen. Wir haben ja alle schon gemerkt, dass es Zeiten gibt, in denen wir mit den Stressoren in unserem Leben umgehen können, ohne zusammenzubrechen, während wir in anderen Zeiten vom Stress überwältigt werden. Der Unterschied beruht nicht nur darauf, wie stark der Stress ist oder wie groß unsere Stabilität gerade ist. Wichtig ist auch, wie sehr wir uns durch die Stimme des Stressmachers beeinflussen lassen. Prüfen Sie im Folgenden, wie sich die Stimme des Stressmachers bei Ihnen äußert.

- **Der Stressmacher raubt uns unsere Identität**

Er spricht, als würde er mit Ihrer Stimme sprechen. Zum Beispiel: »Ich bin so ein Trottel! Das hier kann ich nicht ... Ich bin ein Versager ... Niemand mag mich ... Ich bin wertlos ...« Der Stressmacher gibt seine Beurteilungen mit großer Autorität ab und kennt uns so gut, dass wir seine Worte als zutreffende Selbstbewertung akzeptieren, auch wenn sie nicht stimmen.

AUS EINER PATIENTENAKTE
von Dr. Edd Hanzelik

Der Verlust der Identität

Als Ruth, eine Frau in den 30ern, zum ersten Mal zu mir in die Praxis kam, war sie so unglücklich, dass sie suizidgefährdet war. Oberflächlich betrachtet hatte sie allen Grund, glücklich zu sein, doch sie konnte das, was sie im Leben suchte, nicht finden. Sie wurde von einem unbarmherzigen inneren Dialog unter der Führung des Stressmachers zerfressen.

»Ich hasse mich!«, verkündete sie bei unserem ersten Gespräch voller Verzweiflung.

Ich unterbrach sie: »Augenblick mal! Wer ist das ›Ich‹?« – »Ich bin das ›Ich‹.« – »Sind Sie sicher, dass das wirklich Sie sind?«, fragte ich. »Das hört sich an, als würde der Stressmacher sprechen. Es könnte sich hier um Identitätsverlust handeln. Möglicherweise hat Ihnen irgendetwas Ihre Identität gestohlen und redet jetzt so, als wären Sie es, und Sie glauben ihm.«

Ruth war so überrascht und neugierig, dass sie für eine Weile vergaß, wie unglücklich sie war.

Der Augenblick der Reflexion bot mir die Gelegenheit, mit Ruth über ihre Stärken als Person und als von ihrer Stimme, die so voller Hass auf sie selbst war, getrenntem Wesen zu sprechen.

Ruths Stressform ist die Tyrannei der negativen Konzepte, die das Innenleben beherrschen können. Wer sich aus dieser Tyrannei befreien will, muss den Ursprung des Konzepts untersuchen, seinen Wert in Zweifel ziehen und die Option entdecken, das zu verspüren, was die Psychologen als bedingungslose Selbstachtung bezeichnen.

Ruth kommt immer noch zu mir. Wir haben uns mit Erfahrungen aus ihrer Kindheit befasst, die zu ihren Gefühlen der inneren Leere und des Ekels vor ihr selbst beitragen. Sie ist erleichtert, weil sie erkannt hat, dass die Stimme des Stressmachers nicht *sie* ist und dass sie selbst darüber entscheiden kann, ob sie dem Stressmacher tiefen Respekt und ihre ungeteilte Aufmerksamkeit entgegenbringt. Vor Kurzem sagte sie ganz überrascht und mit breitem Lächeln: »Es ist jetzt drei Monate her – und ich habe mir gegenüber immer noch ein gutes Gefühl!«

Der Stressmacher entfacht Ängste vor Katastrophen

Der Stressmacher ist sehr geschickt dabei, uns die denkbar schlechtesten Ergebnisse auszumalen. Ein Beispiel: Sie entdecken bei Ihrer morgendlichen Dusche eine kleine Schwellung im Nacken. Zunächst denken Sie, das werde wohl nichts Ernstes sein, doch der Stressmacher hat andere Pläne. Er kann sofort beginnen, sich die schlimmsten möglichen Diagnosen und die furchtbarsten Behandlungen vorzustellen. Sie schieben diese Gedanken zunächst weg, doch der Stressmacher nutzt die Ungewissheit der Situation aus, um Sie von seinen Ängsten zu überzeugen. Als Sie aus der Dusche treten, erleben Sie im Geist vielleicht bereits die Nebenwirkungen der Chemotherapie.

Angst hat ihre ganz eigene Energie. Sie kann unseren gesunden Menschenverstand lähmen und uns in einen Strudel kontraproduktiver Spekulationen stürzen. Ein Beispiel: Auf einer Wanderung verspüren Sie plötzlich Schmerzen im Fuß. Ihr Kopf beginnt, Sie durch mögliche Ursachen zu beunruhigen. Vielleicht haben Sie ja Arthritis – oder Gicht? Als die Schmerzen stärker werden, geht Ihre Fantasie mit Ihnen durch. Sie fragen einen der anderen Wanderer, ob er Schmerztabletten dabeihat, und werfen ein paar Pillen ein, aber das bringt Ihnen keine große Erleichterung. Sie humpeln weiter vor sich hin. Vielleicht ist es ja auch Krebs oder etwas, was genauso schlimm ist … Vielleicht werden Sie nie wieder wandern können. Während diese Gedanken in Ihnen toben, wachsen Ihre Angst und Ihre Befürchtungen. Ihre Wanderung ist praktisch ruiniert.

Schließlich sagt einer der anderen Wanderer: »Zieh doch mal deinen Schuh aus und sieh dir deinen Fuß an!« Sie ziehen sich also den Schuh aus – und finden ein Steinchen, das zwischen Ihren Zehen steckt. Sie klauben es heraus – und Ihre Schmerzen klingen ab, zusammen mit den Ängsten vor Katastrophen. Der Stressmacher zieht Kraft aus den Schmerzen der Vergangenheit und erzeugt Angst vor der Zukunft.

AUS EINER PATIENTENAKTE

von Dr. John Horton

Den Schmerz verstehen

Rebecca wurde wegen chronischer Rückenschmerzen zu mir überwiesen, die sie bereits geschwächt hatten. Sie hatte seit Monaten nicht mehr arbeiten können, doch es gab keine klare Diagnose, abgesehen von einem kleinen Bandscheibenproblem, das jedoch keine Erklärung für die Stärke ihrer Schmerzen war. Sie hatte sich physiotherapeutisch und mit Akupunktur behandeln lassen, doch ihr Zustand hatte sich nicht gebessert. Als ich ihre Krankengeschichte aufnahm, konnte ich erkennen, dass ihre Schmerzen ihr große Angst machten.

Als ich tiefer vorstieß, erfuhr ich, dass Rebeccas Vater an ALS (Amyotrophische Lateralsklerose) gelitten hatte. Diese Krankheit ist sehr quälend und letztlich tödlich – und sie hat eine starke genetische Komponente. Als wir über ihren Vater sprachen, begann ich zu verstehen, dass Rebecca furchtbare Angst davor hatte, dass sie ALS geerbt haben könnte.

Die Angst vor dem Unbekannten und unsere Unfähigkeit, die Zukunft unter Kontrolle zu bekommen, können eine große Quelle von Unruhe und Besorgnis sein. Ich erklärte Rebecca, dass es bei ihren Schmerzen drei Komponenten gab. Eine war körperlicher Natur, die zweite ihre Angst vor ALS und die dritte ihre allgemeine Furcht. Sobald sie erkannt hatte, dass ihre Angst und ihre Furcht stärkere Schmerzen hervorriefen als ihr eher unbedeutendes Rückenproblem, fühlte sie sich viel besser.

Und als sie durch einen entsprechenden Test erfuhr, dass sie das ALS-Gen nicht geerbt hatte, löste sich ihr Problem endgültig.

Wenn Rebecca in der Folgezeit seltsame Gefühle im Rücken oder in den Beinen hatte, lösten sie ihr Alarmsystem nicht mehr aus. Die schwachen Rückenschmerzen, die nie wirklich auf konventionelle Behandlungen ansprachen, beruhten ja definitiv nicht auf einer Anomalie im Rückenmark.

Übermäßige Angst ist schon an sich eine Ursache von Stress, auch wenn sie keine Grundlage in der Realität hat. Jeder, der unter Schmerzen leidet, will vor allem ein möglichst klares Bild auf der körperlichen, mentalen und emotionalen Ebene bekommen. Das kann einige Zeit dauern, ist aber eine der Hauptkomponenten, wenn man lähmende Angst besiegen will.

☛ Eine Aufgabe: Die Angst, die Sie am stärksten belastet

Schreiben Sie, ohne zu viel darüber nachzudenken, eine der Ängste auf, die Sie am meisten quälen. Können Sie daran etwas erkennen, was sich wie die Übertreibungen des Stressmachers anhört?

• Der Stressmacher fördert Negativität

Der Stressmacher hat die Fähigkeit zu Melodramen à la Hollywood. Durch einen einzigen Gedanken, beispielsweise »Dieser Mensch mag mich nicht!«, kann er eine Kaskade negativer Gefühle wie Verwirrung, Traurigkeit, Verzweiflung, Wut und Angst auslösen. Wenn wir einmal zugelassen haben, dass der Stressmacher uns von etwas Negativem überzeugt, kann uns das sehr real erscheinen.

Es gibt eine indische Geschichte über einen Bauern, dessen Maulesel zusammenbricht. Er beschließt, einen Nachbarn zu bitten, ihm seinen zu leihen, damit er seine Äcker pflügen kann. Auf seinem Weg zum Haus des Nachbarn beginnt er jedoch, sich all die Kritik vorzustellen, die sein Nachbar äußern wird: »Wieso kannst du nicht gut für deinen

eigenen Maulesel sorgen? Du hättest das verhindern können. Ich will nicht, dass du meinen benutzt. Ich habe kein Zutrauen dazu, dass du dich gut um ihn kümmern wirst.« In Erwartung einer negativen Antwort regt er sich so auf, dass er seinem Nachbarn, sobald der ihm die Tür öffnet, einen Faustschlag versetzt und ihn anschreit: »Du Hund!«
Das ist der Stressmacher in Aktion.

AUS EINER PATIENTENAKTE
von Dr. Edd Hanzelik

Alte Traumata verstehen

Meredith, eine Patientin Anfang 60, litt unter einem Gefühl des Brennens, das durch ihren ganzen Körper schnitt. Nachts war es besonders stark, sodass sie oft nicht schlafen konnte. Anfangs nahmen ihre Ärzte an, dass ihre Symptome im Zusammenhang mit den Wechseljahren standen; sie verschrieben ihr hohe Hormondosen, doch das machte die Sache nur noch schlimmer. Sie hatte auch andere Beschwerden, beispielsweise Verdauungsprobleme, Erschöpfung, fehlende Libido, Depressionen und Panikanfälle. Als sie dann zu mir kam, suchte sie verzweifelt nach Antworten.

Ich führte bei Meredith eine Behandlung durch, die in die Tiefe ging, und sprach mit ihr über ihr Leben. Sie hatte eine besondere Geschichte. Mit zwölf saß sie auf dem Rücksitz eines Autos, das gerade über die Brooklyn Bridge fuhr. Plötzlich hörte sie ihre Mutter schreien: »Vorsicht!« Das Nächste, woran sie sich erinnerte, war ein sehr schwerer Autounfall; überall war Blut, und ihre Mutter war tot.

Meredith hatte ihre Gefühle im Hinblick auf dieses traumatische Erlebnis nie ganz erforscht. Auch jetzt, fast 50 Jahre später, war sie den Tränen nahe, als wir darüber sprachen. Ich konnte erkennen, dass sie aufgrund dieses Erlebnisses wahrscheinlich unter einer posttraumatischen Belastungsstörung litt. Ihr Stresssystem war damals überaktiviert worden und war bis zu diesem Tag nicht mehr ganz in den Normalzustand zurückgekehrt.

Nachdem wir andere Krankheiten ausgeschlossen hatten, erklärte ich Meredith, dass ihr Stresssystem vermutlich schon seit längerer Zeit zu stark gereizt war. Da sie nicht begriffen hatte, dass die Wurzeln ihrer Beschwerden in diesem Kindheitstrauma lagen, war sie jahrelang den übertriebenen Ängsten und negativen Ansichten ihres Stressmachers ausgesetzt gewesen.

Anfangs war es schwierig, Meredith angemessen zu behandeln; die erste Stimme, die aus ihrem Inneren antwortete, war nämlich die des Stressmachers mit seinen Zweifeln, Befürchtungen und Ängsten. Als wir dann begannen, unser Hauptaugenmerk auf die Heilung des emotionalen und körperlichen Traumas aus der Vergangenheit zu legen, konnte Meredith einen gewissen Abstand zum Stressmacher gewinnen, und ihre körperlichen Symptome ließen allmählich nach.

In unserer medizinischen Praxis haben wir festgestellt, dass viele chronische, kraftraubende Beschwerden nachzulassen beginnen, wenn die Patienten sehen, dass sie auf alte Traumata zurückzuführen sind. Dass der Stressmacher die Symptome falsch deutet, kann große Furcht hervorrufen. Es ist spannend zu sehen, dass die Symptome nachlassen, wenn Verständnis an die Stelle der Angst tritt.

Der Stressmacher ist ein Meister des Selbstangriffs

Selbstangriffe sind die Trumpfkarte des Stressmachers. Er zieht jede Ihrer Bewegungen in Zweifel, beharrt darauf, dass Sie ganz schlecht sind, lacht über Ihre Wünsche, beurteilt Sie gnadenlos und macht all das auf eine Weise, die Sie davon überzeugt, dass er recht hat.

Der Stressmacher kann durch sein ständiges »Du könntest« und »Du solltest«, »Mach dies«, »Mach jenes nicht!« dafür sorgen, dass Sie immer auf der Hut und angespannt sind: »Du hättest dies machen sollen. Du hättest jenes tun können.« Manchmal wird er darauf beharren, dass Sie etwas Bestimmtes tun sollten. Wenn Sie es dann schließlich getan haben, wird er aber umschwenken und sagen: »Warum hast du das gemacht?« Er scheint nie mit Ihnen zufrieden zu sein. Wir müssen zumindest sagen, dass er Ihr Selbstvertrauen untergräbt.

Der Stressmacher kann erbarmungslos sein. Ein kluger Freund von mir hat mal gesagt: »Wenn Menschen beginnen, sich selbst zu beurteilen, sind sie strenger, als der Teufel es wäre.«
Eine Ableitung des Selbstangriffs sind Vorwürfe. Dr. Horton liest manchen seiner Patienten, die sich in Vorwürfen verfangen haben, das Gedicht »Das traurige Spiel« vor. Es stammt von Hafis, einem persischen Dichter aus dem 14. Jahrhundert. Ich zitiere es hier nach der englischen Übersetzung von Daniel Ladinsky.

Vorwürfe
Halten das traurige Spiel in Gang.
Sie stehlen dir ständig deinen gesamten Reichtum –
Und geben ihn einem Dummkopf
Ohne finanzielles Geschick.
Mein Lieber,
Werde
Weiser!

AUS EINER PATIENTENAKTE

von Dr. Edd Hanzelik

Die negativen Stimmen umgehen

Meine Patientin Rachel hatte Übergewicht und stand unter großem Stress. Wegen ihres Gewichts hielt sie nicht viel von sich. Wir begannen, über ihre Beziehung zu sich selbst zu sprechen. Ich bat sie, darüber nachzudenken, was ihr an ihr selbst gefiel, und sich darauf zu konzentrieren. Immer dann, wenn ihr klar wurde, dass ihr Kopf sie wegen ihr selbst stark unter Beschuss nahm, sollte sie diese Stimme umgehen, statt sich ihr hinzugeben.

Für Rachel war das eine neue Idee. Sie fragte: »Sie meinen, ich kann mein negatives Denken zwar nicht abschalten, aber ich kann es umgehen?«

»Ja!«, antwortete ich. »Sie können es nicht leicht abschalten, weil es ständig läuft. Sie können aber erkennen, was es ist. Es ist *Ihre* Entscheidung, ob Sie ihm glauben.« Ich erklärte ihr das Wesen des Stressmachers und dass wir dazu neigen, ihm ungeheuren Respekt entgegenzubringen. Er weiß, wie er sich auf eine Weise darstellen kann, die sehr überzeugend ist. Wir können jedoch zurücktreten und uns fragen: »Teile ich diese Ansicht? Ist das wirklich in meinem Interesse?« Selbstangriffe sind generell nicht hilfreich. Wir können unser Verhalten aber mit freundlichen Augen betrachten und daraus lernen. Wir alle entwickeln uns weiter, wir wachsen unaufhörlich. Bewertungen und Selbstangriffe sind jedoch kontraproduktiv.

Der Stressmacher erzeugt falsche Erwartungen

Der Stressmacher nimmt ein typisches Konzept – zum Beispiel: »Glück bedeutet, zu heiraten, zwei Kinder zu bekommen, ein Haus zu kaufen und eine gute Stelle zu haben.« – und besteht darauf, dass wir unser Leben entsprechend gestalten. Er kann Qualen und Verzweiflung hervorrufen, wenn wir diese Normen nicht erfüllen. Er wird sagen, Sie könnten nicht schön sein, solange Sie nicht abnehmen, Sie könnten nicht erfolgreich sein, wenn Sie in Ihrem Unternehmen nicht zu einer bestimmten Ebene aufsteigen, Sie würden keine Bewunderung verdienen, solange Sie nicht in einem großen Haus leben und ein großes Auto fahren.

Laut einer Studie, die vor Kurzem im kalifornischen Orange County (einer sehr wohlhabenden Region) durchgeführt wurde, leiden dort besonders viele Leute an Depressionen. Als die Forscher nach der Ursache suchten, stießen sie auf Menschen mit beträchtlichem Reichtum, die sich mit anderen verglichen und es sich nicht gestatteten, sich zufrieden zu fühlen, weil es immer andere gab, die mehr hatten als sie selbst. Einer der Nachbarn hatte sich ein schöneres Auto gekauft, ein anderer eine lange Kreuzfahrt gemacht, ein dritter sein Haus ganz toll umgebaut ... Die Forscher kamen zu dem Schluss, dass der durch die chronische Frustration erzeugte Stress als Erklärung für das überdurchschnittliche Auftreten von Depressionen in dieser Gemeinde ausreichte.

Der Stressmacher ist voll von Konzepten im Hinblick darauf, was Sie sein sollten. Er erinnert Sie daran, was Sie nicht haben, und hebt hervor, wie ungerecht man Sie behandelt hat. Bei manchen Menschen behauptet der Stressmacher ständig, ihre Würde sei verletzt worden.

AUS EINER PATIENTENAKTE

von Dr. John Horton

Von der Kränkung zu körperlichen Verletzungen

Mark war Rentner und Mitte 60 – und sein Leben war gut. Er verbrachte seine Zeit damit, sich zu entspannen, Tennis zu spielen und die Früchte seiner Arbeit zu genießen. Er war ausgesprochen fit und etwas narzisstisch – sehr mit sich selbst beschäftigt und stolz auf seine Männlichkeit und seine Gesundheit.

In Japan sagt man: »Jemand, der nie krank wird, muss aufpassen – wenn er doch mal krank wird, kann er möglicherweise nicht gut damit umgehen.« Genau so war es dann bei Mark.

Bei ihm entwickelte sich ein kleines Problem mit der Prostata, was bei Männern seines Alters nichts Ungewöhnliches ist. Es war keine große Sache, erforderte aber eine kleine Operation. Mark war sehr bestürzt darüber, dass ihm eine Operation bevorstand. Er betrachtete das als Verletzung seiner Würde. Es warf Zweifel auf sein Selbstbild, laut dem er fit und gesund war. Es verletzte ihn tief, dass *ihm* so etwas passieren konnte – er war doch perfekt! Er stimmte der Operation aber zu, da er keine große Wahl hatte.

Die Operation war erfolgreich. Sein Sohn und seine Schwiegertochter standen ihm zur Seite und ich auch. Zu meiner Überraschung war Mark, obwohl die Operation gut verlaufen war, mental in einem sehr schlechten Zustand. Er war mürrisch und gereizt, schon am Rande des Hasses. Er beleidigte seine Familie und das Pflegepersonal. Alle schüttelten den Kopf und fragten sich: »Was ist denn mit dem Mann los? Seine Operation war doch sehr erfolgreich!«

Mark holte sich im Krankenhaus eine Infektion, was seine Stimmung nicht gerade verbesserte. Wie konnte *er* eine Infektion bekommen? Das konnte er nicht akzeptieren. Jetzt schäumte er vor Wut, und trotz all unserer Bemühungen beruhigte er sich nicht; seine Nieren versagten allmählich.

Sowohl für seine Familie als auch für die Ärzte war ganz klar, dass der Heilungsprozess bei ihm durch seine Einstellung, dass sein Ego verletzt worden sei, und dem daraus resultierenden Stress ernstlich gefährdet war. Es war tragisch: Marks Zustand verschlechterte sich weiter, und schließlich starb er. Daraus habe ich etwas sehr Wichtiges gelernt: Wenn man dem Stressmacher erlaubt, sein Unwesen zu treiben, kann er auch die beste medizinische Betreuung sabotieren. Vor einer OP nehme ich mir jetzt immer die Zeit, mit dem Patienten darüber zu sprechen, wie er damit umgehen wird – wie sein Selbstbild inmitten der medizinischen Realitäten aussieht.

SICH VOM STRESSMACHER DIE KONTROLLE ZURÜCKHOLEN

Ich bin jetzt schon lange selbstständig. Das hat mich aber nicht davon abgehalten, manchmal wegen meiner Arbeit nervös und aufgeregt zu sein. Als ich eines Morgens aufwachte, war mein erstes bewusstes Gefühl Angst. Ich erkannte intuitiv, dass ich zugelassen hatte, dass mein Stressmacher die Kontrolle übernahm. Also führte ich einen kleinen Dialog mit mir selbst, um herauszufinden, was hinter der Angst steckte.

»Was ist los? Weshalb hast du solche Angst?«
»Ich weiß, was heute passieren wird! Du wirst mir all diese Aufgaben aufladen – so viele, dass ich das unmöglich alles schaffen kann. Und du wirst verlangen, dass ich sie gemäß viel höheren Normen und in weniger Zeit erledige, als ich kann. Und wenn ich dann nicht alles fertig bekomme und nicht alles perfekt mache, wirst du über mich herfallen.«

Mir wurde klar, dass ich dem Stressmacher erlaubt hatte, über meinen Arbeitstag zu bestimmen. Als ich erkannt hatte, dass hier die Ursache für meinen Stress lag, war es leicht für mich, realistisch zu sehen, was ich an diesem Tag erreichen konnte. Der erste Schritt musste darin bestehen, mir zu versichern, dass nicht der strenge Stressmacher die Kontrolle hatte, sondern ich selbst.

Im Grunde war es eine Verhandlung. Ich sagte mir immer wieder: »Schau mal, ich habe Bedürfnisse – Dinge, die ich heute erledigen muss, damit Brot auf den Tisch kommt –, aber ich werde uns vor den unrealistischen Erwartungen des Taskmaster-Teils des Stressmachers schützen. Arbeite hier doch mit mir zusammen!« Ich hatte mich entschieden, mir einen Schutzschild zu bauen, denn ich wusste, dass der Stressmacher, wenn er mich erst im Griff hatte, leicht mein innerer Boss werden und mich für den ganzen Tag in den Stressmodus versetzen konnte. Diese Entscheidung lag völlig im Rahmen meiner Möglichkeiten.

In unseren Stressseminaren fragen wir die Teilnehmer, wie sie sich vom Stressmacher befreien. Im Raum kommt Erregung auf, wenn die Leute darüber sprechen, wie ihr Lieblingsgeheimnis dafür aussieht, ihren Stressmacher in Schach zu halten. Einer erzählt: »Ich sage laut: ›Stopp! Da gehe ich nicht hin!‹« Ein anderer spricht lautlos mit dem Stressmacher: »Entschuldige mal! Du bist hier nicht willkommen! Ich habe keine Zeit für dich.« Ein Dritter denkt daran, dass er an diesem Tag mit einem Laster zusammenstoßen könnte; die Vorstellung, dass sein Leben enden könnte, rückt die Bemerkungen des Stressmachers für ihn in die richtige Perspektive. Ein vierter Teilnehmer ignoriert den Stressmacher einfach und richtet seine Aufmerksamkeit auf etwas anderes.

Einer meiner Freunde hat mich mal gefragt: »Weißt du, was Angst ist?«

Ich antwortete: »Nein – erzähl's mir!«

»Angst ist ein Betrüger, der so tut, als wäre er nützlich.«

In meinen Augen war das eine nützliche Definition.

Am stärksten zeigt sich der Stressmacher häufig angesichts des Unbekannten oder in mehrdeutigen Situationen, wo irgendetwas so oder so sein könnte. Er will, dass Sie automatisch das Schlimmste erwarten. Die Alternativstrategie von Selbst 2 besteht darin, die Sache zu erforschen, die Wahrheit auf Grundlage von Fakten und im richtigen Verhältnis zu Ihren Verpflichtungen im Leben herauszufinden.

Wie der Zauberer in *Der Zauberer von Oz* scheint der Stressmacher viel mächtiger zu sein, als er ist. Wenn Sie ihm zum ersten Mal gegenüberstehen, mag er groß und unheimlich aussehen, doch wenn Sie hinter den Wandschirm treten, erkennen Sie, wie unbedeutend er in Wirklichkeit ist.

Der entscheidende Punkt ist, dass Sie die Stimme des Stressmachers als das erkennen, was sie ist. Der erste Schritt besteht darin zu sagen:

»Der, der da spricht, bin nicht ich. Ich bin aber derjenige, der zuhört.« Dann können Sie eine der vielen Möglichkeiten wählen, ihn zu umgehen, statt ihm zu glauben. Jedes Mal, wenn Sie das tun, machen Sie einen großen Schritt darauf zu, das Stressspiel durch Ihre eigene Klugheit zu gewinnen.
Je besser Sie lernen, die Stimme des Stressmachers von Ihrer eigenen zu unterscheiden, desto natürlicher und gelassener fühlen Sie sich selbst angesichts von Stressoren und desto größeren Zugang haben Sie zu Ihrer eigenen Klugheit. Die Benutzung der Inner Game-Tools wird die Stimme des Stressmachers nicht unbedingt verschwinden lassen, doch Ihre Widerstandsfähigkeit ihr gegenüber entwickelt sich wie ein Muskel.

Eine Aufgabe: Begegnen Sie Ihrem Stressmacher

Sehen Sie sich die Angst in der vorherigen Aufgabe noch einmal an und versuchen Sie, den Stressmacher auf das richtige Maß zu stutzen. Inwieweit ist diese Angst real, inwieweit erfunden? Was kann Ihre innere Stimme sagen, um die Konzepte des Stressmachers zu umgehen, statt sie ihm zu glauben?

EINE ALTERNATIVE ZU KÄMPFEN, FLIEHEN ODER ERSTARREN

Mir ist ganz klar, dass Stress ein Gefühl ist, das ich nicht mag. Ich weiß: Wenn ich unter starkem Stress stehe, kann ich mich nicht darauf verlassen, dass ich klar denke oder eine optimale Leistung bringe. Daher frage ich ein bisschen verdrossen: »Weshalb existiert Stress überhaupt?«

Die Ärzte unter meinen Freunden haben mich über das Stresssystem aufgeklärt: Es handelt sich dabei um eine körperliche (physiologische) Anpassung, die uns schützen soll; sie stammt aus einem früheren Stadium der menschlichen Evolution und half uns damals zu überleben. Unsere Gene und unsere natürlichen Reaktionsmechanismen entstanden zu einer Zeit, als die Menschen im Wesentlichen Jäger und Sammler waren. Stellen Sie sich unsere Ahnen doch mal beim Beerensammeln oder bei der Entspannung nach einem Mahl vor! Stellen Sie sich vor, wie das passiert, wie in einem Film. Plötzlich springt ein großes Raubtier auf sie zu. Ihre Körper reagieren sofort mit einem Adrenalinstoß, wie ein Auto, das in fünf Sekunden von null auf 100 beschleunigt. Ihr Herz beginnt zu pumpen, es schickt vor allem in die Muskeln Blut. Das ist die Reaktion »Kämpfen oder Fliehen«, bei der die gesamte Energie für das Überleben verwendet wird. Diese sehr fein abgestimmte physiologische Reaktion war in Zeiten unmittelbarer Gefahr für uns wirklich überlebenswichtig.

Ich bin froh darüber, dass meine Ahnen dieses Stresssystem hatten – sonst würde es mich heute nämlich vielleicht gar nicht geben. Für mich ist aber klar, dass dieses System außer Kontrolle geraten und in den meisten Stresssituationen, denen wir uns im 21. Jahrhundert gegenübersehen, nicht mehr nützlich ist.

Heute leben die meisten von uns nicht mehr in ständiger körperlicher Gefahr. Trotzdem benutzen wir immer noch dieses Stresssystem aus früheren Zeiten, um mit den Dutzenden kleiner Stressoren fertigzuwerden, die unsere Tage erfüllen – ein barsches Wort vom Chef, ein schmerzender Zahn, eine Kabbelei mit unserer Frau oder unserem Mann, ein Zug, den wir verpasst haben ... Das sind offene Einladungen für Selbst 1, den Stressmacher, mit seinen Einflüsterungen zu beginnen und unsere Wahrnehmung der Situation zu verzerren. Wenn wir Angst vor Misserfolgen haben, können wir schon die winzigste Aufgabe als Stressor wahrnehmen. Jeder wahrgenommene Stressor bewirkt die Freisetzung von Hormonen aus dem Hypothalamus, der Hirnanhangdrüse und den Adrenalin produzierenden Nebennieren. Wenn in unserem Körper ständig zu viele dieser Hormone kreisen, kann das verheerende Auswirkungen haben.

Als moderner Mensch zu leben, gleichzeitig aber durch einen urzeitlichen Instinkt definiert zu werden, der uns dazu drängt, zu kämpfen oder zu fliehen, funktioniert einfach nicht – denken Sie nur mal an das irrationale Verhalten mancher Autofahrer oder an einen Streit mit einem Freund, der daraufhin aus dem Zimmer stürmte! Wenn wir uns wirklich in körperlicher Gefahr befinden, kann die Stressreaktion uns zwar immer noch retten, doch unsere menschlichen Fähigkeiten haben sich über das System des Fliehens oder Kämpfens hinausentwickelt. Wir verfügen über viele angeborene Ressourcen, die uns fortschrittlichere Reaktionen ermöglichen. Bei vielen Menschen schlummern diese Ressourcen jedoch, weil sie nicht gelernt haben, wie sie Zugang zu ihnen bekommen und sie nutzen können.

Die Auswirkungen von chronischem Stress können heimtückisch sein. So hat eine in Großbritannien durchgeführte Studie gezeigt, dass wir es uns wortwörtlich zu Herzen nehmen können, wenn wir uns ungerecht behandelt fühlen. Bei der Studie waren Menschen, die das Leben für ungerecht hielten, zu 55 Prozent mehr von Herzinfarkten betroffen – ein höherer Prozentsatz als bei den Menschen mit einem hohen Cholesterinspiegel. Das Cholesterin messen die Ärzte ja routinemäßig – aber wie viele von ihnen denken daran, ihre Patienten nach ihrer geistigen Verfassung zu fragen?

Das Fazit lautet: In chronischem Stress zu leben hat immer ernste Konsequenzen. Edd und John haben mich davon überzeugt, dass der menschliche Körper nicht dafür vorgesehen ist, mit chronischem Stress umzugehen oder sich daran anzupassen.

Vor Kurzem habe ich mir eine Sendung des Fernsehsenders PBS über die Arbeit von Robert M. Sapolsky, Professor für Biologie und Neurologie an der Stanford University, angeschaut. Er hat ein Buch geschrieben, *Warum Zebras keine Migräne kriegen*, in dem er sich mit den tief greifenden Auswirkungen von Stress auf das körperliche und psychische Funktionieren des Menschen befasst. Dieses TV-Special, das auf Studien an Pavianstämmen in Afrika beruhte, konzentrierte sich auf einen bestimmten Stamm, der begann, sich von den Abfällen eines Safari-Camps zu ernähren, und in Kontakt mit Tuberkelbakterien kam. Zu Prof. Sapolskys Überraschung erkrankten und starben ausgerechnet die starken Alpha-Männchen. Die nicht so dominanten Männchen, die Weibchen und die Jungen überlebten hingegen. Der Stamm wurde friedlicher und gedieh prächtig. Sapolsky nahm an, dass der heftige Konkurrenztrieb der Alpha-Männchen für sie so viel Stress bedeutete, dass sie mit den Tuberkelbakterien nicht so gut fertigwerden konnten wie die anderen Mitglieder des Stamms. Es überraschte ihn außerdem, wie gut die anderen Paviane ohne den durch die wilden Alpha-Männchen erzeugten Stress zurechtkamen. Vielleicht könnten wir daraus für unsere eigenen Gesellschaften etwas lernen!

☛ Eine Aufgabe: Was steht auf dem Spiel?

Befassen Sie sich mit einer Situation, die länger anhaltenden Stress hervorruft. Denken Sie darüber nach, inwiefern Selbst 1, der Stressmacher, sie als Überlebensfrage betrachten könnte. Welche Elemente nimmt Selbst 1 als Bedrohungen wahr? Was steht seiner Ansicht nach auf dem Spiel? Was steht Ihrer Meinung nach auf dem Spiel?

AUS EINER PATIENTENAKTE
von Dr. Edd Hanzelik

Die Kraft des Kämpfens

Myra, eine Patientin Mitte 60, kam in meine Praxis, weil sie ein Zittern in der Stimme hatte und ihre Arbeitsfähigkeit dadurch beeinträchtigt wurde. Sie wusste genau, wann und wie das angefangen hatte: Sie hatte geduscht, war gerade aus der Kabine getreten und trocknete sich ab –

da hörte sie, dass jemand an der Tür klopfte. Sie wickelte sich in ein Handtuch und begann hinzugehen. Da wurde das Klopfen zu einem Hämmern und sie verspürte einen Adrenalinstoß.

Gleich darauf stürmten zwei junge Männer ins Haus. Myra hatte furchtbare Angst; sie beschrieb ihr damaliges Gefühl so: Es war, als würde ihr das Herz über einen halben Meter aus dem Brustkorb treten, und es hämmerte wie wild. Sie dachte, die beiden Männer würden sie vergewaltigen und umbringen. Ohne das geplant zu haben, stieß sie einen Schrei aus; er kam von einer so tiefen Stelle, dass sie selbst erschrak, als sie ihn hörte. Sie sagte, er habe wie das Gebrüll eines Löwen geklungen. Von der Stärke dieses Schreis war sie selbst überrascht, und sie war noch überraschter, als die beiden Männer sich umdrehten und aus dem Haus rannten.

Nach diesem Vorfall konnte Myra stundenlang überhaupt nicht sprechen. Als sie dann begann, wieder zu sprechen, zitterte ihre Stimme. Dieser Zustand hielt nun schon seit Monaten an. Sie hatte einen HNO-Arzt aufgesucht, der sich ihren Hals angeschaut und gesagt hatte, er könne ihre Stimmbänder zittern sehen. Sie war auch zu einem Neurologen gegangen, der zwei unterschiedliche Behandlungsmethoden ausprobiert hatte, die ihren Zustand aber beide nur verschlimmerten.

Ich betrachtete Myras Problem so: Ihr massiv bedrohtes Stresssystem hatte so reagiert, wie es das sollte – es hatte ihr sofort und kraftvoll das Leben gerettet. Ihre Stimmbänder waren jedoch nicht auf den lebensrettenden Schrei ihres Stresssystems vorbereitet und wurden traumatisiert. Das ganze Erlebnis war auf der emotionalen Ebene traumatisch gewesen. Wenn es zu akutem Stress kommt, merken wir oft gar nicht, wie stark sich das auf unseren Körper auswirkt, da wir uns auf das Überleben konzentrieren. Ist der Stress dann vorbei und wir fangen an, uns zu entspannen, entdecken wir, wie tief unsere körperlichen Schäden gehen. Als Myra den kraftvollen Schrei ausstieß, dachte sie gar nicht darüber nach; sie hatte ihn auch nicht geplant. Er war eine spontane Reaktion ihres Stresssystems in einem Notfall. Ihr war überhaupt nicht bewusst, wie stark sie ihre Stimmbänder beanspruchte. Als die Bedrohung vorüber war und sie die Anspannung lösen wollte, wurde ihr aber das Zittern in ihrer Stimme bewusst. Wenn jemand durch Stress tief geschädigt wurde, können die Auswirkungen auf den Körper, den Verstand und das Nervensystem anhalten, wie bei Myra.

Für Myra begann die Heilung damit, dass sie die Fähigkeit von Selbst 2, den Schrei überhaupt hervorzubringen, und die damit verbundene Belastung ihrer Stimmbänder anerkannte. Ich bat sie, ihrer Stimme Ruhe zu gönnen und den emotionalen Rückstand zu akzeptieren, der Bestandteil einer normalen Reaktion war. Ich riet ihr außerdem, die inneren Ressourcen anzuerkennen, die sie in dieser Notsituation benutzt hatte; wenn ihr das Zittern auffiel, solle sie immer Selbst 2 (ihren angeborenen körperlichen Ressourcen) dafür danken, dass es sie gerettet hatte. Als sie nach einer Woche wieder zu mir kam, sagte sie, sie habe ihrer Stimme tatsächlich Ruhe gegönnt; das Zittern sei ihr mehrmals aufgefallen, und sie habe dann an ihre Dankbarkeit gedacht. Im Laufe der Zeit wurde ihre Stimme wieder normal.

BEWUSSTE RUHE

Als wir dieses Buch schrieben, kann es zu einem Ereignis, das auf der ganzen Welt Schlagzeilen machte: Am 16. Januar 2009 prallte in New York ein Gänseschwarm gegen ein Flugzeug, das gerade startete. Dabei wurden beide Motoren beschädigt, sodass das Flugzeug dann schnell an Höhe verlor. Der Pilot, der inzwischen legendäre Chelsey B. »Sully« Sullenberger III., musste sofort eine Entscheidung treffen; er landete fehlerlos auf dem eisigen Hudson. Alle Passagiere wurden von kleinen Schiffen und Booten gerettet, die sich bereits auf dem Fluss befanden. Das war tatsächlich das »Wunder auf dem Hudson«.

Interessant ist, dass Sully in der Lage war, in dieser ungeheuer stressigen Situation angesichts großer Gefahr und Angst eine komplexe Entscheidung zu treffen. Piloten bezeichnen diese Fähigkeit als bewusste Ruhe. Da sie eine bewusste Anstrengung und regelmäßige Übung erfordert, wird sie immer wieder im Flugsimulator trainiert.

Was ist bei einer bewussten Anstrengung erforderlich? Damit wir das verstehen können, wollen wir uns die Biologie der Reaktionen ansehen, die während des Notfalls in Sullys Körper abgelaufen sein müssen. Man könnte zwar annehmen, dass er keine Angst hatte, doch das stimmt nicht – das bestätigte er später selbst. Die Angstschaltkreise des Gehirns sind automatisch und müssen bei jedem aktiviert worden sein, der in dem Flugzeug saß, auch bei dem gut ausgebildeten Piloten. Diese Reaktion kommt aus den älteren Hirnzentren, deren Aktivierung die typischen Stressreaktionen Kämpfen oder Fliehen hervorruft. Als das Flugzeug auf den Fluss zu stürzte, *musste* es zu überwältigender Angst kommen.

Wir wissen also, dass Sully Angst hatte. Wir wissen aber auch, dass er in der Lage war, zwischen seinen automatischen Emotionen und einem rationaleren, überlegteren Denkprozess, dessen Zentrum im präfrontalen Cortex des Gehirns liegt, eine Balance herzustellen. Dank dieser Fähigkeit konnte er schnell viele mögliche Variablen untersuchen, eine kluge Entscheidung über den besten Ort für die Landung treffen und sie dann sehr geschickt umsetzen. Sully konnte ein höher entwickeltes System von Gehirnstrukturen und -funktionen anzapfen. Er konnte die angstbasierten Reaktionen hinter sich lassen und das nutzen, was er durch seine Erfahrung als Pilot gelernt hatte.

Wie wir Stress erleben, beruht zu einem großen Teil auf Reaktionen aus früheren Zeiten. Wir können jedoch wie Sully lernen, effektivere Piloten in unserem Leben zu werden, indem wir die höher entwickelten neurologischen Schaltkreise nutzen, über die wir Menschen verfügen.

AUS EINER PATIENTENAKTE

von Dr. John Horton

Die Flucht vor dem Schmerz

Der dickste Mann, den ich je gesehen habe, war ein Patient, der mich in meiner Funktion als Berater an einem Krankenhaus in San Francisco aufsuchte. Larry wog über 180 Kilo, war jedoch fest entschlossen abzunehmen. Seine Geschichte ist einzigartig und extrem, hat aber angesichts der Fettleibigkeitsepidemie in den USA und anderen Ländern allgemeine Bedeutung.

In seiner Kindheit und Jugend war Larry nicht besonders übergewichtig gewesen; in seiner Familie hatte niemand Probleme mit dem Gewicht. Dass er jetzt so zugenommen hatte, war eine Reaktion auf ein sehr tragisches Ereignis: Seine Frau und sein Kind waren bei dem berüchtigten

Massenselbstmord in Jonestown gestorben. Larry, ein erfolgreicher Geschäftsmann, war zu diesem Zeitpunkt zu Hause in Los Angeles, um Geld für die Gruppe von Jonestown zu beschaffen. Er und seine Frau glaubten, die Gruppe sei auf einem vielversprechenden Weg zu einer neuen, idealistischen Lebensweise. Durch den Massenselbstmord verlor Larry also nicht nur seine Frau und sein Kind, sondern auch seine Vision und sein Lebensziel: anderen zu helfen.

Er erzählte mir mit leiser Stimme, als unmittelbare Reaktion auf dieses Ereignis habe er sich eine Pizza bestellt. Noch während er sie aß, habe er die Nummer eines Lokals gewählt, in dem es Hähnchen gab. Als er dann das Hähnchen verspeiste, habe er schon bei einem chinesischen Imbiss angerufen, und als er noch auf diesem Essen kaute, habe er darüber nachgedacht, was für eine Pizza er sich als Nächstes bestellen wollte.

Larry betäubte seinen Schmerz wochenlang mit Essen. Danach begann er, nachts durch die Stadt zu wandern; dabei ging er Frauen mit Kindern nach, die ihn an seine eigene Familie erinnerten. Er hatte dabei nichts Böses im Sinn. Eines Tages sah er sich dann zufällig in einem Spiegel und war entsetzt: Dieses fette, entstellte Monster glich niemandem, den er kannte!

Ihm wurde bewusst, dass er sich mit Essen betäubt hatte, um dem Schmerz des erlittenen Verlustes zu entgehen. Dass er sich so vollstopfte, hatte in gewisser Weise den Effekt, seinen Stress im Augenblick abzumildern, linderte dessen Ursache aber keineswegs; es führte sogar dazu, dass sein Gesundheitszustand sich bedrohlich verschlechterte. Langsam begann er, mehr in sich hineinzufühlen, statt zu essen; als ich ihn kennenlernte, war er bereits rund 45 Kilo losgeworden. Nun musste er noch einmal so viel abnehmen.

Als Larry mir seine Geschichte erzählte, beeindruckten mich sein Mut und seine Bereitschaft, sich mit seinen Verlusten zu beschäftigen und wieder zu sich selbst zu finden. Am Ende des Gesprächs waren wir beide zuversichtlich, dass ihm das allmählich gelingen würde – leider ohne seine Frau und sein Kind, aber als klügerer und bewussterer Mensch.

Für mich war das eine sehr eindrucksvolle Lektion: Es zeigte mir, wie stark das Stresssystem aus früheren Zeiten sein kann und dass es nötig ist, die Ursache für den Stress zu lindern, statt sie unter Verwendung aller verfügbaren Mittel – wie sich mit Essen vollzustopfen, Drogen oder übermäßiger Alkoholgenuss – zuzudecken. Larrys Entschlossenheit machte mir Mut und gab mir die Hoffnung, dass selbst Menschen, die in ganz extremen Kreisläufen der Betäubtheit feststecken, wieder zu sich finden können.

ERSTARREN: WIE WILD IM SCHEINWERFERLICHT

Edd und John haben mir erzählt, dass es außer Kämpfen oder Fliehen noch eine andere Reaktion aus früheren Zeiten gibt: das Erstarren – genau das, was Wild passiert, das im Scheinwerferlicht gefangen ist. Das Tier flieht nicht und kämpft auch nicht. Es ist einfach im Augenblick erstarrt, von seiner Angst gelähmt. Ich begriff das Konzept des Erstarrens sofort – ich kannte es nämlich vom Tennisplatz. Wenn Spieler am Netz sahen, dass ein schneller Ball auf sie zukam, und sie sich nicht sicher waren, was sie jetzt tun sollten, standen sie oft einfach nur da, gelähmt, während der Ball an ihnen vorbeisauste.

Auch das Erstarren ist eine automatische Reaktion des Nervensystems, das darauf konditioniert ist, auf manche Gefahren mit einer Senkung des Blutdrucks und des Pulses zu reagieren. Diese Reaktion scheint zwar unserer Intuition zuwiderzulaufen, doch wenn wir die Evolution zurückverfolgen, bestand die beste Option manchmal eben darin, möglichst still zu sein – mit der Absicht, sich unsichtbar zu machen.

Die Erstarrungsreaktion erinnert mich daran, wie ich als kleiner Junge im Bett lag bei ausgeschaltetem Licht. Man weiß dann, dass die Monster aus ihrem Versteck im Wandschrank gekommen und jetzt im Zimmer sind. Man darf nicht schreien oder weglaufen, denn dann würden sie uns sehen und über uns herfallen. Gegen sie kämpfen kann man mit Sicherheit nicht, denn sie sind ja Monster. Also macht man sich ganz, ganz klein. Man atmet langsamer, sodass man in gewissem Sinn gar nicht mehr existiert. Man macht sich unsichtbar.

Zu den Formen des Erstarrens gehört bei den Erwachsenen, sich in unproduktiven Mustern zu verfangen, sich nicht mit schwierigen Situationen befassen zu wollen und nicht zu handeln, wenn Handeln erforderlich ist.

John und Edd haben in ihrer Praxis festgestellt, dass Menschen, die in ihrer Kindheit Traumata oder Missbrauch erlebt haben, häufig in die Gewohnheit verfallen, in Augenblicken zu erstarren, wo das alles andere als vorteilhaft ist. Sie haben mir von einem jungen Architekten erzählt, der völlig unerwartet in Ohnmacht gefallen war, als eine aufgeregte Kollegin ihm von einer schweren Erkrankung berichtete. Man brachte ihn in die Notaufnahme, doch die Ärzte konnten bei ihm keine Herz- oder Nervenerkrankung finden, die seine Symptome erklärt hätte. Auch er selbst hatte keine Vorstellung davon, weshalb er zusammengebrochen war. Als John Horton ihn dann aber fragte, ob er in seiner Kindheit körperlichem, mentalem oder emotionalem Stress ausgesetzt gewesen sei, erinnerte er sich daran, dass er eines Tages nach Hause gekommen war und miterlebt hatte, dass seine Mutter von seinem Onkel angegriffen wurde. Seine Mutter war dann an ihren Verletzungen gestorben. Danach löste jede starke Emotion bei dem jungen Mann eine heftige Stressreaktion aus, die in diesem Fall darin bestand, dass er erstarrte. Es fiel ihm schwer, über dieses Erlebnis zu sprechen. Ihm wurde jedoch klar, dass ihm an dem Tag, an dem er bei der Arbeit zusammengebrochen war, vorher eine Kollegin eine sehr emotionale Geschichte erzählt hatte und dass ihre starke Emotion seine Reaktion ausgelöst hatte.

Der Lernprozess bei diesem Mann war interessant. Obwohl er jetzt genau verstand, weshalb er in Ohnmacht gefallen war, passierte ihm das nach einiger Zeit wieder in einem Flugzeug. Dieses Mal erkannte er jedoch, dass er unter emotionalem Stress stand, müde war und nicht gut gegessen hatte. Er begriff, dass der Stress seine alte Erstarrungsreaktion ausgelöst hatte, und entschied sich, sie zu umgehen. Er erholte sich dann schnell und musste nicht ins Krankenhaus. Ihm wurde klar, dass sein Nervensystem eine gewisse Verwundbarkeit aufwies, mit der er ohne Angst, Verwirrung oder unnötige medizinische Untersuchungen umgehen konnte.

☛ Eine Aufgabe: Erstarrt sein

Denken Sie an eine Situation, in der Sie bei sich selbst oder bei anderen die Erstarrungsreaktion erlebt haben. Was genau ist da passiert? Was war das Ergebnis der Erstarrung?

ÄRZTLICHE ANMERKUNG: UNSERE DREI GEHIRNE
von Dr. John Horton und Dr. Edward Hanzelik

Das Inner Game ermöglicht es uns, je nach Bedarf vom Instinkt auf die Bewusstheit umzuschalten. Die folgende einfache Beschreibung zeigt die Struktur des Gehirns und die daran beteiligten Funktionen auf. Die Betrachtung erfolgt aus einer mehr evolutionären Perspektive auf Grundlage der Theorie des Wissenschaftlers Paul MacLean und anderer Forschungen.

MacLean erkannte, dass wir drei Gehirne haben; die jüngeren sind jeweils auf den älteren aufgeschichtet. Er nahm an, dass es zu Krankheiten kommen kann, wenn die urzeitlichen Hirnzentren über die weiterentwickelten menschlichen Hirnzentren dominieren. Wenn das geschieht, haben wir keinen Zugang mehr zu unserer Vernunft und unserem Verstand, sondern reagieren auf animalische, primitive Weisen auf menschliche Angelegenheiten. Nach Meinung mancher Leute ist die Zivilisation nur eine dünne Schicht menschlichen Verhaltens auf einem Kern dieser primitiven Verhaltensweisen. Angesichts der einzigartigen menschlichen Qualitäten und der bemerkenswerten Fähigkeiten des menschlichen Gehirns, sie zum Ausdruck zu bringen, sehen wir aber deutlich, dass wir das Potenzial haben, viel mehr zu sein als nur hoch entwickelte Tiere.

Das erste Gehirn, das primitivste, nannte MacLean das *reptilische*; es ist auf das Überleben des Einzelnen fokussiert und kennt keine Freunde, keine Familie und auch keine Freude. Bei uns Menschen besteht es aus dem Hirnstamm, der die lebensnotwendigen Vitalfunktionen aufrechterhält, einschließlich des Herzschlags, der Atmung und der Stoffwechselaktivität, und dem Kleinhirn. Solange diese Bereiche intakt bleiben, kann das Leben selbst bei ausgedehnten Hirnverletzungen weitergehen. Das durch diesen Teil des Gehirns ausgelöste Verhalten zeigt großen Widerstand gegenüber Veränderungen und hat seine Wurzel meist in Angst; er ist zudem nicht in der Lage zu lernen. Der Hirnstamm und das Kleinhirn sind bei ihren Reaktionen auf Veränderungen stark eingeschränkt. Wenn Reptilien (oder Menschen im reptilischen Modus) eine Bedrohung wahrnehmen, zeigen sie nur drei Reaktionsweisen: Sie greifen an, fliehen oder erstarren.

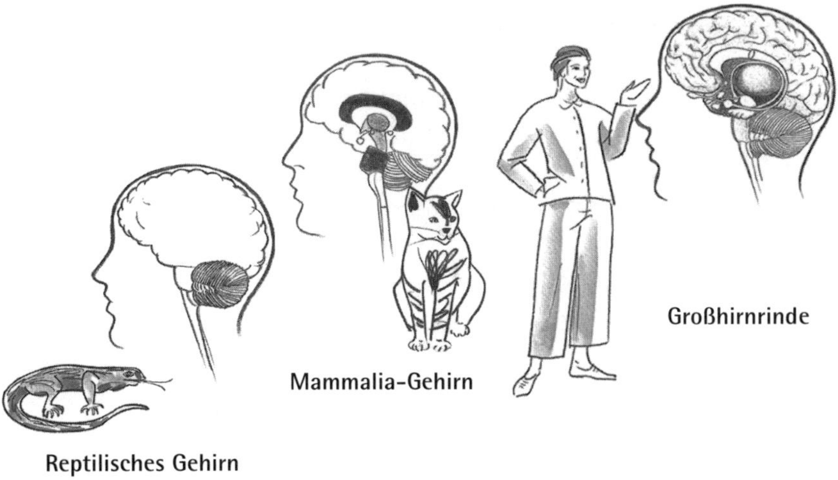

Das zweite Gehirn nannte MacLean das *Mammalia-Gehirn* (Säugetiergehirn). Zu ihm gehört die Amygdala, ein höher entwickelter Wachposten für Gefahren, den es im reptilischen Gehirn so nicht gibt. Die Amygdala koordiniert zusammen mit dem Hypothalamus, der Hirnanhangdrüse und den Nebennierendrüsen die fundamentalen Reaktionen Kämpfen, Fliehen oder Erstarren, um uns vor Schaden zu bewahren; sie wird automatisch aktiviert, wir denken dabei also nicht. Stellen Sie sich beispielsweise mal vor, dass Sie aus Ihrem Haus treten und auf dem Rasen etwas erblicken, was wie eine Schlange aussieht. Sie springen vor Angst sofort zurück. Dann schauen Sie genauer hin und sehen, dass die »Schlange« in Wirklichkeit ein Gartenschlauch ist. Sie entspannen sich, lachen und gehen Ihrer Wege. Hinter der anfänglichen Reaktion stand der Instinkt des frühen Mammalia-Gehirns, einschließlich der Amygdala. Wenn Sie sonst nichts hätten, hätten Sie den Schlauch vielleicht angegriffen oder wären vor ihm weggelaufen.

Unser höher entwickeltes Mammalia-Gehirn hat einen besseren Wachposten, den Hippocampus; er ist zu feineren Wahrnehmungen und Gefühlen fähig. Er half Ihnen zu erkennen, dass der Schlauch keine Schlange war. Der Hippocampus ist in der Lage, zu lernen und sich zu erinnern, was Säugetieren zusätzliche Fähigkeiten verleiht. Im Gegensatz zu einem Reptil erkennt Ihr Hund Sie; er reagiert auf Sie und unterscheidet offensichtlich zwischen Ihnen und Personen, die er nicht kennt.

Die dritte und höchste Komponente ist das *menschliche Gehirn*. Zu ihm gehört die *Großhirnrinde*, die fünf Sechstel des Gehirns ausmacht. Das ist unser denkendes Gehirn, mit zahlreichen Verbindungen zwischen dem Hippocampus und dem präfrontalen Cortex. Der präfrontale Cortex verbindet zahlreiche große neurale Netze, denen wir die verschiedenen Qualitäten des menschlichen Denkens und der Reflexion sowie die Bewusstheit verdanken.

Die Großhirnrinde ist an den am höchsten entwickelten mentalen Aktivitäten beteiligt, beispielsweise am Sprechen, am rationalen Denken, am Gedächtnis, am Verstehen, an der feinmotorischen Kontrolle, der Kreativität, der Musikalität, dem Schreiben, der Empathie, der Freundlichkeit, der Fähigkeit, Bestandteil einer Familie oder Gruppe zu sein und trotzdem ein Individuum zu bleiben, am Bewusstsein der Geschichte unseres eigenen Lebens und am Erkennen der Zeit.

Das urzeitliche Gehirn mit seinen Reaktionen Kämpfen, Fliehen und Erstarren und die älteren oder weiterentwickelten Mammalia-Gehirne mit ihren vom Instinkt, der Gruppenanpassung und der Hackordnung beherrschten eingeschränkten Fähigkeiten können mit dem Stress, den wir erleben, größtenteils nicht gut umgehen. Nur über unser einzigartiges menschliches Gehirn können wir zurücktreten, reflektieren und bewusst handeln.

Die Großhirnrinde hat die Fähigkeit, eine Balance zwischen den urzeitlicheren Reaktionen des Stresssystems und dem Bewusstsein und Verstehen herzustellen. Der Zugang zu ihr ermöglicht es uns, angesichts von Bedrohungen zu lachen und brillante Strategien dafür zu entwerfen, Schmerz und Frustration hinter uns zu lassen. In uns allen steckt das Potenzial, die Herausforderungen des Lebens zu überlisten.

ÜBER DIE STRESSWAHRNEHMUNG HINAUS

Wir leben alle drei in Südkalifornien und haben die beängstigenden Feuersbrünste miterlebt, die, von starken Winden getrieben, durch die Canyons von Malibu fegen und Häuser in wenigen Stunden zerstören können. Es kann kein Zweifel daran bestehen, dass diese Brände ein enormer Stressor sind. Doch nicht einmal dieser große Stressor *ver-*

ursacht an sich Stress. Ich möchte Ihnen hier ein Schlüsselmerkmal der Stresspsychologie verdeutlichen: Stellen Sie sich vor, dass drei Männer auf einer Straße durch einen Canyon stehen und mit ansehen müssen, dass turmhohe wütende Flammen auf die beiden Häuser vor ihnen zukommen.

Einer ist ein Feuerwehrmann, der damit beschäftigt ist, eine Abwehrstrategie gegen das Feuer umzusetzen. Er ist in Hochstimmung und darin vertieft, Hubschraubern, die mit Löschwasser beladen sind, Anweisungen zu geben. Dem zweiten Mann gehört eines der Häuser. Er ist nervös, aber nicht verängstigt. Das Haus gehört ihm bereits seit vielen Jahren und er hat schon andere Brände gesehen. Er ist gut versichert und hat sich darauf vorbereitet, alle Menschen, Haustiere und wichtigen Wertgegenstände durch eine einzige Fahrt mit seinem Laster wegzubringen, falls das Wasser aus den Hubschraubern die Brände nicht aufhalten kann. Dem dritten Mann gehört das andere Haus, doch er ist ganz entsetzt. Er hat das Haus erst vor Kurzem gekauft und weiß nicht, ob er gut versichert ist. In seinem kleinen Auto kann er auf keinen Fall all seine Leute, Haustiere und Wertgegenstände in Sicherheit bringen. Die drei Männer sehen sich mit demselben Stressor konfrontiert, doch wie sie ihn wahrnehmen und auf ihn reagieren, ist völlig unterschiedlich.

Maslows Hierarchie der Bedürfnisse

Psychischer Stress hat etwas mit den Wahrnehmungen zu tun, die uns frustrieren und Schmerzen oder Angst hervorrufen. Das trifft auch dann zu, wenn die Wahrnehmungen keine Grundlage in der Realität haben.

Vielleicht wird das Feuer die beiden Häuser aus dem Beispiel von eben verschonen, doch der dritte Mann wird sich in den nächsten Tagen oder sogar Wochen oder Monaten vielleicht trotzdem weiter gestresst fühlen. Die beiden anderen sind durch ihre Ausbildung, ihre Erfahrung und ihre Planung für den Notfall vor Angst geschützt.
Ein anderer psychischer Stressaspekt ist subtiler. Er hat etwas mit der Behinderung des menschlichen Bedürfnisses nach Selbstverwirklichung zu tun. Der Psychologe Abraham Maslow stellte die Selbstverwirklichung in seiner Hierarchie der menschlichen Bedürfnisse nach ganz oben. Er fand heraus, dass die erfolgreichsten und geistig gesündesten Menschen sich dieses Bedürfnis erfüllten. Wir haben ein inneres Verlangen danach, in unserem Leben an einen Punkt zu gelangen, an dem wir mit uns und mit dem, was wir erreicht haben, zufrieden sind. Vielleicht erkennen wir das gar nicht, doch wir sehnen uns nach innerer Zufriedenheit. Wenn wir dieses menschlichste aller Bedürfnisse nicht würdigen, sind wir weniger als wir selbst, und das kann eine Quelle von Stress sein.
Dem Psychologen Carl Gustav Jung fiel auf, dass diejenigen seiner Patienten, die am meisten Angst vor dem Tod hatten, das Gefühl hatten, nie voll gelebt zu haben. Das gilt auch umgekehrt: Menschen, die voll gelebt und innere Zufriedenheit gefunden haben, verspürten angesichts ihrer Sterblichkeit einen größeren inneren Frieden.

SOS: DIE SOZIOLOGIE DES STRESSES (SOCIOLOGY OF STRESS)

Unsere Welt besteht aus drei Formen dynamischer Beziehungen: den Beziehungen zu unserem Selbst *(self)*, zu anderen *(others)* und zur Gesellschaft *(society)* – abgekürzt: SOS. Stressoren können aus jedem dieser Bereiche stammen, doch die Beziehung zu unserem Selbst ist der Schlüssel zur Regulierung unseres Stresssystems. Weshalb ist das so? Weil das die Arena ist, in der wir immer die Kontrolle ausüben können. Über das, was andere denken, fühlen oder tun, haben wir keine Kontrolle und wir haben auch nicht viel Kontrolle über den Input, den wir von der Gesellschaft bekommen. In unserem eigenen geschützten Selbst haben wir jedoch Raum dafür zu manövrieren, solange wir bereit sind, den Dingen ins Auge zu sehen und unsere einzigartigen inneren Ressourcen zu nutzen.

Da wir soziale Wesen sind, kann es schwierig für uns sein, unser Bedürfnis nach Selbstverständnis zu würdigen. Die Frage ist: Wie können wir ein Teil der Herde sein, ohne bei diesem Prozess uns selbst zu verlieren? Wie können wir mit etwas, was größer ist als wir selbst – unserer Familie, unserer Gemeinde, unserem Arbeitsteam –, verbunden bleiben und trotzdem noch in der Lage sein, innerlich zurückzutreten und eine eigene Meinung zu haben?

Konfuzius soll gesagt haben: »Als ich jung war, habe ich mich bemüht, meinen Eltern zu gefallen, später meinen Freunden und noch später meinen weisen Lehrern. Schließlich habe ich gelernt, mir selbst zu gefallen.« Erst von diesem Punkt an fand er die innere Weisheit, die so tief greifende Auswirkungen auf die chinesische Kultur hatte.

Das zwanghafte Bemühen, anderen zu gefallen, ist ein verbreitetes Problem – und die Erfolgschancen sind gering. Es gibt eine sehr berühmte Geschichte über den Hindu-Gott Schiwa und seine Gemahlin Parwati, die diesen Punkt gut verdeutlicht. Parwati fragte Schiwa, weshalb die meisten Menschen so unglücklich seien, obwohl die Erde doch so schön sei und die Menschen dazu bestimmt seien, sich an ihr zu erfreuen. Schiwa forderte Parwati auf, ihn auf die Erde zu begleiten.

Sie verkleideten sich als Menschen und beobachteten ein ganz gewöhnliches älteres Paar auf seinem Weg von einem kleinen Dorf zum anderen. Zunächst ritt er auf einem Esel und sie ging neben ihm. Als sie zu einem Dorf kamen, hörten sie die Leute dort sagen, der Mann sei doch sehr selbstsüchtig und schäbig, da er ritt, während seine arme Frau zu Fuß ging. Als sie sich dem nächsten Dorf näherten, stieg er ab und sie ritt auf dem Esel, während er nebenherging. Auch hier hatten die Leute etwas zu kritisieren; sie sagten, diese Frau habe keine Achtung vor ihrem Mann, der sein ganzes Leben lang so hart gearbeitet habe und daher auf dem Esel sitzen sollte. Als wieder ein Dorf in Sicht kam, stiegen sie daher beide auf den Esel. Die Dorfbewohner waren darüber entsetzt, dass sie so grausam sein konnten, dem armen Esel so viel Gewicht aufzubürden. Beim nächsten Dorf stiegen sie also ab und gingen beide neben dem Esel her. Nun verhöhnten die Leute sie wegen ihrer Torheit: Sie hatten doch einen gesunden Esel, aber niemand ritt auf ihm!

Als sie das gesehen hatten, blickte Schiwa Parwati an und sagte: »Siehst du? Die Menschen wollen sich unbedingt gegenseitig gefallen, aber das ist unmöglich.« Anderen gefallen zu wollen gehört zwar zur menschlichen Grundhaltung, doch was bringt uns das, wenn wir uns dabei selbst verlieren?

EIN SCHRITT IN DER MENSCHLICHEN EVOLUTION

Da Stress offenbar evolutionären Ursprungs ist, sollte es bei der menschlichen Evolution auch einen Schritt geben, der uns dabei helfen kann, den derzeitigen Ansturm von Stressoren zu überleben. Wenn Edd, John und ich in unseren Seminaren die Inner Game-Tools benutzen, stellen wir fest, dass es bei der Funktionsweise der Teilnehmer zu einer fundamentalen Verlagerung kommt: Statt der Angst, der Überraschung und des Schocks, mit denen die meisten Menschen auf die unvermeidbaren, aber doch unerwarteten Veränderungen im Leben reagieren, sehen wir sie neue Reaktionen kennenlernen, bei denen sie die inneren Fähigkeiten von Selbst 2 nutzen – Reaktionen wie Klarheit, Lieben, Lernen, Bewusstheit und Akzeptanz. Wenn wir die alten Reaktionen des Stresssystems erkennen, können wir unseren persönlichen Spielraum entdecken und uns für höher entwickelte Reaktionen entscheiden.
Die Herausforderung besteht darin, dass die primitive Stressreaktion automatisch und auf das Überleben ausgerichtet ist. Sie kann in unserem Körper eingeschaltet werden, ohne dass uns das bewusst wird. Sie zu überwinden erfordert tägliche Anstrengungen – Stärke und Flexibilität zu entwickeln ist so, als würden wir Muskeln trainieren, die wir vorher noch nie trainiert haben.

☛ Eine Aufgabe: Benutzen Sie Ihr höher entwickeltes Gehirn!

Denken Sie über eine der Stresssituationen nach, die Sie in Kapitel 1 (S. 33) ausgewählt haben, und über Ihre übliche Reaktion darauf. Halten Sie dann inne und denken Sie über andere Reaktionen als Kämpfen, Fliehen oder Erstarren nach, die dank der im menschlichen Gehirn verfügbaren Qualitäten möglich sind.

UMSCHALTEN KÖNNEN

Der Stress, den wir erleben, ist nicht naturgegeben. In meiner Zeit als Tennis- und Golflehrer verblüffte es mich immer, dass die Leute bei etwas, was eigentlich Erholung sein sollte, unter so großer Anspannung standen. Sie sagten: »Ich werde mich jetzt entspannen und Tennis spielen ...«, oder: »Ich brauche eine Pause, ich fahre auf den Golfplatz!« Sobald sie dort waren, wurde ihre Anspannung aber größer als vorher. Eigentlich hätten sie herunterschalten sollen, doch tatsächlich schalteten sie hoch. Ich habe oft Leute an einem wundervollen, sonnigen Tag auf dem Golfplatz stehen sehen, mit dem grünen Platz vor Augen, mit ihren Freunden. Sie hatten alles, was sie brauchten, um die nächsten Stunden zu genießen, doch ihre Gesichter sagten etwas anderes – verbissene Konzentration, Enttäuschung, Verärgerung. Kein Wunder, dass Herzstillstand die häufigste Todesursache auf dem Golfplatz ist!

Der Stress kommt nicht aus dem Tennis- oder Golfspiel an sich. Er entsteht aus dem Sinn, den wir dem Gewinnen und dem Verlieren beimessen, unserem guten oder eben nicht guten Spiel. Wenn wir den schädlichen Druck hinter uns lassen wollen, müssen wir im Hinblick auf unsere Bewertungen einen bewussten Umgang lernen. Da die Golfregeln nichts darüber sagen, müssen wir lernen, mit unseren Bewertungen unseres Tuns besser umzugehen. Diese Entscheidung sollten wir bewusst treffen, und das heißt nicht nur, dass wir uns fragen, wie unser Ziel beim Golf aussehen könnte, sondern auch, weshalb wir an einem gegebenen Tag überhaupt Golf spielen. Welches Ziel verfolgen wir dabei? Was ist unsere Absicht? Wir könnten uns dafür entscheiden, unserer Fitness zuliebe zu spielen oder wegen der Freundschaft zu unseren Spielpartnern oder auch einfach nur, um mal von allem wegzukommen und uns an der Schönheit des Platzes zu erfreuen. Sie können sich zudem entscheiden, etwas über sich selbst zu lernen, die Fokussierung der Aufmerksamkeit zu üben oder mal auszuprobieren, wie es sich auswirkt, wenn der Sinn des heutigen Spiels für Sie klar ist. Vielleicht werden Sie feststellen, dass das gar nicht so einfach ist. Der unbewusste Einfluss der Bedeutung, die die Gesellschaft und Ihre Freunde dem Spiel verleihen, wird die Entscheidung an sich reißen wollen. Sie werden Ihre eigene Absicht ständig wiederholen müssen: »Nein, heute bin ich nicht hier, um zu beweisen, wie sportlich ich bin, sondern um ______________________________.«

HERUNTERSCHALTEN

Wir alle wechseln den Gang jeden Tag, und zwar meistens unbewusst. Das Problem entsteht, wenn chronische Angst oder Frustration oder das Gefühl, erdrückt zu werden, zu Erschöpfung führen. Wenn wir unter zu starkem Stress stehen, sind wir wie ein trockener Schwamm, dem es bereits an Flüssigkeit fehlt, der aber weiter zusammengepresst wird. Wir können kein Wasser mehr geben und beginnen daher zu reißen. Der entscheidende Punkt ist: Wir müssen bewusst genug sein, um zu wissen, wann es an der Zeit ist hochzuschalten und wann wir herunterschalten sollten. Das ist eine Frage von bewussten Entscheidungen.

Falls wir nicht herunterschalten, sondern stattdessen Stimulanzien oder Medikamente im Übermaß benutzen, kann die Erschöpfung uns noch schneller packen. Das Abschalten ist ein menschliches Bedürfnis und genauso wichtig, wie aktiv zu sein. Ruhe, Entspannung, Erholung und Reflexion sind für unsere Stabilität und unser Wohlbefinden wichtig.

Denken Sie einmal darüber nach, was an einem typischen Tag mit einem Menschen passiert. Es gibt so viele Situationen, die wir als Belastung empfinden können! Zur Arbeit fahren und dabei in einem Stau stecken bleiben ... Am Arbeitsplatz ankommen und nicht genug Kontrolle und Wertschätzung verspüren, zu viel zu tun und zu wenig Zeit ... Nach Hause kommen, sich mit komplexen zwischenmenschlichen Problemen konfrontiert sehen ... Sich hinsetzen, sich die Abendnachrichten anschauen, all die furchtbaren Dinge sehen, die auf der Welt passieren ... Das sind alles Stresssituationen! Dann gehen wir ins Bett und schlafen – oder versuchen es zumindest. Jetzt ist die Zeit gekommen, in der unser Körper, der den ganzen Tag über in hohen Drehzahlen gelaufen ist, die Chance hat, sich zu erholen. Es ist aber leichter, hoch- als herunterzuschalten; daher kann es schwierig sein, diese Ruhephase

zu erreichen. Schlafstörungen sind heutzutage ein viel zu häufiges Problem.
Ein gutes Beispiel für diese Dynamik ist der Jetlag. Wir wissen, dass es sich dabei um ein reales Phänomen handelt. Wenn wir bei Langstreckenflügen mehrere Zeitzonen überqueren, ist zwar unser physischer Körper am Ziel, doch es dauert eine Weile, bis unsere Körperfunktionen sich der neuen Situation angepasst haben. Das wird bei unserem Verdauungssystem länger dauern als bei unserem Bewegungsapparat. Wir können dann gewöhnlich aufstehen und das machen, was wir machen müssen, aber das Essen und die Verdauung dauern länger als sonst. Die Feinkoordination braucht für die Umstellung länger als die allgemeine Koordination. Bei den geistigen Fähigkeiten dauert sie sogar noch länger, und die emotionalen Reaktionen hinken hinter allem anderen her. Unser Körper ist also durch den Raum gereist und zehn oder zwölf Stunden später irgendwo angekommen, doch er ist vorübergehend beeinträchtigt.
In den USA besteht der kulturelle Fehler darin, dass man sich über seine Grenzen treibt. Man kann die Leute dort mit einem getunten VW vergleichen, der mit einem 400 PS starken Motor aufgerüstet wurde und jetzt läuft und läuft und läuft. Der Motor ist so stark, dass er im Laufe der Zeit die übrigen Teile des Autos zerstört. Die Kotflügel fallen ab, die Motorhaube bekommt Sprünge, die Fenster zersplittern. Irgendwann ist dann das ganze Auto ein bloßer Schrotthaufen – nur der Motor läuft immer noch. Unser Verstand kann wie der 400-PS-Motor sein und unser Körper wie der zerbrechlichere VW, den er herumscheucht. So behandeln wir uns selbst, wenn wir nicht herunterschalten und eine erträglichere Reisegeschwindigkeit finden.

AUS UNSEREN PATIENTENAKTEN

von Dr. John Horton

Wenn der Tank leer ist

Einer meiner Patienten besitzt ein Fitnessstudio. Eines Tages fragte er mich, ob ich bereit sei, mich um einige der »Sport-Junkies« zu kümmern, die sehr oft krank seien. Ich begann, mir diese Leute anzusehen, und stellte fest, dass sie sich nicht einmal von einer simplen Erkältung oder Grippe erholen konnten, weil sie unbedingt jeden Tag mehrere Stunden lang schweißtreibende Übungen machen wollten. Sie rechtfertigten das so: Durch die körperliche Betätigung fühlten sie sich gut, ohne sie aber verloren. Einer der Männer sagte: »Wenn ich nicht trainiere, werde ich deprimiert. Der Sport hilft mir, mit dem ganzen Stress im Leben fertigzuwerden.«

Für mich war jedoch klar, dass das intensive Training für diese Gruppe in Wirklichkeit kontraproduktiv war, da es den Leuten die Chance nahm, ihre Krankheiten auszukurieren. Unser Immunsystem braucht einen gewissen Raum und eine gewisse Energie, um Antikörper gegen Viren bilden zu können, und die kranken Sport-Junkies waren nicht bereit, diesen Prozess ablaufen zu lassen. Sie wollten einfach Rezepte für mehr und andere Antibiotika, die bei chronischen Virusinfektionen aber gar nicht gewirkt hätten.

Letztlich konnte ich ihnen nicht helfen, da sie ganz auf die falsche Vorstellung fixiert waren, dass sie ständig in einem hohen Gang laufen müssten, um das Leben bewältigen zu können. In ihren Augen hatte es keinen Wert herunterzuschalten. Sie verstanden ihre eigenen inneren Ressourcen nicht. Ihre Entschlossenheit zu trainieren, war viel stärker als die Signale, durch die ihr Körper ihnen sagte: »Mach langsamer! Ruh dich aus!« In gewissem Sinne waren sie süchtig nach ihren eigenen Endorphinen.

Endorphine sind schmerzlindernde Stoffe, die unser Körper bildet, wenn wir in einem hohen Gang laufen. Sie können uns ein gutes Gefühl bringen, doch wenn wir die Drehzahl nie senken, verlassen wir uns irgendwann auf sie. Von einem evolutionären Standpunkt aus betrachtet sind sie durchaus wertvoll. Wenn unsere fernen Vorfahren, die in gefährlichen Dschungeln lebten, von Raubtieren zerfleischt oder gebissen wurden, ermöglichte ihnen der Ausstoß von Endorphinen, die Schmerzen zu umgehen. Wir »verspüren« ja manchmal »keine Schmerzen«, selbst wenn unser Körper erschöpft ist und krank wird.

Die medizinische Forschung und der gesunde Menschenverstand zeigen, dass angemessener Sport uns widerstandsfähiger gegen Stress macht und unsere Gesundheit insgesamt verbessert. Es stellt sich allerdings die Frage, was *angemessener* Sport ist. Die Sportratten benutzten extremes Training als einziges Mittel zur Stressbekämpfung. Um unserer Gesundheit willen Sport zu treiben ist jedoch etwas anderes, als wenn ein Athlet versucht, auf ungesunde Weise Spitzenleistungen zu erreichen. Wenn das Trainingsziel Gesundheit ist, gehört Spaß an der Sache zu den wichtigsten Variablen; diese Leute quälten sich aber. Sie waren davon besessen zu trainieren – und entwickelten keine alternativen Methoden zur Stressbewältigung.

EIN LEBEN UNTER ÜBERLASTUNG

Dass die Leute sich überlastet fühlen, ist die häufigste Klage, die ich in Unternehmen und in unseren Stressseminaren zu hören bekomme. Es gibt einfach zu viele Pflichten und Anforderungen. In meinen Augen ist es eine Ironie, dass neue Technologien, die die Arbeit eigentlich effizienter machen sollten, die gegenteilige Wirkung haben. Viele Menschen klagen darüber, dass sie überlastet seien, weil sie jeden Tag eine wahre Flut von E-Mails beantworten müssten. Eine Managerin hat mir erzählt, bei ihrer Rückkehr aus einem dreitägigen Urlaub hätten 400 Mails auf sie gewartet! Was könnte eine größere Belastung sein als der Druck, mehr zu schaffen, als menschenmöglich ist? Das ist aber das Problem, dem sich viele Menschen gegenübersehen; und wenn ich sie frage, was sie tun könnten, um die Kontrolle zumindest zum Teil zurückzugewinnen, sehen sie mich an, als wäre ich verrückt geworden, und antworten: »Wenn ich meinen Job behalten will, bleibt mir gar nichts anderes übrig.«

Das Problem sieht also so aus: Es ist Ihnen nicht mal im Entferntesten möglich, all das zu machen, was von Ihnen verlangt wird, doch man erwartet von Ihnen, dass Sie es trotzdem machen, und Ihnen bleibt gar nichts anderes übrig. Falls Sie so weitermachen, werden Sie aber zusammenbrechen. Das ist unvermeidbar.

ÄRZTLICHE ANMERKUNG

von Dr. Edward Hanzelik und Dr. John Horton

Weshalb wir eine Balance herstellen müssen

Wie wichtig ist es Ihrem Körper, in der Balance zu bleiben? Walter Cannon, ein hervorragender Arzt und Medizinforscher, schrieb 1932 ein faszinierendes Buch über dieses Thema, *The Wisdom of the Body.* In seiner Klarheit und seinem Verständnis ist es bis heute ein Klassiker geblieben. Dr. Cannon untersuchte die außergewöhnlichen Aktionen, durch die der Körper in der Balance oder Homöostase zu bleiben versucht, unabhängig davon, mit was für Herausforderungen er konfrontiert wird.

Als Beispiel dafür, wie wichtig eine Balance in unserem Leben ist, können wir unseren Bedarf an Sauerstoff nehmen. Wenn wir mehr als ein paar Minuten lang keinen Sauerstoff bekommen, werden die Nervenzellen unseres Gehirns nicht wieder zu behebende Schäden erleiden, und kurz darauf werden wir sterben. Wenn wir sehr intensiv Sport treiben, kann unser Sauerstoffbedarf bis auf das 45-Fache steigen; unsere maximale Fähigkeit zur Sauerstoffaufnahme liegt aber vielleicht bei einer Steigerung um das Zwölffache. Wie wird der Körper reagieren, wenn er etwas so Wichtiges wie Sauerstoff braucht, aber nicht einmal annähernd genug aufnehmen kann, um seinen Bedarf zu decken?

Dr. Cannon stellte fest, dass unser Körper auch durch zahlreiche andere Aktionen sicherzustellen versucht, dass sein Sauerstoffbedarf selbst bei sehr großen Anstrengungen gestillt wird: Die Atmung wird enorm beschleunigt, sodass erheblich mehr Sauerstoff in die Lunge gezogen wird. Auch das Volumen des vom Herz gepumpten Blutes wird größer. Die Pulsfrequenz und der Blutdruck steigen ebenfalls. Der Sauerstoff kann leichter in die Kapillaren gelangen. Die Fähigkeit des Gewebes, Sauerstoff aus dem Blut zu ziehen, wächst. Sogar die Fähigkeit des Körpers, rote Blutkörperchen (die Träger des Sauerstoffs) zu bilden, nimmt plötzlich zu. All diese bemerkenswerten Veränderungen sind die dramatischen Reaktionen unseres Körpers auf eine große Herausforderung. Im Endeffekt ergibt sich, dass die Balance aufrechterhalten und unser Gewebe durchgängig mit Sauerstoff versorgt wird.

Dr. Cannon betrachtete alle Systeme unseres Körpers unter diesem Blickwinkel, beispielsweise den Flüssigkeitshaushalt, das Salz, den Blutzucker, die Proteine, den Calcium-Spiegel im Blut und die Körpertemperatur. Er entdeckte, dass in all diese Systeme derartige ausgefeilte Mechanismen eingebaut sind, um die Homöostase zu schützen, unabhängig davon, wie die physische Herausforderung aussieht.

Was aber, wenn die Bedrohung der Homöostase durch die eigenen Gedanken oder Gefühle entsteht? Wenn chronischer Stress die Balance mehrerer Körpersysteme zerstört? Dann dürfen wir uns nicht einfach zurücklehnen und darauf warten, dass unser Körper die Balance wiederherstellt. Wir müssen unser Bewusstsein und unsere Wahlfreiheit ständig einsetzen und die zur Wiedererlangung unserer Balance nötigen Schritte machen. Je öfter wir diese Schritte ausprobieren und anwenden, desto natürlicher und selbstverständlicher werden sie. Die Erkenntnisse und Tools des Inner Game helfen uns, klar zu sehen, dass wir tatsächlich Wahlfreiheit und Zugang zu erstaunlichen inneren Ressourcen haben, die es uns ermöglichen, uns unsere Stabilität zu bewahren, was das Leben uns auch bringen mag.

Vor einigen Jahren hatte ich mich in die Situation gebracht, dass ich zu viele Verpflichtungen übernommen hatte. Als ich meine To-do-Liste objektiv betrachtete, sah ich, dass ich für 250 Prozent meiner Zeit Verpflichtungen eingegangen war. Ich fühlte mich wie eine überbuchte Airline – zu viele Körper, zu wenig Sitze. Wie hatte ich zulassen können, dass das passierte? Das war ganz leicht gewesen. Die Leute waren mit Ideen an mich herangetreten, die mich interessierten, und ich hatte Ja gesagt, weil ich mich wirklich mit ihnen beschäftigen wollte, dabei aber vergessen zu berücksichtigen, dass meine Zeit begrenzt war.

Die meisten Leute in unseren Stressseminaren sagen, sie hätten zu viel zu tun. Ihre Reaktion besteht meistens darin, Schlaf, Entspannung und Erholung zu opfern, da diese Faktoren ihrer Ansicht nach entbehrlich sind. Wir haben aber schon gesehen, dass ein Hochschalten ohne

Herunterschalten das Schlimmste ist, was wir unserer Gesundheit antun können.

Können wir uns von der Tyrannei der noch unerledigten Dinge auf unserer To-do-Liste befreien? Haben wir eine Wahl?

Ich bin noch nie jemandem begegnet, der, wenn er die Wahl hätte, nicht mehr Zeit für Ruhe und Reflexion wollen (und somit auch brauchen) würde. Daher muss ich zu dem Schluss kommen, dass es bei diesem Dilemma eher um die Freiheit geht. Erlauben wir uns die Freiheit, mehr von dem zu bekommen, was wir wollen und brauchen? Es handelt sich dabei nicht um Freiheit *von* irgendetwas, sondern um Freiheit *für etwas.*

AUS EINER PATIENTENAKTE
von Dr. John Horton

Ein leichtes Ziel

Roy, ein gesundheitsbewusster Manager mittleren Alters, kam in seinem Weihnachtsurlaub zu mir. Er hatte vom Rasieren einen stark entzündeten Kratzer im Gesicht, und die Entzündung drohte sich auszubreiten, sogar bis ins Gehirn. Es gelang uns, ihn im Krankenhaus durch intravenöse Gabe von Antibiotika über mehrere Tage erfolgreich zu behandeln. Roy erholte sich gut, doch diese unerwartete Erkrankung aufgrund eines simplen Kratzers im Gesicht hatte ihn erschreckt. Er fragte mich: »Wieso konnte ich durch eine so winzige bakterielle Infektion so krank werden?« Die Antwort war nicht schwer: Roy hatte sich seit Monaten überarbeitet und sich darüber geärgert. Er war bei der Arbeit unglücklich, er ging an seine Grenzen, um Projekte abzuschließen, an die er nicht glaubte. Da er sich keine Zeit dafür nahm sich auszuruhen, war abzusehen, dass sein Körper ihm auf die eine oder andere Weise den Dienst verweigern würde. Was ihn an seine Grenzen trieb, war gar nicht unbedingt die berufliche Belastung – es war der Stress durch ein Arbeitsumfeld, das ihm keine Erfüllung brachte.

Die Theorien von Hans Selye, Autor des Klassikers *Stress beherrscht unser Leben,* werden noch heute in der medizinischen Forschung benutzt. Er fand heraus, dass der Körper sich an anhaltenden Stress anpasst, indem er die Aktivität des sympathischen Nervensystems allmählich erhöht (Reaktion Kämpfen, Fliehen oder Erstarren). Dauert die Anpassungsperiode lange, sind die Stoffwechselsysteme irgendwann erschöpft, was zu einem Burn-out führen kann. Selye erkannte, dass es zu Krankheiten und letztlich sogar zum Tod kommen kann, wenn die Balance nicht wiederhergestellt wird.

Stellen Sie sich zur Verdeutlichung bitte vor, dass Sie mit zwei Fingern leicht über Ihren Unterarm streichen. Das wäre kein unangenehmes Gefühl. Doch was würde passieren, wenn Sie das Tag für Tag machen würden, eine Woche oder sogar einen ganzen Monat lang? Dann würde die Haut auf Ihrem Unterarm irgendwann aufgescheuert werden, eine wunde Stelle würde entstehen. Bei chronischem Stress ist es genauso – er entwickelt sich allmählich, im Laufe der Zeit, und verbraucht schließlich Ihre Reserven und verursacht Krankheiten.

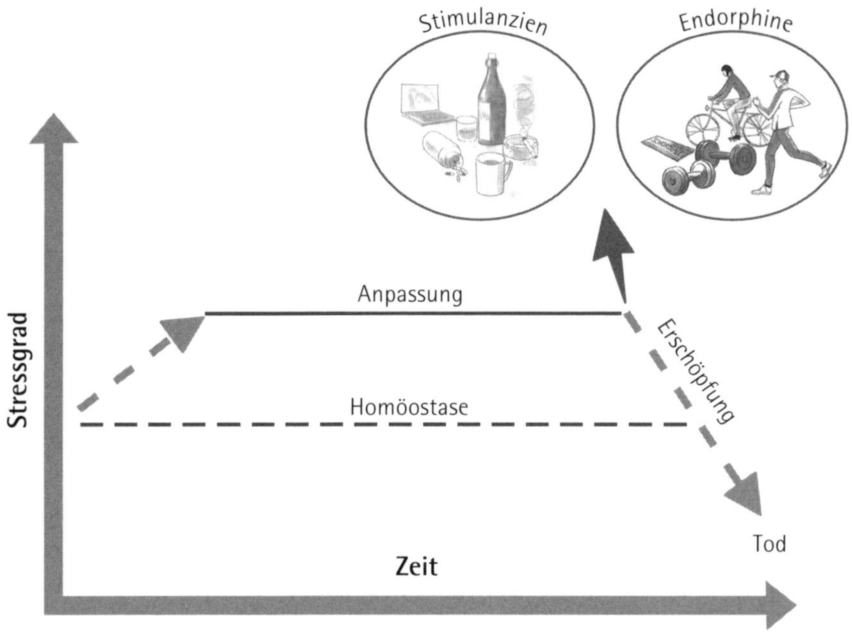

Selye: Was passiert, wenn wir in zu hohe Gänge schalten

Selye beobachtete außerdem, dass die Leute selbst im Zustand der Beinahe-Erschöpfung weiter Aktivitäten betreiben, die sie stimulieren und den Körper in eine hohe Leistungsbereitschaft versetzen, statt auf die klare Botschaft ihres Körpers zu reagieren, dass er Ruhe braucht. Das ist so, als würden sie einem müden Pferd die Peitsche geben, damit es schneller läuft. Wir Menschen bekämpfen unsere Müdigkeit mit Kaffee, Softdrinks mit Koffeinzusatz, Zigaretten, Alkohol und fettreiches Essen. Stimulanzien schwächen den Körper aber weiter und erzeugen ein noch größeres Ungleichgewicht.

DIE VIER R

Viele von uns führen ihr Leben im Angriffsmodus. Wir greifen das Projekt an, den Tennisball, die tägliche Arbeit im Haushalt... Wir sehen Bedrohungen und Feinde. Wir übertreiben es mit der Wachsamkeit. Wir sind in einem von uns selbst erschaffenen Dschungel, wo uns die Säbelzahntiger bedrohen. Ich hoffe, Sie erkennen jetzt, dass es Sie nicht sehr lange sehr weit bringen wird, wenn Sie sich im Angriffsmodus befinden!

Edd und John haben ihre Patienten mit großem Erfolg in den *vier R* gecoacht – Ruhe (*rest*), Entspannung (*relaxation*), Erholung (*recreation*) und Reflexion (*reflection*). Anfangs fällt es den Leuten schwer zu begreifen, dass diese Faktoren nicht nur schönes Beiwerk sind, sondern für das Leben und die Gesundheit absolut unentbehrlich. Manchmal erkennen sie das erst nach einem schweren körperlichen Zusammenbruch.

Wenn wir die Teilnehmer an unseren Stressseminaren fragen, wie viel Zeit sie in der Woche der Ruhe, Entspannung, Erholung und Reflexion widmen, verbiegen sie sich schier. Daran können sie sich nicht erinnern, sie können die Zeitdauer nicht angeben. Das Leben ist einfach zu arbeitsreich und überwältigend. Andere Antworten sind interessant. Cynthia zum Beispiel, eine Frau in einem der Seminare, erwiderte auf die Frage, was sie mache, um sich zu entspannen: »Ich setze mich vor den Fernseher.« Ich fragte sie: »Was schauen Sie sich denn an?« Sie schilderte uns dann, dass sie nach den Reportagen und Talkshows süchtig sei, die wie besessen das Schicksal einer vermissten Dreijährigen verfolgten, die vermutlich ermordet worden war. Sie widmete den Einzelheiten jeden Abend zwei bis drei Stunden. Jemand anders aus der Gruppe sagte: »Ich weiß gar nicht, von wem Sie reden. Von dieser Geschichte habe ich überhaupt nichts gehört.« Cynthia stieß einen Seufzer aus: »Darum beneide ich Sie!« Noch während sie das sagte, wurde ihr klar, dass sie ja eine Wahl hatte: Sie konnte sich dafür entscheiden, den Fernseher auszuschalten.

John erzählt gern von der Zeit, als er in Taiwan arbeitete. Nach dem Mittagessen machte jeden Tag fast die gesamte Bevölkerung eine Ruhepause. John fiel es schwer, da mitzumachen – er war ja in einer Gesellschaft aufgewachsen, in der es hieß: »Wer ein Nickerchen braucht, ist ein Schwächling!« Dann erkannte er aber die kulturelle Weisheit hinter dieser Ruhezeit. Wenn Sie in unserer Kultur vorschlagen würden, nach dem Mittagessen solle jeder ein Schläfchen machen, würden die anderen sich vor Lachen biegen. Wir sind Macher, bis zum Extrem. Diejenigen, die am härtesten arbeiten, nehmen ihr Mittagessen an ihrem Schreibtisch zu sich. Sie machen immer weiter. Die Manager wollen wissen, wie sie in jeder einzelnen Minute des Arbeitstages mehr Produktivität aus ihren Leuten herausquetschen können. Es gibt sogar Unternehmen, bei denen die Leute darum wetteifern, das Büro abends als Letzte zu verlassen.

AUS EINER PATIENTENAKTE

von Dr. John Horton

Was der Körper braucht

Susan wollte sich untersuchen lassen, weil sie nachts Herzrhythmusstörungen hatte. Sie war jung und es schien unwahrscheinlich, dass sie eine Herzerkrankung hatte; eine gründliche körperliche Untersuchung bestätigte das. Ich erwähnte, dass Herzrhythmusstörungen auch durch übermäßigen Koffeingenuss oder Stress hervorgerufen werden können. Susan sagte, Koffein sei bei ihr kein Problem; sie räumte jedoch ein, dass ihr bereits sehr volles Leben seit Kurzem noch voller war. Sie hatte nämlich ein Ehrenamt in der Gemeinde übernommen, das sie viel stärker beanspruchte, als sie gedacht hatte.

Mein Instinkt sagte mir, dass zu einem effektiven Rezept für Susan die vier R gehören mussten – Ruhe, Entspannung, Erholung und Reflexion. Ich sagte: »Ich denke, dass wir Ihr Problem relativ leicht lösen können.«

Ihr Gesicht hellte sich auf und sie sah mich erwartungsvoll an. Ich lächelte. »Ich muss Sie aber warnen – wenn ich Ihnen sage, was Sie tun müssen, werden Sie vielleicht lachen, weil es so absurd klingt.«

»Oh nein!«, erwiderte sie. »Ich werde nicht lachen – ich habe Vertrauen zu Ihren Ratschlägen.«

»Gut!«, sagte ich. »Ihr Problem wird sehr bald verschwinden, wenn Sie sich jeden Tag eine halbe Stunde Zeit für sich selbst nehmen, sich einfach hinsetzen und das tun, was Sie gern tun möchten.«

Sie lachte.

Ich bat sie dann, in mein Sprechzimmer zu kommen, und verließ das Untersuchungszimmer. Als ich mein Sprechzimmer ein paar Minuten später betrat, erschrak ich: Susan saß auf einem Stuhl und schluchzte. Ich fragte sie besorgt, ob ich sie irgendwie gekränkt hätte.

Sie schüttelte den Kopf und wischte sich die Tränen aus den Augen. Als sie wieder sprechen konnte, sagte sie schlicht: »Mir war nicht klar, wie schlimm es ist.« Sie erklärte mir, sie habe sich nicht vorstellen können, auch nur eine halbe Stunde am Tag dafür zu haben, etwas zu tun, was sie gern tun wollte. Und sie würde allmählich erkennen, dass ihre Situation nicht mit einem gut funktionierenden Körper vereinbar sei. Es ist bemerkenswert, wie viele unserer Patienten, die unter Stress und an Krankheiten leiden, glauben, sie hätten keine Zeit dafür, sich um sich selbst zu kümmern. Natürlich wenden sie letztlich viel mehr Zeit dafür auf, sich mit den Stressfolgen herumzuschlagen.

Eine Aufgabe: Über die vier R nachdenken

Schreiben Sie auf, in welcher Form Sie sich am liebsten ausruhen, entspannen, erholen und reflektieren. Berücksichtigen Sie dabei auch Pausen, Joggen, Spiele, Sport, sich einfach nur zurückzulehnen, nicht geschäftliche Gespräche und andere Aktivitäten. Notieren Sie, wie viel Zeit Sie sich jede Woche ungefähr für die einzelnen R zugestehen. Würden Sie sagen, dass Sie genug Zeit für die vier R vorsehen? Fällt Ihnen in einem der Bereiche auf, dass die Zeit nicht reicht? Welche Konsequenzen hat das? Was könnten Sie tun, um es besser zu machen?

SINNVOLLER SPORT

Wenn die Leute darüber sprechen, wie man den Stress reduzieren kann, zählen sie gewöhnlich die verbreiteten Methoden auf, die man sie gelehrt hat: Sport, Tiefenatmung und so weiter. Äußere Strategien sind aber nur effektiv, wenn das Inner Game gut gespielt wird. In unseren Seminaren sagen die Leute beispielsweise häufig, Sport sei eine gute Methode, um Stress abzubauen. Ja, das erzählen ihre Ärzte ihnen: »Wenn Sie den Stress reduzieren wollen, müssen Sie Sport treiben.« Ein guter Rat – oder etwa nicht? Na ja – das kommt drauf an. Wir präsentieren den Leuten drei verschiedene Beispiele für Sport. Beim ersten läuft jemand in einem Fitnessstudio auf einem Band und sieht dabei fern. Beim zweiten joggt jemand morgens am Strand. Beim dritten geht jemand abends über ein Feld, auf dem Weg zu einem Freund, um mit ihm am Ende des Tages zu reden und ein Gläschen zu trinken.

Welche dieser Aktivitäten ist die gesündeste? Bei allen drei wird ja die gleiche Kalorienmenge verbrannt und es werden die gleichen Muskeln trainiert. Gewöhnlich glauben die Leute, dass alle drei Personen gleich profitieren werden, wenn die physische Aktivität die gleiche ist. Das ist das Outer Game. Man muss jedoch darüber hinausblicken, auf die anderen Bereiche, die der Gesundheit förderlich sind. Dann sieht man, dass der Jogger am Strand einen zusätzlichen Nutzen daraus ziehen könnte, dass er die Schönheit der Natur wertschätzt; und dass die Person, die auf dem Weg zu einem Freund ist, sich nicht nur an der Schönheit der

Natur erfreuen kann, sondern dazu noch den Vorteil einer zwischenmenschlichen Verbindung hat.
Ein sehr beschäftigter Unternehmensanwalt hat mal erzählt, für ihn sei es extrem schwierig gewesen, Zeit für Sport einzuplanen; daher habe er einen persönlichen Trainer engagiert, der zu ihm ins Haus kommen sollte, und sich auch einige Trimmgeräte gekauft. Eines Morgens blickte er während der Arbeit mit seinem Trainer nach draußen. Es war ein wundervoller Tag, und sein Gärtner beschnitt die Büsche. Da hatte er eine Erleuchtung: »Mir wurde klar, dass ich meinen Trainer dafür bezahlte, dass er mir Bewegung verschaffte, dass ich auch Geräte bezahlte und zudem meinen Gärtner. Ich dachte, wenn ich einen Teil der Gartenarbeit selbst erledigen würde, könnte ich gleich drei Fliegen mit einer Klappe schlagen: Ich müsste weder den Trainer noch die Geräte bezahlen, könnte die Bewegung im Freien genießen und mich an der Verschönerung meines Gartens erfreuen.«

STABILITÄT ALS MITTEL GEGEN STRESS

Es ist zu erkennen, welche körperlichen und emotionalen Folgen Stress haben kann. Haben Sie sich in einigen der Geschichten selbst erkannt? Wir schlagen Ihnen in diesem Buch nicht vor, Sie sollten versuchen, den Stress zu bekämpfen oder gar zu managen. Die Gesamtstrategie besteht vielmehr darin, eine innere Stabilität und Sicherheit aufzubauen. Stabilität ist das, was standhält, wenn der Stress uns zu überwältigen droht. Es handelt sich um einen dynamischen Seinszustand, der es uns erlaubt, uns in die von uns gewünschte Richtung zu bewegen. Stabilität ist von großem Wert, auch wenn wir gerade mal nicht unter Stress stehen. Wenn chronischer Stress das Fehlen von Stabilität ist, können wir unseren Stress natürlich automatisch vermindern, indem wir Stabilität aufbauen. Erfreulicherweise hat die Natur es so eingerichtet, dass wir Stabilität gegenüber dem Ungleichgewicht von Stress bevorzugen, und das macht uns die Entscheidung leichter.
Der erste Schritt ist eine innere Verpflichtung, die darauf basiert, dass wir verstehen, dass Stress nicht gut für uns ist und dass wir innere Stabilität aufbauen müssen. In einer Welt, in der die Ansicht herrscht, dass Stress als normale Konsequenz des Arbeitens und der Beziehungen zu

anderen hingenommen werden muss, ist das nicht leicht. Diese innere Verpflichtung beruht auf der Entscheidung, uns weiterzuentwickeln und uns nicht mehr von Stress tyrannisieren zu lassen. Es ist die Entscheidung, unser Leben wertzuschätzen und zu schützen und im Gleichgewicht zu leben, auch wenn unsere äußere Welt sich in einer Krise befindet. Wir könnten sagen, dass es eine Entscheidung unseres Herzens ist, unser Leben zu genießen und uns daran zu erfreuen – was auch kommen mag.

In diesem Buch präsentieren wir Tools, die Sie dabei unterstützen sollen, innere Stabilität aufzubauen. Dann werden Sie mit einer inneren Integrität leben können, die Ihnen auch angesichts der äußeren Veränderungen und Anforderungen – die Ihren Fähigkeiten, gute Leistungen zu bringen, zu genießen und zu lernen, normalerweise Abbruch tun – nicht untreu wird. Stabilität bedeutet mehr, als nur zu überleben, einen guten Job zu haben und sich an einer Familie zu erfreuen. Sie ist eine innere Stärke, deren Quelle im Verstehen und in Klugheit gegründet ist. Damit Sie diese innere Verpflichtung eingehen und durchhalten können, werden wir uns im nächsten Teil mit den Grundlagen der Stabilität befassen.

2 DEN STRESS ÜBERWINDEN

ACT: DER INNER GAME-LERNKODE

Im Frühling spielt sich um mein Haus herum alljährlich ein Drama ab: Die Spatzen bauen in den Büschen und Bäumen ihre Nester und legen Eier. Wenn die kleinen Spatzen schlüpfen, sind sie nicht größer als mein Daumen. Doch dann kommen die Raubvögel – Stare, Raben, hin und wieder auch mal ein Falke –, stoßen auf die Nester hinunter und packen die hilflosen kleinen Babys mit ihrem Schnabel. Die Spatzen werden schier verrückt. Sie flattern im Kreis herum und zetern wie wild. Sie sind außer sich, aber sie können nicht gegen die Raubvögel kämpfen, denn die sind zu groß. Das passiert Jahr für Jahr. Ich weiß, dass das der Lauf der Natur ist, doch manchmal würde ich den Spatzen gern zurufen: »Könnt ihr für nächstes Jahr nicht eine Strategie entwickeln?«

Es ist deutlich zu sehen, dass Vögel und andere Tiere darauf programmiert sind, sich so zu verhalten, wie es für ihre Art typisch ist. Im Hinblick auf das, was sie in ihren Beziehungen zueinander oder zur Umgebung tun oder nicht, haben sie kaum eine Wahl.

Wir Menschen hingegen verfügen über eine phänomenale Gabe, die den Spatzen fehlt: das Bewusstsein. Wir sind nicht hilflos, wir brauchen nicht einfach dazusitzen und zuzusehen, wie die Ereignisse uns aus dem Gleichgewicht bringen. Wir können innehalten und reflektieren, uns über unsere Prioritäten klar werden, über unsere Optionen nachdenken, einen Plan machen, einen besseren Weg wählen. Für unser Bewusstsein brauchen wir nicht zu arbeiten – wir haben es schon. Wir müssen es nur trainieren. Trotzdem kommt es oft vor, dass wir in Stresssituationen hilflos herumflattern wie die Spatzen, statt die Kräfte unseres Bewusstseins zu nutzen.

Wir schränken uns häufig selbst ein, indem wir der kulturellen Konditionierung nachgeben, die von unserer Familie, unseren Freunden und der Gesellschaft stammt. Wir übernehmen Urteile darüber, was richtig oder falsch ist, gut oder schlecht usw., ohne wirklich selbst zu denken. Diese

Urteile können unsere Fähigkeit beeinträchtigen, die Dinge so zu sehen, wie sie sind. Die Frage ist: Wie können wir unsere entscheidenden angeborenen Fähigkeiten auf produktive, stressfreie Weise nutzen? Nach über 30 Jahren Arbeit mit dem Inner Game habe ich mich auf nur drei Lernprinzipien konzentriert, die einfach sind, ohne die wir aber keine Schritte in unserem Leben machen können:

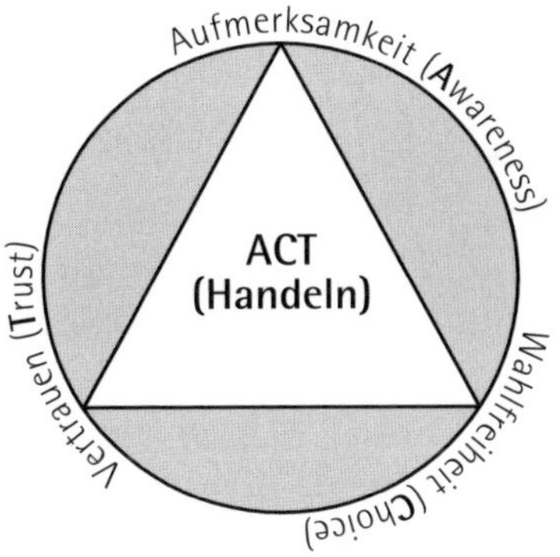

Wir wollen uns diese Prinzipien jetzt genauer ansehen. Jedes ist Teil eines Ganzen, das es uns erlaubt, gewünschte Veränderungen vorzunehmen, zu lernen und sogar auch wieder zu verlernen.

AUFMERKSAMKEIT

Die Aufmerksamkeit gehört zu den wunderbarsten Werkzeugen des menschlichen Bewusstseins. Sie wirft Licht wie ein Scheinwerfer, sie macht die Dinge sichtbar. Sie gibt aber von Natur aus keine Urteile ab. Sie enthüllt lediglich, was im Hier und Jetzt, wo das Leben sich abspielt, vor sich geht. Sie sieht, fühlt, hört und versteht *das, was ist*, ohne Verzerrung.

Wenn Sie wissen, wohin Sie gehen, brauchen Sie Ihre Aufmerksamkeit nur darauf zu richten, wo Sie sind – das wird Ihnen die nächsten Schritte zeigen, die Sie machen müssen. Ich gebe Ihnen ein Beispiel: Wenn in meiner Zeit als Tennis-Coach einer meiner Schüler den Ball nicht in der Mitte des Schlägers traf, habe ich ihn nicht analysieren lassen, weshalb der Ball ungenau getroffen wurde; ich habe ihn einfach aufgefordert, darauf zu achten, wo der Ball auftraf, ohne zu versuchen, irgendetwas zu verändern. Ohne dass der Spieler sich bemühte, die Kontrolle über irgendetwas anderes zu gewinnen, als darauf zu achten, wo der Ball auf dem Schläger aufkam, begannen die Bälle dann, sich im Schlägerzentrum zu häufen. Weshalb? Die Aufmerksamkeit sagte Selbst 2, was sich besser anfühlte, besser klang und besser vom Schläger losflog. Selbst 2 nahm dann auf ganz natürliche Weise feine Anpassungen vor.

Und wenn ich Sie auffordern würde, stärker darauf zu achten, wie Sie dasitzen, während Sie diese Seite lesen, würden Sie wahrscheinlich subtile Veränderungen bei Ihrer Körperhaltung vornehmen, sofern Sie irgendetwas verspüren würden, was nicht bequem wäre.

Die Fokussierung der Aufmerksamkeit ermöglicht es uns, uns stärker bewusst zu werden, worauf wir uns gerade wirklich konzentrieren. Worauf Sie Ihre Aufmerksamkeit richten und wie Sie das tun, macht einen Unterschied. Es gibt in allen Situationen eine Vielzahl von Stellen, auf die Sie Ihre Aufmerksamkeit richten könnten, doch die beste Stelle als Ausgangspunkt ist das, was ich die kritischen Variablen nenne. Als *kritische Variable* definiere ich alles, was veränderbar und für das von Ihnen angestrebte Ergebnis von entscheidender Bedeutung ist. Ein Beispiel: Beim Autofahren gehören offensichtlich die Geschwindigkeit, die Position in der Spur und die Nähe anderer Autos zu den kritischen Variablen. Einfach ausgedrückt: Wenn Sie Ihre Aufmerksamkeit auf die kritischen Variablen richten, können Sie sich in Übereinstimmung mit Ihrem Ziel bewegen.

Nicht alle kritischen Variablen sind äußerer Natur. Manche der Aspekte, bei denen die Fokussierung der Aufmerksamkeit besonders wirkungsvoll ist, liegen in unserem Inneren – beispielsweise unsere Einstellung, unser Optimismus, unsere Absichten und unsere Freude. Die Ärzte haben mir sogar gesagt, die kritische Stressvariable sei vom medizinischen Standpunkt aus betrachtet das Ausmaß unserer Freude an dem, was wir gerade machen.

Die Fokussierung auf die kritischen Variablen bringt uns gleich zwei wichtige Vorteile: Erstens sorgt sie dafür, dass unser Kopf in der Gegenwart bleibt, und gibt uns Informationen, die wir brauchen, um uns in die gewünschte Richtung bewegen zu können. Zweitens lässt sie Selbst 1 keinen Raum dafür, sich in unserem Bewusstsein mit dem einzumischen, was in der Zukunft passieren könnte oder in der Vergangenheit geschehen ist. Wir sind dann in der Lage, einfach nur hinzuschauen und die Dinge so zu sehen, wie sie sind, ohne dass uns das Genörgel wegen richtig und falsch, gut und schlecht, »sollte« und »könnte« dazwischenkommt. Das ist der erste Schritt auf dem Weg dazu, im Kopf frei genug zu werden, um ein eigenes kluges Vorgehen entwickeln zu können. Das Geheimnis ist: Wenn wir etwas ändern wollen, müssen wir zunächst unsere Aufmerksamkeit intensiver darauf richten, *wie es ist.*

Ich habe mal Phil gecoacht, einen leitenden Manager, der in dem Ruf stand, seinen Leuten gegenüber zu aggressiv zu sein. Es sah so aus, als wüssten das alle – nur er selbst nicht. Da ich das Gefühl hatte, dass Phil sehr abwehrend reagieren könnte, wenn ich ihn direkt mit seinem Verhalten konfrontieren würde, stellte ich ihm die folgende Frage: »Woher wissen Sie, wann Ihre Leute wirklich auf das hören, was Sie ihnen sagen?«

Er antwortete, ohne groß nachzudenken: »Na ja – das erkenne ich an ihrem Blickkontakt zu mir, an ihrer Körpersprache und schließlich auch daran, ob sie meinen Aufforderungen nachkommen.«

Ich sagte: »Ich möchte, dass Sie in der nächsten Woche diese Variablen bei Ihren Leuten einfach beobachten, wenn Sie mit ihnen sprechen, ohne sie zu beurteilen. Erzählen Sie mir dann bitte, was Ihnen in dieser Woche aufgefallen ist.« Phil ging voller Neugier im Hinblick darauf, was sich bei dieser Aufgabe ergeben würde. Als er in der folgenden Woche wiederkam, war er sehr erstaunt und aufgeregt. »Es war unglaublich! Am Anfang der Woche gab es sehr wenig Blickkontakt; viele meiner Leute hatten die Arme über der Brust verschränkt, und ich konnte deutlich Widerstand gegen meine Anweisungen spüren. Am Ende der Woche waren sie jedoch ganz anders, obwohl ich nichts geändert hatte. Sie nahmen Blickkontakt auf; sie schienen sich zu bemühen, meine Worte aufzunehmen, und begannen, bessere Ergebnisse zu produzieren, und das auch noch schneller als je zuvor. Können Sir mir sagen, woran das liegt?«

»Da bin ich mir nicht sicher«, erwiderte ich. »Aber Ihre Aufgabe für die nächste Woche sieht so aus: Achten Sie einfach darauf, in was für einem Ton Sie mit Ihren Leuten sprechen. Ohne das zu beurteilen. Hören Sie einfach nur darauf!«

Die Ergebnisse waren so, wie Sie das vielleicht schon erwartet haben. Phil stellte fest, dass sein Ton sich erheblich verändert hatte und dass er jetzt eine viel bessere Verbindung zu seinen Leuten aufbaute. Er hatte nicht nur gelernt, ein heikles Verhalten ohne Stress zu ändern, sondern auch, was für ein starkes Element urteilsfreie Aufmerksamkeit bei diesem Prozess ist. Ich vermute, dass nun auch seine Leute weniger Stress erlebten.

AUS EINER PATIENTENAKTE
von Dr. John Horton

Bauchschmerzen

Ein junger Mann namens Joe kam zu mir und klagte über sehr starke Bauchschmerzen und Anfälle von Übelkeit. Er befürchtete, er könne ein Magengeschwür oder gar Krebs haben, und machte sich große Sorgen. Ich untersuchte ihn gründlich, fand aber keine spezifische Ursache. Alle Testergebnisse waren in Ordnung. Daher überwies ich ihn zu einem Facharzt für Magen- und Darmkrankheiten, der weitere Untersuchungen vornahm, aber auch keine Erkrankung entdeckte.

Ich wollte Joe nicht gern nach seinen Stressgraden fragen, denn ich wusste, dass er Stress als Zeichen von Schwäche betrachten würde, dafür, dass er den Herausforderungen seiner Arbeit im Unternehmen nicht gewachsen war. Er hatte mir erzählt, sein Vater sei ein zäher, ehrgeiziger Mann – er hatte also große Erwartungen zu erfüllen. Er hatte vor Kurzem geheiratet, und seine Frau wünschte sich eine Familie. Er war überhaupt nicht nachdenklich und wollte bei seiner mit hohem Druck verbundenen Karriere schnell vorankommen. Seine Familie versuchte, ihn dazu zu überreden, in die Mayo Clinic zu gehen – dort würden die Spitzenexperten vielleicht irgendeine ungewöhnliche Krankheit entdecken, die seine Bauchschmerzen erklärte.

Ich spürte, dass Joes Beschwerden mit Stress im Zusammenhang standen, und fragte ihn, ob er bereit wäre, zunächst nicht in die Mayo Clinic zu gehen, sondern erst mal eine Übung zur Steigerung des eigenen Bewusstseins zu machen. Ich bat ihn, sich eine Woche lang selbst zu beobachten, vor allem seine Schmerzen und sein Verhalten unmittelbar vor ihrem Einsetzen. Dabei solle er keine Urteile fällen, sondern einfach abwarten, was er dabei entdecken würde. Er willigte ein.

Als er in der Folgewoche wieder in meine Praxis kam, grinste er über das ganze Gesicht. Er sagte: »Dr. Horton, meine Schmerzen und meine Übelkeit sind zu rund 80 Prozent verschwunden!«

Ich war beeindruckt. »Das ist bemerkenswert! Was ist passiert?«

Er erzählte es mir: Eines Tages war er sehr erschöpft von der Arbeit nach Hause gekommen. Er setzte sich wie üblich im Schneidersitz vor den Fernseher, legte das Buch, das er gerade las, vor sich auf den Boden und schaltete die Nachrichten ein. Seine Frau reichte ihm einen Teller mit Essen, den er ebenfalls vor sich stellte. Als er dann aß, fernsah und die Seiten seines Buchs umblätterte, begann er, die gewohnten Beschwerden in seinem Bauch zu verspüren. Dieses Mal dachte er aber bewusst darüber nach, was er da machte. Er hatte sich in einem Winkel von nahezu 90 Grad vorgebeugt, die Beine in einer brezelähnlichen Stellung gekreuzt, er aß, las und sah dabei gleichzeitig fern! Ohne ein Wort zu sagen stand er auf, stellte seinen Teller auf den Tisch und setzte sich gegenüber von seiner Frau hin. Zum ersten Mal seit Monaten führte er beim Abendessen ein angenehmes Gespräch mit seiner Frau und verdaute sein Essen problemlos – und die Schmerzen verschwanden.

Ich musste über seine Geschichte lachen. »Wenn ich das gewusst hätte, hätte ich Ihnen schon bei Ihrem ersten Termin geraten, nicht mehr im Schneidersitz und vorgebeugt zu essen!«, sagte ich. Die restlichen 20 Prozent seiner Beschwerden verschwanden dann, als er erkannte, wie nervös er sich mittags vor den Arbeitsessen mit seiner Chefin und anderen Managern fühlte. Daraufhin beschloss er, vor oder nach diesen Meetings gut zu essen.

Joe erinnerte sich daran, dass er seiner Chefin von seinen chronischen Bauchschmerzen erzählt hatte und dass sie ihn daraufhin gefragt hatte, ob er schon Babynahrung esse. Als er das verneinte, sagte sie: »Dann sind Sie noch keine ernst zu nehmende Führungskraft!« Manche Leute betrachten eine Krankheit, die mit Stress im Zusammenhang steht, als Zeichen von Tapferkeit – als Beweis dafür, dass sie bereit sind, für ihre Karriere Opfer zu bringen.

Ich hatte dann das Vergnügen, beobachten zu dürfen, dass Joe die Schwierigkeiten und Probleme bei seiner Familie und seiner Karriere bei guter Gesundheit und mit Freude meisterte. Als ich ihn zum letzten Mal gesehen habe, war er Leiter einer Abteilung mit 40 Leuten; da gerade Personal abgebaut wurde, waren alle völlig überlastet. Er war dabei, eine eigene Firma zu gründen, und genoss das Leben mit seiner Familie. Als ich mich nach etwaigen Stresssymptomen erkundigte, antwortete er mit Nachdruck: »Stress gibt es bei mir einfach nicht!«

☛ Eine Aufgabe: Beobachtung einer kritischen Variablen

Wählen Sie eine der Stresssituationen, die Sie bei den früheren Aufgaben ermittelt haben. Suchen Sie sich dann eine kritische innere Variable aus und beobachten Sie sie – beispielsweise Ihre Einstellung, Absicht oder Freude. Bewerten Sie diese Variable in der nächsten Woche immer, wenn Sie daran denken, durch eine Punktzahl auf einer Skala von 1 bis 10, je nachdem, wie stark sie gerade ausgeprägt ist. Achten Sie bei dieser Aufgabe auf eventuelle Veränderungen bei Ihrem Stressgrad.

WAHLFREIHEIT

Aufmerksam zu sein ist an sich schon eine Entscheidung, eine Wahl, die wir treffen. Wir haben ja die Möglichkeit, die Augen zu schließen, den Kopf in den Sand zu stecken und die Wahrheit über das, was ist, einfach zu leugnen. Das beruht dann oft auf Urteilen oder Angst. Urteilsfreie Aufmerksamkeit gibt uns die Kraft, der Angst ins Gesicht zu sehen und sie in eine angemessene Perspektive zu rücken. Wenn wir die Brille der vorgefassten Beurteilungen abnehmen, ist es für uns leichter, die Realität von dem zu sehen, was vor uns liegt. Das heißt nicht, dass es nicht vielleicht schwer ist, der Realität ins Auge zu blicken, und dass die Konfrontation mit ihr kein Schock sein könnte. Das sind dann aber Schocks der Art, aus der wir am meisten lernen. Wir haben jedenfalls die Wahl.

Die bewusste Wahlfreiheit ist gegeben, sobald wir erkennen, dass wir sie haben. Die Herausforderung liegt darin, sie *auszuüben*. Die Alternativstrategie besteht darin, durch den Tag zu gehen, ohne uns bewusst

zu sein, welche Entscheidungen wir treffen, woher unsere Wahlmöglichkeiten kommen und welche Konsequenzen sie haben.
Aus unbewussten Entscheidungen zu lernen ist schwer. Sie scheinen einfach stattzufinden, und wir stehen mit ihren Folgen da, oft ohne sie auf unsere eigene Verantwortung zurückführen zu können. Statt zu lernen, Probleme dann zu lösen, wenn sie auftauchen, beschwören wir die gleichen Probleme immer und immer wieder herauf, bis wir es schließlich doch lernen. Kurz gesagt: Unbewusste Entscheidungen destabilisieren, bewusste hingegen vergrößern unsere Stabilität. Die Stabilität ist mit der eines großen Flusses vergleichbar, dessen Quelle im Gebirge mit immer nur einem Tropfen (nur einer Entscheidung) beginnt.
Heute hat man auch in der medizinischen Welt erkannt, dass der Schlüssel zur Vorbeugung gegen Krankheiten in der persönlichen Verantwortung für das eigene Tun liegt. Professor Ralph L. Keeney, Forscher an der Fuqua School of Business, fand bei einer Studie heraus, dass persönliche Entscheidungen in den USA jedes Jahr zu rund einer Million vorzeitiger Todesfälle führen. Herzerkrankungen und Krebs werden zwar gemeinhin als die größten Killer angesehen, doch es wäre zutreffender, dafür die individuellen Entscheidungen verantwortlich zu machen, die wir treffen; an der Wurzel dieser Krankheiten liegen nämlich oft Verhaltensweisen wie Rauchen und ungesundes Essen. Auch der Drogenkonsum und leichtsinniges Fahren tragen erheblich zu den jährlichen Todesfällen bei, die sich verhindern lassen würden.
Woran orientieren wir uns bei unseren Entscheidungen? Das ist eine ganz fundamentale Frage. Manche Leute sagen, man solle sie auf die Vernunft gründen, andere hingegen, auf die Gefühle oder die Intuition. Viele sind sich gar nicht bewusst, dass Entscheidungen auf Wünschen beruhen, die man fühlen kann. Da Liebe ein Gefühl ist, können wir auf ihr beruhende Entscheidungen fühlen. Ich bin zudem der Ansicht, dass uns der Wunsch nach Spitzenleistungen, Frieden und Zufriedenheit angeboren ist und dass wir ihn fühlen und in unsere Entscheidungen im Leben einfließen lassen können. Diese Wünsche fühlen sich anders an als die von Selbst 1, das manchmal einfach deshalb irgendetwas haben will, weil jemand anders es hat. Wir haben die Fähigkeit, die Entscheidungen, die aus unserem Wissen über uns selbst und unserer Intuition kommen, von denen zu unterscheiden, die auf fremden Konzepten beruhen. Diese Fähigkeit ist einer der Hauptschlüssel zum Be-

wusstsein und zur menschlichen Evolution. Stress beeinträchtigt unsere Fähigkeit, wichtige Unterscheidungen zu machen. Angst fokussiert unsere Aufmerksamkeit nach außen, auf die wahrgenommene Gefahr, sodass wir den Kontakt zu unseren wirklichen Bedürfnissen und Gefühlen verlieren können.

Lassen Sie uns mal annehmen, dass Weihnachtszeit ist und Sie beschließen, Geschenke für die Menschen zu kaufen, die Sie lieben. Sie schreiben eine Namensliste, kaufen die Geschenke, verpacken sie hübsch und überreichen sie den Empfängern. Die meisten von uns wissen aber, dass wir uns allzu leicht so darein vertiefen, unsere Liste »abzuarbeiten«, dass wir vergessen, weshalb wir das eigentlich machen wollten. An den Weihnachtstagen höre ich oft Leute klagen, sie müssten sich furchtbar abhetzen und hätten sich sehr weit vom »Geist des Weihnachtsfestes« entfernt. Wenn Sie aber in Kontakt mit dem Gefühl bleiben, das der Reihe Ihrer Handlungen ursprünglich einen Sinn verlieh, werden Sie diese Handlungen zufriedener erleben. Sich jeden Tag an den Zweck zu erinnern, den wir verfolgen, ist ein großer Sinnstifter.

Zu wissen, was wir wollen, und uns daran auf authentische Weise zu erinnern, ermöglicht uns eine stabile Beziehung zu uns selbst. Natürlich können Sie darüber nachdenken, was Sie wollen und welche Folgen das für Sie selbst und für andere haben wird. Die Fähigkeit, klar zu fühlen, was Sie wollen, ist jedoch etwas Fundamentaleres als ein bloßes mentales Konzept. Wenn wir das, was wir tatsächlich wollen, ignorieren, weil wir anderen gefallen wollen, oder uns einfach für das entscheiden, was am bequemsten ist, schwächen wir unsere Stabilität.

☛ Eine Aufgabe: Das gewünschte Ergebnis

Kehren Sie zu Ihrer Stresssituation zurück und ermitteln Sie die unbewussten Entscheidungen, die Ihren Stress verstärkt haben könnten. Woher sind diese Entscheidungen gekommen?

Denken Sie dann über das Ergebnis nach, das Sie sich bei dieser Situation gewünscht hätten. Suchen Sie nach dem Gefühl, auf dem dieser Wunsch beruht, und nach den bewussten Entscheidungen, zu denen Sie bereit sind. Schreiben Sie Ihre innere Verpflichtung dazu auf.

VERTRAUEN

Die dritte Seite des ACT-Dreiecks ist das Vertrauen. In Wahrheit gibt es allerdings, wie bei allen Dreiecken, keine erste, zweite und dritte Seite, sondern alle drei Seiten sind voneinander abhängig. Wenn Sie nicht auf Ihre Fähigkeit vertrauen, sich der Dinge bewusst zu werden oder bewusste Entscheidungen zu treffen, werden Sie sich nicht bewegen können.

Die Aufmerksamkeit sagt Ihnen, wo Sie im Augenblick sind. Dank Ihrer Wahlfreiheit können Sie bestimmen, wohin Sie gelangen möchten. Zwischen beidem entsteht eine natürliche Spannung. Vertrauen zu Ihren eigenen Ressourcen, den inneren wie den äußeren, ist der wichtigste Faktor dafür, dass Sie Ihrem gewünschten Ziel näherkommen können.

Vertrauen an sich kann man nicht schon als positives Element betrachten – das ist es nur, wenn das, dem wir vertrauen, auch wirklich vertrauenswürdig ist. Und woher wissen wir, was vertrauenswürdig ist? Ihnen werden viele Leute sagen, was vertrauenswürdig ist, doch letztlich werden Sie dabei auf Ihre eigene Entscheidungskraft gestellt sein. Paradoxerweise haben Sie dabei nicht wirklich eine Wahl. Selbst wenn Sie einem anderen Menschen, einem Buch oder einer Idee vertrauen wollen, sind *Sie* derjenige, der diese Entscheidung trifft. Wenn Sie Ihr Vertrauen in eine Person oder Sache setzen, liegt die Entscheidung, wer oder was vertrauenswürdig ist, immer noch bei Ihnen. Derjenige, der die endgültigen Entscheidungen trifft, sind immer *Sie*!

Der wichtigste Punkt ist nun: Wenn Sie Ihrem Selbst 1 vertrauen, wird es Sie schnell in die Irre führen! Selbst 1 ist nämlich grundsätzlich nicht vertrauenswürdig. Wenn Sie aber Ihrem Selbst 2 und seinen inneren Fähigkeiten vertrauen, ist das wie Zauberei: Je mehr Sie ihm vertrauen, desto vertrauenswürdiger wird es. Denken Sie doch nur an das Vertrauen, das Kinder in sich selbst und in ihre Fähigkeiten setzen, zu lernen, zu lieben und sich zu freuen. Ohne dieses Vertrauen würde es kaum zu Wachstum und zu einer Entwicklung kommen.

Selbst 2 zu vertrauen ist letztlich so, als würden wir dem Leben vertrauen. Uns selbst zu vertrauen ist etwas, was wir intuitiv und von Natur aus machen. Dabei vertrauen wir mehr auf Grundsätzliches, als dass es darum geht, etwas genau zu verstehen. Wir vertrauen darauf, dass unser Herz schlägt und unsere Lunge atmet. Wenn wir uns wegen jedes Herzschlags Sorgen machen oder nicht zuversichtlich davon ausgehen würden, dass unser nächster Atemzug kommen wird, würden wir erstarren. Wir haben aber die angeborene Fähigkeit, darauf zu vertrauen, dass wir gut funktionieren werden, sofern dem nicht irgendetwas im Weg steht.

Das ist wahrscheinlich das, was für uns am schwersten zu verstehen ist: Dass wir wirklich darauf vertrauen können, dass wir produktiv und erfolgreich funktionieren werden, dass wir intuitiv wissen, wie wir der Mensch sein können, der wir sind.

Lassen Sie uns jetzt noch einen weiteren Schritt machen. Können wir darauf vertrauen, dass das Leben sich überhaupt gut leben lässt – dass es nicht darauf aus ist, uns zu erledigen? Wenn wir uns auf das »Gute« konzentrieren, das das Leben uns beschert, machen wir uns wegen des »Schlechten« weniger Sorgen und können unbeschwerter sein.

Eines Tages kam Matt zu einer Beratung, ein Geschäftsmann, der sich in seiner Branche in einer äußerst prekären Situation befand. Er sagte: »Ich bin es gewohnt, mit sehr viel Stress fertigzuwerden.« Dieses Mal war er jedoch in großen Schwierigkeiten. Er hatte viel Geld in ein Start-up-Unternehmen gesteckt, hatte aber noch keinen einzigen Kunden. Er war wütend und frustriert, und die Sache war ihm sehr peinlich. Sein Selbstvertrauen hatte einen heftigen Schlag erlitten, und er sagte: »Ich komme mir wie ein Versager vor!«

Matt suchte nun nach Strategien, durch die er seine Situation verändern konnte. Ich konnte ihm natürlich keine bombensichere Lösung bieten. Vielleicht würde die Firma laufen, vielleicht auch nicht. Ich sah jedoch, was das Wichtigste war: Er musste zwischen seinem Selbstwert und dem Unternehmenserfolg eine Trennung vollziehen. Und während er sich darum bemühte, konnte er zwischen zwei Möglichkeiten wählen: Er konnte sich darüber Sorgen machen, dass das unternehmerische Ergebnis ein Maß für seinen Selbstwert war, oder er konnte vertrauen. Wem oder was? Seinen erwiesenen Fähigkeiten, zu leben und produktiv zu sein. Sein Bemühen und sein Vertrauen zu ihm selbst würden ihn in die optimale Position dafür versetzen, Erfolg zu haben. Wut, Selbstzweifel und Verwirrung würden dabei stören. Er sah ein, dass es wirklich so einfach war.

AUS EINER PATIENTENAKTE
von Dr. John Horton

Dem Überbringer der Nachricht vertrauen

Mary, eine Patientin mit Multipler Sklerose, erholte sich nur schlecht von einer Viruserkrankung. In den nächsten Wochen wollte sie zu einer wichtigen Konferenz fliegen und sie war sehr erregt, weil sie ihre Grippe nicht loswurde. Die anderen in ihrer Familie waren auch krank gewesen, hatten sich aber schnell wieder erholt. Bei Mary sah das allerdings anders aus. Es ging ihr sogar von Tag zu Tag schlechter; sobald sie sich anstrengte, brach ihr der Schweiß aus. Ich erklärte Mary, dass es für MS-Kranke schwieriger ist, sich von Erkrankungen zu erholen, und dass sie Ruhe brauchte. Das führte dann zu einem bemerkenswerten Gespräch.

Mary erzählte mir, sie hasse es, »einfach nur herumzusitzen und nichts zu tun«. In ihrer Kindheit hatte sie erlebt, dass ihre Mutter eine Depression hatte und unbeweglich war, und seitdem brachte sie Untätigkeit mit der Depression ihrer Mutter in Verbindung. Mary hatte trotz der MS ungeheuer viel Energie und trieb sich ununterbrochen selbst an. Sie sagte: »Ich habe überhaupt keine Vorstellung davon, wie man sich ausruht!«

Ich fragte sie: »Können Sie Ihrem Körper vertrauen? In Ihren Augen ist Ruhe etwas Negatives, doch Ihr Körper sagt Ihnen, dass es im Augenblick sehr produktiv wäre, nichts zu tun.«

Diese Erkenntnis war für Mary ein unglaublicher Durchbruch. Als sie das Bedürfnis nach Ruhe akzeptierte, das sie verspürte, begann sie sich schnell zu erholen. Bei diesem Prozess entdeckte sie, dass sie das schiere Vergnügen, nichts zu tun, sehr genoss. Für sie war das eine beinahe religiöse Erfahrung. Kurz gesagt: Sie hatte gelernt, statt ihrer Angst, wie ihre Mutter durch eine Depression unbeweglich zu werden, ihrer eigenen Erfahrung mit der Klugheit ihres Körpers zu vertrauen.

Wenn wir darauf vertrauen, dass wir über die inneren Ressourcen verfügen, Stress zu überwinden, wird dieses Vertrauen zur Grundlage unserer Stabilität.

☛ Eine Aufgabe: Vertrauen finden

Wählen Sie einen Umstand, der bei Ihnen Stress verursacht, und machen Sie eine Liste davon, worauf Sie in dieser Situation vertrauen. Denken Sie darüber nach, ob es vertrauenswürdig ist oder dazu führt, dass Sie sich unsicher und instabil fühlen. Beruht Ihr Vertrauen auf Ihren eigenen Erfahrungen oder auf einem Konzept, das man Ihnen beigebracht hat?

IHR STABILITÄTSBAUM

Stabilität ist das, was verhindert, dass wir umgeworfen werden. Stellen Sie sich zwei Bäume vor, die Stürmen ausgesetzt sind. Der eine ist eine Palme am Strand, die dem Wind dank ihres biegsamen Stammes nachgeben kann und daher nicht geknickt wird. Ein heftiger Sturm wird sie möglicherweise flach auf den Sand drücken, doch wenn er nachlässt, richtet sie sich wieder auf. Der andere Baum, vielleicht eine Eiche im Binnenland, hat einen starren Stamm und wird von einem heftigen Sturm geknickt werden. Worauf ist das unterschiedliche Schicksal der beiden Bäume zurückzuführen? Nicht auf die Kraft des Sturms, sondern allein auf die Stabilität der Wurzeln und die Biegsamkeit des Stammes und der Äste, um angesichts der äußeren Einwirkungen mit Veränderungen oder Verlust umgehen zu können.

Eines der Ziele beim Inner Game besteht darin, fundamentale Stabilität aufzubauen. Ein einfaches Beispiel ist das Kindermärchen von den drei kleinen Schweinchen. Das erste Schweinchen baute sich ein Haus aus Stroh, weil das am einfachsten war. Das zweite Schweinchen baute sich ein Haus aus Stöcken – etwas stabiler als ein Strohhaus. Das dritte Schweinchen aber baute sich ein Haus aus Backsteinen. Eines Nachts kam der große böse Wolf. Er blies das Strohhaus um und fraß das erste Schweinchen. Dann blies er das Haus aus den Stöcken um und fraß auch das zweite Schweinchen. Das Backsteinhaus konnte er jedoch nicht umblasen. Die Frage ist nicht, was wir in Stressmomenten tun, wenn es bereits zu spät ist, uns zu schützen. Der entscheidende Punkt ist vielmehr, dass wir innere Stabilität aufbauen, sodass wir geschützt sind, wenn der Wolf irgendwann gegen unsere Haustür bläst.

Die folgende Aufgabe soll Ihnen helfen, Ihre eigene Stabilität zu verstehen. Sie sollten sie gleich machen, bevor Sie weiterlesen.

Eine Aufgabe: Ihr Stabilitätsbaum

Diese Aufgabe soll Ihnen nachdrücklich bewusst machen, wie stark und tief Ihre Wurzeln sind. Sie werden sich außerdem ein Bild von Ihrer derzeitigen Stabilität machen können. Wenn Sie Veränderungen in Ihrem Leben vornehmen, sollten Sie die Aufgabe vielleicht noch mal machen, damit Sie Ihre Fortschritte erkennen können.

1. Benutzen Sie den Baum auf S. 108, um einen Baum für sich selbst zu zeichnen, mit dem Stamm in der Blattmitte. Zeichnen Sie dabei Wurzeln von unterschiedlicher Dicke und Tiefe.

2. Schreiben Sie an jede Wurzel einen Aspekt Ihres Lebens, der zu Ihrer Stabilität beiträgt. Sie werden Ihre Wurzeln besser erkennen können, wenn Sie sich fragen: »Würde ich ohne diesen Aspekt weniger stabil sein?« Achten Sie darauf, dass die Tiefe und Dicke der Wurzeln deren Wichtigkeit reflektieren. Machen Sie das spontan – am Anfang besteht keine Notwendigkeit für eine Analyse.

3. Zeichnen Sie über den Baum Elemente, die ihn erschüttern oder bedrohen könnten – zum Beispiel Regen, Blitze, Wind –, und schreiben Sie an jedes von ihnen einen der großen Stressoren in Ihrem Leben, die Ihre Stabilität bedrohen können. Neben äußeren Stressoren können Sie auch die innere Stimme des Stressmachers aufführen.

4. Beurteilen Sie die Gesamtstärke Ihres Baums. Fragen Sie sich: »Wie viel wäre im Augenblick nötig, um seine Stabilität zu zerstören? Was wäre das kleinste Ereignis, das diesen Baum tatsächlich umwerfen würde?« Sollte das Minimum ein Tornado sein, der in Ihrem Garten niederkäme, würde ich sagen, dass Ihr Baum ziemlich stabil ist. Falls Sie sich aber an einem Punkt befinden, wo das Minimum eine kleine Brise ist, stehen Sie nahe am Abgrund und brauchen stärkere Wurzeln.

5. Denken Sie über die Wurzeln Ihres Stabilitätsbaums nach. Haben Sie da Beobachtungen gemacht oder Erkenntnisse gewonnen? Es kommt gar nicht selten vor, dass Leute erkennen, dass sie ein und dieselben

> Dinge sowohl als Stabilitätswurzeln als auch als größere Stressoren aufgeführt haben. So könnte Ihre Arbeit ein wichtiger Aspekt Ihrer Stabilität sein, da sie Ihnen Geld einbringt und vielleicht auch Ihrem Leben einen Sinn verleiht; die gleiche Arbeit kann aber auch eine große Stressquelle sein. Die Gefahr, entlassen zu werden und so diese Wurzel zu verlieren, kann Sie sogar unablässig quälen. Und wenn eine Ihrer Wurzeln körperliche Gesundheit ist, wird Ihr Baum sehr instabil werden, falls bei Ihnen eine schwere Krankheit diagnostiziert wird. Auch die Familie kann viel zur Stabilität beitragen, zugleich aber auch eine Quelle von Stress werden. Wir stützen uns ja alle darauf, dass die Menschen, die wir lieben, unsere Arbeit und unsere Gesundheit uns Kraft geben; das ist ganz natürlich. Diese Faktoren bringen aber auch Instabilität, da die Lebensfundamente erschüttert werden, wenn sie bedroht sind.

Wir können unsere Wurzeln auch unter einem anderen Gesichtspunkt betrachten: Handelt es sich um äußere Faktoren oder um innere? Ein Kind kann wegziehen, eine Karriere kann ihren Lauf ändern, eine Ehe kann scheitern, Vater oder Mutter können sterben ... Wer sich für seine Stabilität auf einen dieser Faktoren verlässt, schwebt ständig in der Gefahr, durch Ereignisse umgeworfen zu werden, die außerhalb seiner Kontrolle liegen. Wenn unsere Seminarteilnehmer die Aufgabe mit dem Stabilitätsbaum zum ersten Mal machen, sind nahezu alle Wurzeln, die sie nennen, äußere Faktoren. Am Ende des Seminars haben sie dann aber erkannt, wie wertvoll die Stabilität der inneren Wurzeln ist.

Wenn die Leute in unseren Stressseminaren über ihren Stabilitätsbaum nachdenken, können sie ganz unterschiedliche Erkenntnisse gewinnen. Vor Kurzem sagte ein Teilnehmer: »Wenn ich nicht bald mehr Wurzeln bekomme, wird mein Baum umstürzen.« Ein anderer sagte: »Es hat mich überrascht, wie viele Wurzeln ich habe. Wenn ich jetzt Stress verspüre, erinnere ich mich immer an all die Stabilitätswurzeln an meinem Baum, und dann beginne ich mich sofort stärker zu fühlen.«

Diese Aufgabe, die ja auf dem gesunden Menschenverstand beruht, hat schon vielen Menschen geholfen, den Unterschied zwischen dem Inner und dem Outer Game zu klären und die Auswirkungen wertzuschätzen, die diese Unterscheidung auf ihre Lebenshaltung haben kann.

AUS UNSEREN PATIENTENAKTEN
von Dr. Edd Hanzelik

Unerschütterliche Lebensgeister

Nach dem Erdbeben in Northridge (Kalifornien) im Januar 1994 kamen Patienten zu mir, die diese Katastrophe hautnah miterlebt hatten. Ihre Häuser lagen in Trümmern, um sie herum herrschte ein Riesenchaos, und trotzdem waren sie ganz ruhig. Sie waren glücklich darüber, dass sie noch am Leben waren. Sie waren dankbar. Sie beschäftigten sich damit, sich neue Wohnungen oder Häuser zu suchen. Sie waren überhaupt nicht erschüttert. Es gab aber auch Leute, die nicht mehr schlafen konnten. Sie konnten nicht mehr normal atmen, standen kurz vor der Hysterie und brauchten eine Psychotherapie. Diese Symptome hielten oft über viele Monate an. Das Erdbeben traf uns alle, doch manche wurden völlig aus ihrer inneren Stabilität geschleudert. Andere hingegen hatten jetzt noch tiefere Wurzeln.

WERDEN SIE SICH IHRER INNEREN RESSOURCEN BEWUSST!

Sie müssen Ihre Stabilität natürlich auf die Dinge gründen, die stabil sind. Wir wollen Ihre Atmung als Beispiel nehmen. Ist sie nicht die erste Stabilitätswurzel? Die Atmung ist zuverlässig. Wenn Sie das hier lesen, haben Sie in Ihrem Leben wahrscheinlich nicht allzu viele Atemzüge verpasst.

Die inneren Ressourcen sind einfach da. Vielleicht wissen Sie gar nicht, dass Sie sie haben, aber das bedeutet nicht, dass sie nicht existieren. Um einen Vergleich zu benutzen: Stellen Sie sich vor, Sie hätten ein großes Stück Land gekauft, auf dem es einen Orangenhain und an einer anderen Stelle einen Avocadohain gibt. Sie sehen die beiden Haine aber nie, denn Sie entfernen sich nie mehr als zehn Meter von Ihrer Haustür. Die Haine sind da; Sie haben Ihr Land einfach nicht erforscht und sie daher nicht gesehen.

Sie können Ihre inneren Ressourcen auch auf andere Weise betrachten, nämlich als Ihre Hardware; Ihr Denken wäre dann die Software. Die Hardware sorgt dafür, dass das Gerät läuft; die Software lässt sich austauschen.

Wir haben ja schon darüber gesprochen, dass wir die wahren inneren Ressourcen anhand von drei Maßstäben identifizieren können:

1. Es handelt sich um Qualitäten, die wir bei Kindern finden.
2. Wir bewundern diese Qualitäten, wenn wir sie bei anderen sehen.
3. Wir mögen diese Qualitäten, wenn wir sie in uns selbst sehen.

Einfach ausgedrückt: Da wir diese Attribute bei kleinen Kindern bemerken, können wir ziemlich sicher sein, dass sie natürlich sind, denn bei Kindern sind noch nicht all die Sozialisationsschichten aufgebracht worden. Da wir diese Qualitäten bei anderen bewundern, können wir sicher sein, dass sie auch für uns möglich sind, weil sie im Menschen angelegt sind. Und da wir sie bei uns selbst mögen, werden sie uns auch stärker machen.

☛ Eine Aufgabe: Ihre inneren Ressourcen

Machen Sie eine Liste von allen Qualitäten und Fähigkeiten, die Sie als innere Ressourcen betrachten. Benutzen Sie bei Ihrem Auswahlprozess die drei Maßstäbe von oben. Verwenden Sie ein paar Minuten darauf, Ihre eigene Liste zusammenzustellen, bevor Sie sich die folgende Liste ansehen (sie stammt von unseren Seminarteilnehmern):

Klarheit	*Freude*
Vorstellungskraft	*Friedlichkeit*
Humor	*Staunen*
Intuition	*Intelligenz*
Kreativität	*Mitleid*
Hoffnung	*Empathie*
Wertschätzung	*Innere Verpflichtung*
Mut	*Freundlichkeit*
Liebe	*Spontaneität*
Verständnis	*Begeisterung*

Wahlfreiheit	*Vertrauen*
Bescheidenheit	*Aufrichtigkeit*
Lernen	*Ehrfurcht*

Sehen Sie sich die Wurzeln Ihres Stabilitätsbaums noch einmal an. Werden Sie sich darüber klar, ob es sich überwiegend um innere oder äußere Faktoren handelt. Wir haben ja bereits darüber gesprochen, dass äußere Wurzeln zugleich auch Bedrohungen sein können. Wenn Sie Ihre Stabilität auf Ihren inneren Ressourcen aufbauen, die Ihnen frei zur Verfügung stehen, macht Sie das unabhängiger.

Es ist schon bewundernswert, wenn Sie eine dieser Qualitäten haben; tatsächlich sind sie sogar alle in Sie eingebaut und Sie können sie jederzeit benutzen. Ihre inneren Ressourcen sind die Hardware, die Ihnen Stabilität verleiht, sie sind immer verfügbar, was auch passieren mag. Falls beispielsweise Hoffnung zu den Wurzeln Ihres Baums gehört, wird Ihnen das helfen, stark zu bleiben, wenn die Dinge mal nicht so laufen, wie Sie sich das vorstellen. Humor kann eine heilende Wirkung haben, dafür gibt es zahlreiche medizinische Beweise. Mitleid kann Unmut in Offenheit verwandeln. Und so weiter.

Man kann die inneren Ressourcen mit einer Sammlung wertvoller Gaben vergleichen, die in einen schönen Koffer gepackt wurde. Wenn wir die Reise des Lebens voll und ganz genießen wollen, sollten wir diesen Koffer auspacken und seinen Inhalt benutzen.

AUS EINER PATIENTENAKTE
von Dr. John Horton

Sich selbst Freude machen

Bei Cheryl war Krebs festgestellt worden. Innerhalb eines Jahres waren eine große Operation und mehrere Chemotherapien erforderlich. Sie kam mit ihrem Mann zu Coaching-Sitzungen, um die ganzen Schwierigkeiten dieser Zeit besser bewältigen zu können. Dabei schlug sie sich außergewöhnlich gut.

Eines Tages erkannten wir das und ich fragte sie: »Was ist denn Ihr Geheimnis?« Sie dachte einen Augenblick lang nach und sagte dann unbefangen: »Es macht mir Freude, mir Freude zu machen.« Das war eine wundervolle Beobachtung, die ich nie vergessen werde. Ihr Mann gab lachend zu, er sei tatsächlich ein bisschen neidisch darauf, dass seine Frau dazu fähig war, sich im Schatten einer so schweren Krankheit selbst Freude zu machen.

Cheryl wurde schließlich von ihrem Krebs geheilt – zumindest, soweit die Ärzte das sagen konnten. Einige Jahre später starb ihr Mann ganz plötzlich. Auch diese neue Krise bewältigte sie gut, und wieder bewunderte ich die innere Stabilität, die sie im Laufe der Zeit entwickelt hatte.

Der Zufall wollte es, dass Cheryl mich wegen eines kleinen Problems anrief, als ich gerade an diesem Buch arbeitete. Ich fragte sie, ob es ihr immer noch Freude mache, sich Freude zu machen. Sie antwortete: »Ja, absolut!« Sie litt immer noch unter dem Verlust ihres Mannes, hatte aber das Gefühl, dass sich das nächste Kapitel ihres Lebens in Europa abspielen würde, wo ihr Sohn wohnte. Ihre innere Ruhe und Klarheit waren beeindruckend. Ich fragte sie, was ihrer Ansicht nach der Sinn des Lebens sei. Sie sagte: »Sich daran zu erfreuen« und setzte hinzu, die meisten Menschen würden das aufschieben.

Ich war froh darüber, dass ihre innere Verpflichtung weiter bestand. War der Gedanke, sich Freude zu machen, um sich Freude zu machen, selbstsüchtig oder klug? Cheryls Entscheidung hatte mit Sicherheit dazu beigetragen, dass sie den Krebs überlebte und sich an ihrer Zeit auf der Erde erfreute. Ihre Fähigkeit, sich trotz einer schweren Krankheit und eines großen Verlustes an sich selbst und ihrem Leben zu erfreuen, ist zweifellos die Grundlage ihrer großen Lebensweisheit.

Eine Aufgabe: Erkennen Sie Ihre eigene Stabilität an

Wählen Sie zwei oder drei Ihrer inneren Ressourcen und denken Sie darüber nach, wie Sie sie in diesem Augenblick angesichts eines besonderen Stressors benutzen können.
Wenn Ihre Stabilität tief und stark ist, erschüttern die Herausforderungen des Lebens Sie nicht so sehr. Sie können dann zurücktreten, nachdenken, akzeptieren, auf Ihre innere Stimme zurückgreifen und eine Strategie für Ihre Vorgehensweise entwickeln. Das sehen wir bei Menschen, die schreckliche Krankheiten oder große Katastrophen überlebt haben. Und auch bei manchen Überlebenden des Holocaust. Die Fähigkeit zur Stabilität ist aber nicht nur in diesen erstaunlichen Menschen vorhanden – wir haben sie alle!

SICH EINEN PERSÖNLICHEN SCHILD BAUEN

Sie können Ihre Stabilität schützen, indem Sie sich einen persönlichen Schild bauen. Dazu können Sie nach Ihrem eigenen Gutdünken innere Fähigkeiten wählen, die Ihnen dazu geeignet erscheinen, Sie vor äußeren Bedrohungen zu schützen. Der letzte Schild, den ich für mich gebaut habe, bestand aus fünf inneren Ressourcen, die mich meiner Ansicht nach am besten schützen würden: Klarheit, Hoffnung, Verständnis, Bewusstheit und Mut.

Die Komponenten meines Schilds kann ich jederzeit ändern, je nachdem, was meinem Gefühl nach am wichtigsten wäre, um mich zu schützen.
Ich habe mich dafür entschieden, neben dem Schild die weiche, aber starke Rüstung des Verständnisses zu tragen und ein scharfes, glänzendes, leichtes Schwert aus Klarheit, das durch Verwirrung, Zweifel und törichte Konzepte fahren kann. Die Rüstung und das Schwert trage ich so gut wie immer, da sie stets nötig sind. John und Edd sehen in ihrer Praxis Tag für Tag, wie stark solche Schutzschilde für Menschen mit lebensbedrohlichen und unheilbaren Krankheiten sein können und wie viel besser sie

funktionieren als andere psychische Verteidigungsmittel oder Medikamente.

Vor Kurzem habe ich ein bemerkenswertes Gespräch mit Pete Carroll geführt, das auch gefilmt wurde. Ich bin mir sicher, dass Pete, der Head-Coach an der USC (University of Southern California), als einer der Größten in die Geschichte eingehen wird. Und er ist definitiv ein Mann, der im extrem belastenden Umfeld des US-amerikanischen College-Footballs Methoden wie die des »persönlichen Schutzschirms« benutzt.

Ich wusste, dass Pete in seiner Frühzeit als Coach *The Inner Game of Tennis* gelesen hatte, und war gespannt darauf, ob und wie er das, was er verstanden hatte, auf das Football-Coaching anwendete. Als er mich zu dem Gespräch einlud, sagte er, er habe sein Wissen über das Inner Game in seine Arbeit als Coach aufgenommen. Er sagte in aller Bescheidenheit, er habe gern wissen wollen, ob er das richtig verstanden und gemacht habe. Bei unserem Gespräch stellte ich fest, dass er das Inner Game auch bei allen Aspekten seines Privatlebens benutzte. Unser Dialog fand in der Heritage Hall statt, dem inneren Heiligtum des USC-Footballs, unter den Augen von rund 50 geladenen Gästen.

Ich fragte Pete unter anderem, wie er mit den stressigsten Augenblicken bei einem Football-Game umgehe. Seine Antwort kam spontan, und ich fand sie interessant. Als Erstes sagte er, er würde diese Augenblicke mehr als alle anderen begrüßen und schätzen, da sie das Beste von seinen eigenen inneren Ressourcen und denen seines Teams an die Oberfläche brächten. Es gebe in jedem Spiel nur drei oder vier derartige Augenblicke, und er freue sich auf jeden einzelnen. Er sagte das mit so viel Unbefangenheit und Zuversicht, dass er sofort glaubwürdig war.

Pete erzählte mir auch von einer anderen Erkenntnis: Er habe bewusst viel innere Stabilität erzeugt, indem er mit seinem Team daran gearbeitet habe, Notfallpläne für die entscheidenden Augenblicke zu entwickeln. »Es geht allein um die Notfälle.« Ihm war etwas ganz Wichtiges aufgefallen: Sobald er seine Spieler in der Praxis für jeden Notfall trainiert hatte, dem sie sich gegenübersehen konnten, konnte er sagen: »Hier haben wir schon mal gestanden. Wir wissen, was wir tun müssen.« Petes Fähigkeit, jede Situation zu akzeptieren und als Chance zu betrachten, beeindruckte mich. Für viele Menschen ist es eine Herausforderung, die Notfälle, denen sie sich gegenübersehen, zu akzeptieren, und erst recht, sich darauf vorzubereiten. Sie verdrängen sie lieber, und

das macht sie sehr anfällig für Stress, wenn tatsächlich etwas Unerwartetes passiert. Funktionierende Notfallpläne sind dagegen eine sehr praktische Weise, Stabilität aufzubauen.
Pete erzählte mir, er brauche unbedingt einen persönlichen Schild, als Schutz vor den Ansichten der Spieler, Fans und Ehemaligen. Er hörte sich ihre Meinung an, wusste aber, dass *er* die Entscheidungen treffen musste. Er war der Chef, er konnte frei entscheiden.
Das Bemerkenswerteste, was ich bei Pete Carroll sah, war wohl seine Wachsamkeit gegenüber jedem negativen Denken und jedem Zweifel. Sein Motto lautete: »Immer gewinnen!« Für ihn waren das keine bloßen Worte. In seinen Gesprächen, Gedanken und Handlungen ließ er seinem Selbst 1 keine Möglichkeit, mit seinen Ängsten und Zweifeln in seinen Kopf vorzudringen. Er baute sich seinen Schild auf dem Trainingsplatz und benutzte ihn bei allen Gesprächen über Football und Coaching, die er führte. Die seltenen Niederlagen, die er erlitt, empfand er tief, doch er kehrte dann wie ein Stehaufmännchen sofort in die Stabilität seiner Philosophie und seines Trainings zurück. Er hatte seinen persönlichen Schutz gegen Stress entwickelt.
Gewöhnlich haben wir unbewusste psychische Verteidigungsmittel; sie entwickeln sich, wenn wir jung sind, dann aber im Allgemeinen ohne unser Bewusstsein. Später werden sie häufiger zu Einschränkungen und zu einer Belastung. Der Bau eines persönlichen Schildes ist eine Chance, eine bewusste, effektive Verteidigung zu erschaffen, durch die wir uns vor Stressoren schützen können.

☛ Eine Aufgabe: Bauen Sie sich einen Schild!

Denken Sie an eine belastende Situation, der Sie sich im Augenblick gegenübersehen. Wählen Sie aus Ihrer Liste der inneren Ressourcen vier oder fünf, aus denen Sie sich einen Schutz bauen können, wenn Sie sich mitten in dieser Situation befinden. Zeichnen Sie einen Schild wie den auf S. 116 und tragen Sie ihn immer als Gedächtnisstütze bei sich.

LERNEN, DESTABILISIERENDE GEWOHNHEITEN ZU ÄNDERN

Der Bau eines persönlichen Schutzes hat viel damit zu tun, unbewusste Gewohnheiten zu ändern. Wir haben alle unsere speziellen Entwicklungsweisen, und man kann sagen, dass wir uns ständig ändern, ob uns das nun gefällt oder nicht. Bewusste Änderungen wirken allerdings stärker.

Ich erinnere mich daran, dass ich als kleines Kind ein Daumenlutscher war. Als ich dann fünf war, beschloss ich, damit aufzuhören. Meine ältere Schwester sagte: »Sich das Daumenlutschen abzugewöhnen kann sehr schwer sein. Das ist bei dir ja schon lange eine Gewohnheit.« Ich sah sie an und erwiderte: »Wieso sollte das schwer sein? Es ist doch *meine* Hand. *Mein* Daumen. Und ich steck ihn in *meinen* Mund. Da kann ich ihn auch aus *meinem* Mund nehmen, wenn ich das will!« Also hörte ich auf, an meinem Daumen zu lutschen.

Ich wünschte, ich hätte mir dieses schlichte Verständnis und diesen Mut bewahrt. Wenn ich darüber nachdenke, ist das sehr gut möglich: Sie wollen sich ändern? Dann tun Sie das doch! Es ist *Ihre* Hand.

Bei den meisten Gewohnheiten gibt es einen Grund dafür, dass sie sich überhaupt entwickelt haben. Vielleicht besteht dieser Grund bei Ihnen gar nicht mehr, doch er hat einst existiert. Bevor Sie darangehen, eine Gewohnheit zu ändern, sollten Sie also darüber nachdenken, woher sie gekommen ist, welchem Zweck sie gedient hat und ob sie Ihnen immer noch auf bestmögliche Weise hilft. Ich selbst gehe dabei so vor: Wenn ich mich zu einer Änderung entschlossen habe, muss ich mir als Erstes Mobilität – Bewegungsfreiheit – zugestehen. Wenn die Leute darüber sprechen, dass eine schlechte Gewohnheit sie im Griff habe, klagen sie: »Es ist einfach zu schwer, sie zu ändern.« Ist das aber wirklich so? Vielleicht ist es tatsächlich schwer, eine tief verwurzelte Gewohnheit abzulegen; das kann so sein, als würden Sie sich aus einem Graben herausbuddeln. Es gibt jedoch eine Alternativstrategie, die gut funktioniert: die alte Gewohnheit aufzugeben und mit einer neuen zu beginnen. Anders ausgedrückt: Sie sollten sich auf das konzentrieren, was Sie machen wollen, nicht auf das, was sich falsch anfühlt. Diese Perspektive hat die gleiche Wirkung wie ein Schild. Sie erfordert nicht, dass Sie das abstellen, was falsch ist, sondern nur, dass Sie das tun, was sich richtig anfühlt.

Das habe ich zum ersten Mal wirklich gelernt, als ich Joe, den Chef eines großen Unternehmens, im Tennis coachte. Er verkündete gleich, er wolle die schlechte Gewohnheit ändern, die er bei seiner Rückhand habe.
»Ich glaube, dass ich den Schläger beim Ausholen zu hoch halte!«, sagte er schon, als wir uns noch gar nicht auf den Weg zum Platz gemacht hatten. »Der Ball bekommt dann einen zu starken Drall entgegen der Flugrichtung und sinkt gewöhnlich früher zu Boden.«
Ich war neugierig und fragte ihn: »Woher wissen Sie, dass Sie den Schläger zu hoch halten?«
»Na ja«, antwortete er. »Die letzten zwölf Trainer, bei denen ich gewesen bin, haben mir alle das Gleiche erzählt.« Ich traute meinen Ohren kaum. Er war bei zwölf Profis gewesen, und ich war jetzt der dreizehnte? Das war ja nicht gerade ein besonders verheißungsvoller Anfang!
Ich bat Joe, dort, wo er stand, mit dem Schläger auszuholen. Als er das tat, sah ich, dass die zwölf anderen Trainer recht hatten. Er hatte sein Problem richtig beschrieben. Ich dachte mir allerdings: »Wie kann ich Erfolg haben, wenn ihm schon zwölf Leute gesagt haben, was das Problem ist, und er es trotzdem immer noch genauso macht?«
Wir standen auf der Terrasse des Klubs, und mein Blick schweifte in Richtung des Restaurants. Es hatte ein Fenster, das vom Boden bis zur Decke reichte und im Nachmittagslicht wie ein Spiegel reflektierte. Ich sagte: »Joe, würden Sie zu dem Fenster hinübergehen und mit Ihrem Schläger ausholen?«
Er sah mich etwas verwirrt an, tat es aber. Er holte aus und starrte dabei auf sein Spiegelbild. Dann machte er noch eine Ausholbewegung. Bei der dritten sagte er überrascht: »Du lieber Gott, das stimmt ja! Ich nehme meinen Schläger tatsächlich zu hoch!«
Wie kann jemand überrascht darüber sein, dass er etwas herausfindet, was er bereits wusste? Joe hatte ja selbst zu mir gesagt, sein Schläger sei zu hoch. Zwölf Profis hatten ihm dasselbe gesagt – und dennoch war er überrascht, als er es mit eigenen Augen sah!
Joe wusste, was sein Problem war, war sich dieses Problems aber nie selbst bewusst gewesen. Das nenne ich nicht *wissen*, sondern *glauben*. Er glaubte das, was man zu ihm gesagt hatte, doch real wurde es für ihn erst, als er es selbst sah.
Wie konnte Joe seine schlechte Gewohnheit ändern, nachdem er sie erkannt hatte? Wir gingen auf den Platz und ich fing an, ihm Bälle

zuzuwerfen. Ich wies ihn an: »Versuchen Sie nicht, es jetzt gleich zu ändern! Achten Sie einfach darauf, wie es ist – nicht durch Hinsehen, sondern durch Fühlen. Fühlen Sie die Höhe!«

Er schwang den Schläger und sagte: »Er schien mir auf Kopfhöhe zu sein.«

»Stimmt«, sagte ich.

»Sie meinen, so sollte ich es machen?«, fragte er.

»Nein«, antwortete ich. »Das ist das, was Sie gemacht haben. Versuchen Sie nicht, es zu ändern. Fühlen Sie einfach weiter und sagen Sie mir, wie hoch er ist.«

Ich konnte sehen, dass ihm das sehr merkwürdig vorkam. Wie konnte das bloße Sich-bewusst-Machen irgendetwas zum Besseren wenden? Doch er akzeptierte meine Anweisungen, er schwang seinen Schläger weiter in Richtung der Bälle und berichtete darüber, wie hoch er war. Als er anfing, war sein Schläger auf Kopfhöhe, dann auf Schulterhöhe, danach wieder auf Kopfhöhe; dann wechselte er bei ein paar Bällen zwischen Brust- und Taillenhöhe, und schließlich ging er unter die Taille. Ziemlich bald waren alle seine Ausholbewegungen tiefer und er schlug mit seiner Rückhand Topspin-Bälle.

Ich fragte Joe: »Bemühen Sie sich, den Schläger tief zu halten?«

»Nein – das macht er von sich aus!«, antwortete er.

Natürlich holen Schläger nicht selbst aus. Joe machte aber keine bewusste Anstrengung, seinen Schläger nach unten zu zwingen. Er machte lediglich eine bewusste Anstrengung, zu beobachten, wo er war. Was ihn nach unten verlagerte, war, dass sich das besser *anfühlte* und besser funktionierte. Bei ihm bildete sich jetzt eine neue Gewohnheit aus. Sie beruhte nicht darauf, dass er versucht hätte, seinen Schläger nach unten zu zwingen, sondern darauf, dass er sich nun der Höhe seines Schlägers bewusst war. Als Joe das erkannte, dachte er darüber nach, dass man Gewohnheiten auf diese Weise leicht ändern kann. Er sagte: »Das könnte für mein Unternehmen einen großen Unterschied machen! Das Beste ist aber, dass ich nach all diesen Jahren endlich Topspin-Bälle mit der Rückhand schlagen kann.«

Der entscheidende Punkt ist, dass wir alle lernen können, geistige oder körperliche Gewohnheiten ohne Anstrengung zu ändern. Der Schlüssel dazu ist unsere nicht wertende Aufmerksamkeit. Es ist wichtig, dass wir die Sache beobachten und wissen, was wir wollen. Falls Sie unter der

Voraussetzung »Das ist schlecht, ich muss es ändern!« anfangen, befinden Sie sich sofort im Modus »Kämpfen oder Fliehen«. Wenn Sie die Beurteilung aber weglassen, werden Sie staunen – über das, was Sie tatsächlich sehen, und darüber, wie leicht Änderungen stattfinden können.

AUS EINER PATIENTENAKTE
von Dr. Edd Hanzelik

Mit der Einstellung eines Samurais

Meine Patientin Debbie stand sichtlich unter Stress. Aufgrund einer großen Überschwemmung konnte sie nicht mehr in ihrem Haus wohnen. In dem Hotel, in das sie vorübergehend zog, brach ein Feuer aus, sodass sie auch dort abrupt ausziehen musste. Sie war erschöpft und hatte finanzielle Schwierigkeiten.

Der Stress wirkte sich bereits stark auf Debbies Gesundheit aus. Sie hatte ihre Stimme verloren, wahrscheinlich infolge der Schreie, die sie in ihrer Verzweiflung ausgestoßen hatte. Jetzt konnte sie nicht mehr schreien – im Grunde konnte sie nur noch flüstern. Ein Spezialist hatte ihr mitgeteilt, sie werde vielleicht monatelang eine Kehlkopfentzündung haben.

Ich sah, dass Debbie ihr tägliches Leben als eine Schlacht betrachtete, und fragte sie: »Glauben Sie, Sie könnten wie ein Samurai-Krieger sein und sich inmitten dieser Schlacht Ihre Stabilität bewahren?«

Debbie sah aus, als zweifelte sie daran. »Müsste ich dann alle meine Gefühle in mein Inneres stopfen?«

Ich erwiderte: »Nein, das würde nicht funktionieren. Damit würden Sie Ihren Körper zugrunde richten. Sie müssen Ihre Gefühle in konstruktive Aktionen leiten.«

Ich fragte Debbie dann, ob sie in ihrer Unfähigkeit zu sprechen, irgendeinen Vorteil sehen könne. »Wenn Sie zu einem Zen-Kurs gehen würden, würde Sie das mehrere Hundert Dollar kosten, und die erste Regel wäre: ›Sprechen Sie nicht!‹«, sagte ich. »*Sie* bekommen diese Chance ganz umsonst!«

Sie lachte, und ihre Einstellung wirkte jetzt etwas positiver. Sie hatte die Gewohnheit entwickelt, sich selbst zu bemitleiden, schien aber offen dafür, ihre Situation aus einem anderen Blickwinkel zu betrachten.

Statt sie auch zu bemitleiden, stellte ich sie vor eine Herausforderung: »Sehen Sie irgendeine Möglichkeit dafür, dass keiner dieser belastenden Umstände Sie niederdrücken würde?« Ich fragte sie dann erneut, ob sie der Samurai mitten im Schlachtgetümmel sein könne. Dieses Bild entlockte ihr wieder ein Lachen. Sie antwortete, sie würde zu ihrem persönlichen Schutz dann viel Mut, Stärke und Klarheit brauchen. Sie hatte das Gefühl, es tun zu müssen; als sie ging, lächelte sie und sagte: »Meinen Humor habe ich jedenfalls nicht verloren!«

»Bauen Sie ihn in Ihren persönlichen Schild ein!«, riet ich ihr.

Debbie erfuhr gerade eine intensive Form von Stress, bei der sich alles in unserem Leben gegen uns zu wenden scheint. Diese Stressform beschert dem Stressmacher einen Festtag; er stellt sich die allerschlimmsten Ergebnisse vor, wie Obdachlosigkeit, Armut und sogar den Tod. Als Debbie begann, sich einen persönlichen Schild zu bauen, um sich vor ihren zahllosen Stressoren zu schützen, und ihre inneren Ressourcen (Humor, Entschlossenheit, Vertrauen ...) nutzte, entdeckte sie, dass sie auch mitten in der Schlacht noch eine gewisse Stabilität hatte. Sie war tatsächlich ein Samurai. Bei den folgenden Besuchen in der Praxis sah sie, dass es ihr allmählich besser ging und dass es ihr gelang, ihre Stressbelastung abzumildern.

☛ Eine Aufgabe: Führen Sie eine neue Gewohnheit ein

Denken Sie über eine Gewohnheit nach, mit der Sie sich derzeit herumschlagen. Dabei kann es sich um jede Aktivität handeln, die Ihre Produktivität, Ihre Gesundheit oder Ihren inneren Frieden beeinträchtigt. Wahrscheinlich wird es etwas sein, mit dem Sie schon länger aufhören wollen. Welche neue Gewohnheit können Sie als Ersatz für die alte erschaffen? Falls Sie beispielsweise rauchen, könnte eine neue Gewohnheit in einer Aktivität bestehen, die auf klares, starkes Atmen fokussiert ist – in etwas, was sich mit dem Rauchen nicht vereinbaren lässt. Statt

die alte Gewohnheit ablegen zu wollen, sollten Sie die neue einführen.
Ein Beispiel: Dr. Horton hat mir erzählt, wie er in seiner Studienzeit mit dem Rauchen aufhörte. Er hatte eine Studie von Psychoanalytikern gelesen, laut der manche Menschen rauchten, um Abstand von Situationen zu gewinnen, durch die sie sich überwältigt fühlten. In dieser Beschreibung erkannte Dr. Horton sich selbst; er beschloss, sich bewusst zu bemühen, zurückzutreten und über das nachzudenken, was gerade geschah, statt sich eine Zigarette anzuzünden. Dank dieser Erkenntnis konnte er sich das Rauchen schnell abgewöhnen.
Der Prozess kann tatsächlich einfach und kurz sein, wenn Sie die Gründe für eine Gewohnheit, die Sie ändern wollen, sehr gut verstehen und das neue Verhalten wirklich reizvoll für Sie ist. In der Realität wird es wohl einiges an Zeit, Bewusstheit und Reflexion erfordern, an diesen Punkt zu gelangen – doch es lohnt sich.

DIE FÄHIGKEIT, NEIN ZU SAGEN UND DAS AUCH ZU MEINEN

Es ist klar, dass uns viele Dinge in unserem Alltagsleben stark belasten können. Sie tauchen auf, ohne dass wir damit gerechnet hätten, und können von den Menschen kommen, die uns am nächsten stehen – von denen, die uns glücklich oder unglücklich machen, die Anforderungen an uns stellen, die wir lieber nicht akzeptieren würden.
Zu den Bestandteilen eines Schilds, der uns vor solchen Stressoren schützen kann, gehört die Fähigkeit, Nein zu sagen. Beim Autofahren haben wir ja nicht nur ein Gaspedal, sondern auch Bremsen. Die Fähigkeit, Nein zu sagen, ist unsere Bremse. Wir müssen unsere Grenzen in Demut anerkennen. Vor Kurzem habe ich hinter der Kasse eines hiesigen Feinkostgeschäfts ein persönliches Schild mit folgendem Text entdeckt:

Liebe Judith,
Fühl dich nicht völlig
Persönlich, unwiderruflich
Verantwortlich für
Alles.
Das ist meine Aufgabe!
Mit Liebe,
Gott

Wer Nein sagen kann, erkennt an, dass seine Stabilität und seine Freude wertvoll sind. Wenn wir bei allem, was an uns herangetragen wird, automatisch Ja sagen, überfordern wir uns und haben irgendwann nicht mehr genug Kraft, um gut zu funktionieren.

Natürlich haben wir auch ein Gaspedal; wir benutzen es, um kreativ mit Anforderungen umzugehen, durch Delegation, Notfallplanung und Respekt vor den wahren Prioritäten im Leben. Die höchste Priorität ist offensichtlich eine Balance, die unser Auto stabil und in gutem Zustand hält.

Stellen Sie sich doch mal vor, dass Sie Besitzer eines Grundstücks sind und die Leute es sich schon seit Jahren zur Gewohnheit gemacht haben, über Ihren Rasen zu laufen, wenn sie zum Bahnhof wollen – weil das für sie der schnellste Weg ist. Nachdem Sie das lange einfach hingenommen haben, sagen Sie schließlich: »Moment mal! Das ist mein Grundstück, und ich möchte nicht, dass die Leute über meinen Rasen laufen!« Also errichten Sie einen Zaun um Ihren Garten, gewissermaßen als Grenze. Die Leute, die es gewohnt waren, dort langzulaufen, ärgern sich zunächst über Sie, weil Sie ihnen den Weg versperrt haben. Sie finden aber bald andere Wege, und Ihr Eigentum ist nun geschützt. Sie haben im Grunde einen Schutzschild aufgebaut. Das können Sie auch in Ihrem Alltagsleben machen!

☛ Eine Aufgabe: Einfach Nein sagen

Machen Sie sich eine Woche lang alle Anliegen bewusst, die andere an Sie herantragen. Schreiben Sie sie auf und machen Sie eine Liste. Sehen Sie sich die Liste am Ende der Woche an. Wie oft haben Sie Dingen zugestimmt, die Ihren Stress vergrößerten? Gab es Dinge, die Sie hätten ablehnen können, aber nicht abgelehnt haben? Wie haben diese Beobachtungen Ihre Perspektive am Anfang der neuen Woche verändert?

WERDEN SIE DER CHEF IN IHREM LEBEN

Innere Stabilität beruht darauf, dass Sie eine einzige unbestreitbare Tatsache anerkennen: Ihr Leben gehört Ihnen. Sie sind sein Eigentümer. Das Bewusstsein, dass mein Leben mir gehört, bildet die Grundlage von Stabilität und Verantwortung. Sie sind derjenige, der die Entscheidungen trifft. Sie sind ein Souverän. Sie haben die Rechte und Pflichten, die damit verbunden sind, dass Sie etwas ganz Unglaubliches besitzen – einen einzigartigen menschlichen Körper und ein einzigartiges menschliches Leben. Wenn Sie nicht anerkennen, dass Sie der Eigentümer Ihres Lebens sind, wird es für Sie schwierig – wenn nicht sogar unmöglich – sein, dauerhafte Stabilität aufzubauen.

Meine Freundin Leslye hatte einen 94-jährigen Onkel, der bei ihr einzog. Eines Morgens fragte sie ihn beim Frühstück: »Onkel Jaime, hast du dein Leben genossen? Du bist ja nicht mehr der Jüngste, und dir bleiben wahrscheinlich nicht mehr viele Jahre. Ich frage mich einfach, ob du es genossen hast.«

Ihr Onkel hörte auf zu essen, und dachte kurz nach. Dann sagte er nüchtern: »Nein, ich habe es nicht genossen.«

Leslye war bestürzt – damit hatte sie nicht gerechnet. Sie sagte: »Onkel Jaime – wieso denn nicht?«

Seine Antwort war nachdenklich: »Weißt du, ich habe es ganz verschenkt!«, antwortete er. »Ich habe es meiner Frau gegeben, meinen Kindern, meiner Kirche, meiner Arbeit ...« Er zählte noch viele andere Dinge auf.

Die Worte ihres Onkels beeindruckten Leslye tief. Sie wollte ihr Leben selbst besitzen!

Woher können Sie wissen, ob Sie bei Ihrem Leben das Sagen haben? Wie viel von dem, was Sie tun, beruht darauf, dass Sie anderen gefallen wollen? Wenn Sie die Kontrolle haben, wissen Sie, dass Sie am Steuer des Autos sitzen. Ihre Hände liegen fest auf dem Lenkrad und Sie fahren dahin, wo Sie hinwollen. Ihr Fuß steht auf dem Gaspedal, und wenn Sie anhalten wollen, treten Sie auf die Bremse. Das ist einfach und erfolgt größtenteils instinktiv. Lassen Sie uns aber mal annehmen, dass in Ihrem Auto Mitfahrer sitzen – Besserwisser, die davon ausgehen, dass sie das Recht haben, über die Fahrt zu bestimmen, und rufen: »Fahr langsamer! ... Wende hier! ... Bieg dort nach rechts ab! ... Fahr nach links! ...« Diese Leute reden, als hätten sie eine gewisse Kontrolle über die Fahrt, obwohl das eindeutig nicht stimmt; Sie können jetzt entscheiden, ob Sie ihnen die Kontrolle überlassen wollen.

Einer meiner Bekannten hat mich mal gefragt, ob ich der Ansicht wäre, dass er eine bestimmte Frau anrufen und sich mit ihr verabreden solle. Er war sich da sehr unsicher und ich hatte das Gefühl, dass er sich von meiner Antwort stark beeinflussen lassen würde. Daher sagte ich: »Ich möchte dich etwas fragen. Nehmen wir an, du fährst mit dem Auto – würdest du dann lieber vom Fahrersitz aus fahren, die Hände am Lenkrad, oder vom Rücksitz aus?« Und er erwiderte: »Das ist einfach – ich würde mich nach hinten setzen.«

Das überraschte mich. »Wirklich?«, fragte ich. »Du würdest lieber hinten sitzen, mit niemandem am Lenkrad?« Er versicherte mir, dass er tatsächlich lieber hinten sitzen würde. Als ich ihn nach dem Grund dafür fragte, antwortete er: »Weil ich wahrscheinlich so oder so in einen Unfall verwickelt werden würde – aber wenn ich hinten sitzen würde, wäre das nicht meine Schuld.« Dann wurde ihm klar, wie absurd seine Antwort war; er lächelte, bedankte sich bei mir und ging.

Das ist eine komische Geschichte, aber viele Menschen sind tatsächlich so. Sie vermeiden es, in ihrem eigenen Auto am Steuer zu sitzen. Sie sagen lieber: »Das war nicht meine Entscheidung. Es ist nicht meine Schuld!« Wenn es um Ihr Leben geht, ist das aber eine ziemlich weitreichende Entscheidung. Wer möchte denn schon auf seinem Grabstein stehen haben: »Es war nicht meine Schuld!«

Die Entscheidung, die Kontrolle über unser Leben zu übernehmen, statt ein Opfer zu sein, ist wahrscheinlich der wichtigste Faktor beim Aufbau innerer Stabilität. Diese Entscheidung können wir immer wieder treffen – jedes Mal, wenn wir unsere Einstellung ändern müssen.

SIND SIE IN IHREM LEBEN DER CHEF?

Stellen Sie sich bitte mal vor, Sie hätten von einem reichen Onkel ein mittelständisches Unternehmen geerbt und hätten sofort die Leitung. Sie sind der Chef und Alleininhaber. Wenn Sie auf Ihrem Platz am Kopf des Tisches sitzen, können Sie alle Fragen stellen und alle Entscheidungen treffen, die Sie stellen und treffen möchten. Sie haben Stellvertreter und Berater, auf die Sie hören können, doch es handelt sich nicht um eine Demokratie. Sie sind der Einzige, der darüber entscheidet, was gemacht werden soll. Das bedeutet es nämlich, Eigentümer zu sein.

Mit dem Selbstverständnis des Eigentümers beginnen Sie, wie der Chef Ihres eigenen Unternehmens zu denken. Der Unterschied ist schlicht Ihre Überzeugung, dass Sie die Autorität dazu haben, alles zu ändern, was Ihnen an dem Unternehmen nicht gefällt. Als sein Leiter müssen Sie unter anderem darüber entscheiden, ob Sie Anteile verkaufen wollen und gegebenenfalls, an wen. Wenn Sie das machen, treten Sie kleine Stücke Ihrer Besitzerschaft an andere ab. Bei einem Unternehmen ist das völlig in Ordnung. Lassen Sie uns jetzt aber mal sagen, dass *Sie* das Unternehmen sind, das Sie besitzen.

Ihre erste Aufgabe besteht dann darin, eine klare und bewusste Entscheidung über Ihre Mission, Ihre Werte, Ihr Produkt, Ihre Strategien und Ihre Partnerschaften zu treffen – das würden Sie ja auch machen, wenn Sie der Chef eines Unternehmens wären. Diese Faktoren sind nämlich Bausteine für einen nachhaltigen »Geschäftserfolg«.

Als Zweites müssen Sie über die Beteiligungen an Ihrem Unternehmen nachdenken. Es besteht keine Notwendigkeit, überhaupt Anteile zu verkaufen. Ihre Unabhängigkeit sinkt in dem Maße, in dem Sie Anteile verkaufen – die Käufer haben dann ja bei Ihren Entscheidungen ein Stimmrecht. Viele von uns haben so viele Anteile verkauft, dass sie jetzt bei ihrem eigenen Leben nur noch eine Minderheitsbeteiligung halten. Je mehr Anteile wir verkauft haben, desto weniger Kontrolle haben wir und desto größer ist die Wahrscheinlichkeit, dass wir unter Stress stehen werden.

»Ein Haus, das gegen sich selbst gerichtet ist, kann nicht stehen!« Das sagte der große US-Präsident Abraham Lincoln. Wenn ich an das Haus meines eigenen Lebens denke, hört sich das wahr an.

Zum Glück können Sie die Anteile, die Sie verkauft haben, »zurückkaufen« – Sie müssen dann herausfinden, wem sie jetzt gehören und zu welchem Preis Sie sie verkauft haben. Ein Beispiel: Anteile werden oft für Liebe, Anerkennung, Respekt oder Sicherheit verkauft. Wenn wir Anteile zurückkaufen, riskieren wir aber vielleicht, das zu verlieren, wofür wir sie verkauft haben. Natürlich werden nicht immer Anteile verkauft, wenn zwei oder mehr Leute, die als Souveräne agieren, bewusste Vereinbarungen treffen – einer Forderung zuzustimmen oder sie abzulehnen, ein Team oder ein Unternehmen zu bilden oder zu heiraten. Wenn unabhängige Vertragsparteien Vereinbarungen treffen, behalten beide ihre volle Souveränität.
Falls Sie Anteile an Ihrem Leben verkauft haben, stellt sich also die Frage, ob Sie sie zurückkaufen wollen, selbst wenn das bedeutet, dass Sie das aufs Spiel setzen, wofür Sie sie verkauft haben. Das kann gerade der Preis für Stabilität sein.

AUS EINER PATIENTENAKTE
von Dr. Edd Hanzelik

Wessen Leben ist das?

In Karens Brust hatte sich ein Knoten entwickelt; eine Gewebeuntersuchung hatte ergeben, dass sie Krebs hatte. Sie bekam einen OP-Termin und hatte sehr starke Ansichten im Hinblick darauf, wie die OP durchgeführt werden sollte. Schon das ist ungewöhnlich – die meisten Patienten fühlen sich klein und hilflos, wenn bei ihnen eine lebensbedrohliche Krankheit diagnostiziert wird. Sie ergeben sich einfach in ihr Schicksal: »Gut, Herr Doktor – ich mache alles, was Sie sagen!«

Karen hingegen war entschlossen, sich zu behaupten und über alles zu verhandeln, was ihrer Ansicht nach wichtig war. Und sie machte das so charmant, dass die Leute meistens mitspielten. Zu diesen Dingen gehörte, dass sie nach der Operation auf der Wachstation eine Infusion mit sehr hoch dosierten Vitaminen wollte. In der medizinischen Welt war das schlicht und einfach Ketzerei. Doch sie wollte das unbedingt. Ich gab ihr dann eine Liste mit einigen Vitaminen, die die Infusion enthalten konnte; sie nahm sie zu ihrem Chirurgen mit und sprach mit ihm auf so spielerische Weise darüber, dass er sich bereit erklärte, sich für sie darum zu kümmern.

Ich war bei der Operation dabei; Karen hatte mir vorher eine Liste mit meinen Aufgaben überreicht – ich sollte darauf achten, dass sie die Vitamine bekam, den Farbstoff überprüfen, der benutzt wurde, dafür sorgen, dass auf ihrem Kopfhörer das lief, was sie sich anhören wollte … Es lief dann alles glatt, einschließlich der Vitamine. Wieso? Weil Karen den Chirurgen auf ihre Seite gezogen hatte und er sagte: »Sie ist zwar ein bisschen ausgeflippt, aber wirklich nett, und ich habe ihr die Vitamine versprochen.« Daraufhin machten auch der Anästhesist und der Pharmazeut mit.

Als dann die Chemotherapie anstand, war Karen wieder entschlossen, die Regeln selbst festzulegen. Da sie sich stark fühlen wollte, wählte sie Kleidung, die ihr dieses Gefühl geben würde, ein rotes Cape und einen verwegenen Hut. Der Arzt wusste nicht, was er davon halten sollte, doch er konnte sehen, dass ihre Kleidung ihr half, die Behandlung zu akzeptieren und sich ihr zu unterziehen.

Karen ergriff Besitz von ihrem Körper und ihrer medizinischen Betreuung und stand für sich ein. So verwandelte sie eine an sich sehr schwierige Situation in etwas, was sie akzeptieren konnte.

Wie oft sind Sie schon zum Arzt gegangen und mussten feststellen, dass man alles Mögliche mit Ihnen machte, ohne dass Sie die Chance gehabt hätten, darüber nachzudenken? Die Ärzte werden dazu ausgebildet, Krankheiten zu bekämpfen, und nehmen manchmal diesen klinischen Standpunkt ein. Sie sagen: »Ich hatte heute einen interessanten Herzinfarkt!« oder: »Ich habe eine Lungenentzündung kuriert!« Sie kämpfen gegen den Feind, die Krankheit, und haben dafür ein großes Waffenarsenal zur Verfügung: Messer, Strahlung und Medikamente.

Wo kommt aber der Patient ins Spiel, das Individuum? Wenn Patienten versuchen, gehört zu werden oder Fragen zu stellen, läuft die Antwort oft etwa auf Folgendes hinaus: »Kommen Sie mir nicht in die Quere! Lassen Sie mich diese Schlacht kämpfen – ich werde es Ihnen sagen, wenn sie vorbei ist!«

Die meisten Leute haben die Idee akzeptiert, dass sie willfährig und passiv sein sollen. Man hört Dinge wie: »Der Arzt hat gesagt, dass ich mich am Herzen operieren lassen muss«, als würde das alle Diskussionen beenden. Es ist so, als hätte ein allmächtiges Wesen gesprochen und der Patient habe keine Wahl. Gerade wenn es um Ihr Leben geht, brauchen Sie Ihre Wahlfreiheit aber besonders.

Meiner Erfahrung nach – und diese Erkenntnis wird durch medizinische Studien gestützt – sind die Entscheidungen der Ärzte und die Ergebnisse umso besser, je aktiver die Patienten sich an ihrer Behandlung beteiligen. Diabetes ist ein perfektes Beispiel: Wenn Patienten akzeptieren, dass sie diese Krankheit haben, und sich dafür entscheiden, etwas gegen sie zu tun, können sie ihren Blutzucker wunderbar unter Kontrolle bekommen und ihre Medikamentendosis oft reduzieren oder sogar ganz auf Medikamente verzichten.

DAS HANDBUCH FÜR EIGENTÜMER

Besitz von Ihrem Leben zu ergreifen bedeutet wirkliche Unabhängigkeit – selbst zu denken, ohne Gängelband zu leben und in der Lage zu sein, reiche Beziehungen zu haben, ohne sich selbst zu verlieren. Diesen Daseinszustand kann man auf viele verschiedene Weisen beschreiben, doch er beinhaltet auf jeden Fall, dass Sie die schwerwiegenden Entscheidungen über Ihr Leben frei fällen können.

Wenn es Ihnen an Unabhängigkeit fehlt, werden Sie feststellen, dass Sie aus dem Gefühl heraus handeln, dass Sie das »müssen«, statt es zu »wollen« oder sich »dafür zu entscheiden«. Dann könnten Sie sich vor allem hilflos fühlen, als Opfer der Umstände oder der Erwartungen anderer Personen. Ein Opfer zu sein fühlt sich nicht gut an und funktioniert auch nicht wirklich.

Zum Glück haben Sie Wahlfreiheit. Wenn Sie sich dafür entscheiden zu akzeptieren, dass *Sie* der Besitzer Ihres Lebens sind, können Sie Anteile zurückkaufen, Ihre Ziele erreichen und den gesamten Prozess genießen. Die Leute fragen sich oft, wie sie Anteile zurückkaufen können, wenn sie verheiratet sind oder eine Familie oder Geschäftspartner haben. Können sie wahrhaft unabhängig sein? Meiner Erfahrung nach kann man diese

Beziehungen mit Integrität haben, ohne die Besitzerschaft am eigenen Leben aufzugeben. Sie wollen, dass die Beziehung funktioniert – also entscheiden Sie sich dafür, die Differenzen zu lösen. Das ist etwas anderes, als sich gezwungen zu fühlen, Dinge zu machen, die sich nicht gut anfühlen, weil man Anteile verkauft hat. Zwei unabhängige Besitzer können sich dafür entscheiden, zu heiraten und ihr Leben gemeinsam zu genießen. Das ist etwas völlig anderes als eine Ehe, in der einer der Partner von dem Bedürfnis besessen ist, sich vom anderen stärker akzeptiert zu fühlen. In seinem Bemühen um mehr Akzeptanz gibt er dann unbewusst seine Beteiligung an den Entscheidungen auf. Er schwächt die Beziehung, weil er seine Unabhängigkeit aufs Spiel setzt.

Der Schlüssel zu gesunden Beziehungen ist ein Zustand, den wir *Interdependenz* nennen könnten; dabei kommen zwei oder mehr gesunde, unabhängige Selbst zusammen, um gemeinsame Ziele zu erreichen, ohne ihre individuelle Integrität zu opfern.

Wir kennen alle die Frustration und die Angst, die daher rühren, dass wir bei unseren Beziehungen zu unserer Familie, unseren Freunden, unserem Ehepartner, unseren Kindern oder sogar unseren Haustieren uns selbst verloren haben. Das wird unser Stresssystem aktivieren, und wir werden vielleicht feststellen, dass wir unbewusst mit Kämpfen, Fliehen oder Erstarren reagieren. Wenn wir uns dieser Reaktionen bewusst werden, können wir Hinweise darauf bekommen, wo wir unsere Unabhängigkeit geschmälert haben. Sie sollten beispielsweise darauf achten, ob Sie in Gesprächen bei der Arbeit oder bei den Beziehungen zu Hause oder zu bestimmten Freunden Stress verspüren. Das sind Hinweise darauf, wo Sie Anteile verkauft haben.

Sie können Ihre Unabhängigkeit auch verlieren, wenn Sie nach Ideen, Konzepten, Ideologien und Vorurteilen leben, die nicht mit Ihren Gefühlen und Werten im Einklang stehen. Was passiert denn, wenn Menschen das Gefühl für ihre Grundwerte verlieren und sich von blinder Gewalttätigkeit und Zerstörungswut mitreißen lassen? Die wirklich klugen Führungspersonen ermahnen uns, unsere individuelle Unabhängigkeit und die gemeinsamen menschlichen Werte zu würdigen.

AUF DEM CHEFSTUHL SITZEN

Wenn ich auf dem Stuhl des Chefs sitze, verspüre ich tiefe Bescheidenheit – ich würdige all das, was ich als Mensch bekommen habe: mein Leben an sich und alle meine angeborenen menschlichen Fähigkeiten; die Fähigkeit, mir ein Ziel zu setzen und mich zu ihm hin zu bewegen; die Fähigkeit, mir der Dinge bewusst zu werden; die Fähigkeit zu wissen, was ich wirklich will, was mir am wertvollsten ist und wie meine Prioritäten aussehen.

Ich kann aus meinen eigenen Entscheidungen und aus den Entscheidungen anderer Menschen lernen. Es liegt in meiner Macht, zu würdigen und Dankbarkeit, Freude und Zufriedenheit zu empfinden. Das alles liegt innerhalb meiner Fähigkeiten als Chef. Und ich kann jederzeit beschließen, mit Klugheit und Klarheit Veränderungen vorzunehmen. Wenn ich das Gefühl, der Chef zu sein, mal verliere – wenn ich die Verantwortung an jemand oder etwas anderes abtrete –, kann ich mir diese Position zurückholen, indem ich das Offensichtliche verkünde: Ich kann selbst über mein Leben bestimmen.

Das bedeutet nicht, dass ich keine Ratschläge und Hinweise von anderen annehmen kann. Ganz im Gegenteil: Ich kann zuhören und lernen und das benutzen, was mir sinnvoll erscheint. Doch *ich* bin derjenige, der letztlich die Entscheidungen trifft. Das ist die Pflicht von Chefs – ich muss mir der Fähigkeiten, die mir mitgegeben wurden, bewusst sein und sie entdecken und benutzen.

DIE INNER GAME-TOOLBOX

In den nächsten Kapiteln werden wir über die Toolbox für das Inner Game sprechen. Wir benutzen all diese Tools seit vielen Jahren in unseren Stressseminaren und haben gesehen, wie wertvoll sie sein können. Sie sind leicht zu verstehen. Es ist hilfreich, wenn Sie alle Aufgaben gleich, während Sie die jeweiligen Kapitel lesen, machen und sich dann Zeit nehmen, um die Tools in Ihrem Alltagsleben auszuprobieren und anzuwenden. Sie werden sehen, dass Sie Ihren Stress auf diese Weise zu einem großen Teil abbauen können.

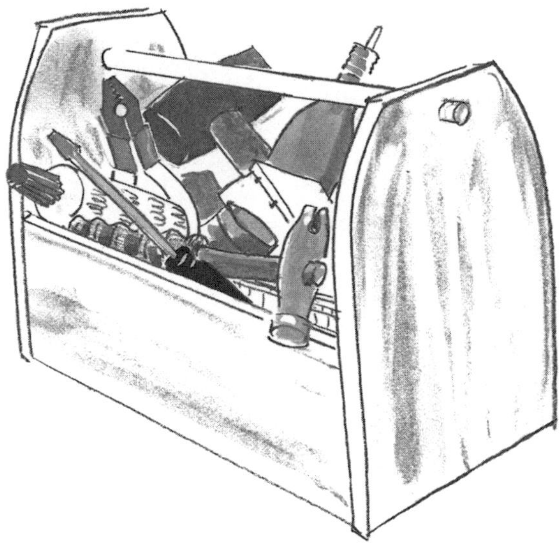

3 DIE INNER GAME-TOOLBOX

TOOL NR. 1: DAS STOP-TOOL

Stress hat eine unkontrollierte Eigendynamik, wie eine Billardkugel, auf die eine andere Kugel geprallt ist. Viele Menschen werden unter Stress wie Billardkugeln. Sie werden getroffen und bewegen sich – nicht in eine beabsichtigte Richtung, sondern dahin, wohin der Aufprall sie stößt. Wenn man sie fragt, weshalb sie etwas Selbstzerstörerisches getan haben, antworten sie: »Weil ich in der Firma einen furchtbaren Tag hatte« oder: »Ich habe mich mit meiner Frau gestritten.« Eine Billardkugel zu sein bringt ziemlich viel Stress! Das Leben besteht dann im Wesentlichen daraus, darauf zu warten, dass die nächste Kugel uns trifft und in ein Loch befördert. Was wäre aber, wenn Sie so stabil wären, dass die aufprallende Kugel Sie nicht in Bewegung versetzen könnte? Wenn Sie sich nur dann bewegen würden, wenn *Sie* sich dafür entschieden hätten, nicht, wenn irgendeine äußere Kraft Sie trifft?
Falls Sie Golf spielen, haben Sie diese unkontrollierte Eigendynamik vielleicht selbst schon mal erlebt. Sie haben früh im Spiel einen schlechten Schlag gemacht, und der Ball ist weg, in den Wald geflogen. Sie fangen an zu denken: »Oh – das war's! Was für ein grottenschlechter Schlag! Das Spiel ist ruiniert. Heute spiele ich nicht gut, was für ein Mist!« Und so geht es weiter. An diesem Punkt könnten Sie Ihre Schläger genauso gut einpacken und nach Hause fahren. Wenn Sie Ihr inneres Spiel, das Inner Game, bereits verloren haben, wird Ihr äußeres Spiel, das Outer Game, sich kaum erholen können. Sie sollten sich lieber ein paar Sekunden Zeit nehmen und sich fragen: »Weshalb spiele ich heute? Was ist dabei mein Ziel?« Natürlich wollen Sie den Ball ins Loch befördern. Aber was ist das wirkliche Ziel? Spaß zu haben, sich zu erfreuen. Macht es Ihnen denn Freude, sich wegen eines verlorenen Balls zu geißeln? Wahrscheinlich doch nicht ...
Ein intelligenter, fitter Marathonläufer Mitte 60 kam zum Stressseminar, weil er so starke Angstattacken hatte, dass er sogar für ein paar

Tage ins Krankenhaus gehen musste. Er erkannte: »Ich war so damit beschäftigt, beschäftigt zu sein, dass ich keine Zeit dafür hatte, mal innezuhalten.« Seine Unfähigkeit, vom Lauf seines Lebens zurückzutreten, ruinierte seine Gesundheit.
Wie kann man eine negative Eigendynamik denn aufhalten? Indem man wortwörtlich stoppt.

STOPS SIND GANZ EINFACH!

Ich coache jetzt seit 35 Jahren Sportler, Geschäftsleute und andere Personen. Dabei habe ich festgestellt, dass die effektivste Technik das STOP-Tool ist. Tausende von Managern aus Unternehmen aus der ganzen Welt haben mir erzählt, es sei für die Bewusstheit bei der Arbeit unentbehrlich. Man kann es als »Mutter aller Tools« bezeichnen, da wir, ohne anzuhalten, keines der anderen Werkzeuge richtig benutzen können. In unseren Fortbildungen ist es das erste Tool, mit dem wir uns beschäftigen. Jeder versteht es und kennt seine Wirkung, denn die meisten Leute haben schon mal eine Variation davon benutzt. Eltern sprechen davon, dass sie ihren Kindern eine »Auszeit« geben; andere erinnern sich daran, dass man ihnen gesagt hat, sie sollten »bis zehn zählen«, bevor sie handeln. Beim Sport benutzen die meisten Mannschaften die Auszeiten nicht nur, um sich zu erholen, sondern auch, um über Änderungen bei ihrer Strategie oder Taktik nachzudenken.
STOP ist ein erstaunlich einfaches Tool, und es bedeutet genau das, was es sagt: Stoppen Sie das unbewusste Tun und nehmen Sie die Verlagerung zur Bewusstheit vor. Das STOP-Tool besteht aus vier Elementen:

1. **S**tep back – treten Sie einen Schritt zurück: Legen Sie etwas Abstand zwischen sich selbst und die Situation.
2. **T**hink – denken Sie nach: Was ist bei dem, was passiert, die Wahrheit? Was führt dazu, dass Sie in dieser Situation Stress verspüren? Was sind Ihre Prioritäten? Ihre Optionen? Ihre Hindernisse?
3. **O**rganize your thoughts – ordnen Sie Ihre Gedanken: Wie sieht Ihr Aktionsplan aus?
4. **P**roceed – fahren Sie fort: Bewegen Sie sich voran, mit mehr Klarheit und Verständnis.

Step back – treten Sie einen Schritt zurück

Wer einen Schritt zurück macht, hält das Moment auf. Er tritt aus der körperlichen, mentalen und emotionalen Aktivität heraus, wie ein Boxer im Ring, der für eine Sekunde aus der Reichweite des Gegners tritt. Wer zurücktritt, kann Dinge sehen, die er im Zentrum des Kampfes nicht sehen konnte. Man hat dann eine bessere Übersicht und erkennt neue taktische Möglichkeiten, und das eröffnet weitere Handlungsmöglichkeiten.
George, Vorstand eines Unternehmens aus den Fortune 500, war zu unserem Seminar gekommen. Anfangs war er von der STOP-Technik gar nicht begeistert. Er verkündete, das sei doch nichts anderes als Verschleppung, und dafür sei er viel zu beschäftigt. Ich sprach über den Zweck des STOP-Tools, die Möglichkeit, unsere Balance und Perspektiven aufrechtzuerhalten zu gewinnen. Ich erläuterte, dass ein Halt auch bedeuten kann, nur für ein paar Sekunden zurückzutreten – oder sich sogar dafür zu entscheiden, nicht zu handeln. George erklärte sich bereit, es mit dem Tool zu probieren. Als er in der folgenden Woche wieder zum Seminar kam, war er sehr zufrieden mit sich. Er hatte die STOP-Technik benutzt, und sie hatte funktioniert. George erzählte, seine Assistentin habe ihn eines Morgens angerufen, um ihn darüber zu informieren, dass einer der ihm unterstellten Manager am Telefon sei. Er begann sofort, sich gestresst zu fühlen. Dann hielt er eine Sekunde lang inne, um herauszufinden, weshalb er sich so fühlte, und erkannte sofort, dass dieser Manager ihn nur anrief, wenn er ein Problem hatte, und ihn dann in die Sache hineinzog. Er bat seine Assistentin, dem Manager auszurichten, dass er nicht mit ihm sprechen könne. Sie fragte ihn, wann er denn Zeit dafür haben würde, und er antwortete: »Heute gar nicht!« Seine Assistentin war erstaunt, sagte aber, das würde sie machen. Als George auflegte, hatte er zunächst ein etwas schlechtes Gewissen, doch dann empfand er große Erleichterung. Er vollführte in seinem Büro sogar einen kleinen Siegestanz, denn

ihm war klar geworden, dass er diesen Vormittag für die Dinge gerettet hatte, mit denen er sich befassen wollte. Als der betreffende Manager ein paar Tage später wieder anrief, verspürte George weder Stress noch Angst. Er nahm den Anruf an und erfuhr, dass der Manager das Problem selbst gelöst hatte.
George benutzte einen kleinen Schritt zurück, um sich ein bisschen Platz zu verschaffen. Ein größerer, strategischer Schritt zurück könnte die Entscheidung sein, sich einige Tage freizunehmen, um Ihre Ziele neu zu beurteilen. Sie können aber schon die kürzeste Pause dafür nutzen, mit Ihrem Ziel in Verbindung zu bleiben und so den unweigerlichen Ablauf von Stressreaktionen zu stoppen.

☛ Eine Aufgabe: Üben Sie einen bewussten STOP

Halten Sie bitte einen Tag lang bei allen Stresssituationen zwei oder drei Sekunden inne, bevor Sie reagieren. Schon die kürzeste Pause kann es Ihrem Gehirn ermöglichen, sich aus dem reaktiven Modus zu lösen und in den bewussten Modus zu schalten. Denken Sie am Ende des Tages über die Unterschiede nach, die Sie bei Ihren Gesprächen bemerkt haben.

Think – denken Sie nach

Das Zurücktreten gibt Ihnen die Chance nachzudenken. Im Raum des fokussierten Denkens können Sie sich Fragen wie die folgenden stellen: »Was ist die Ursache dafür, dass ich in dieser Situation Angst, Frustration oder Schmerz verspüre? Weshalb tue ich das? Was will ich erreichen? Welche Hindernisse stehen mir dabei im Weg? Was sind meine inneren und äußeren Ressourcen? Welche Optionen habe ich?«
Die Brillanz des menschlichen Gehirns ermöglicht es, uns in Gedanken einen Ort zu erschaffen, wo wir uns ungestört mit uns selbst beschäftigen können. Ich nenne diesen Ort einen »Denk-Raum«. Manche Leute benutzen einen bestimmten Stuhl, wo sie Ruhe haben und reflektieren können. Andere trinken in einem Bistro eine Tasse Kaffee. Ich kenne auch ein paar Leute, die sich gern vorstellen, dass sie in einem Hub-

schrauber über ihre Situation fliegen und aus einer gewissen Entfernung auf sie hinunterblicken. Sobald Sie sich von den unbewussten Abläufen gelöst haben, können Sie das Denken benutzen, um Ihr Bewusstsein ins Spiel zu bringen.
Jennifer erzählte in einem Seminar, wie anstrengend das alljährliche Telefongespräch mit ihrem Exmann über die Steuern für sie immer war. Die Diskussion heizte sich dann stets auf und sie wusste nicht, was sie sagen sollte. Als sie das STOP-Tool kennengelernt hatte, fand sie sich bald darauf mitten in dem gefürchteten Telefongespräch wieder. Sie spürte, wie ihr Stressgrad stieg, und sagte: »Ich werde dich jetzt eine Minute lang warten lassen!« Sie ging dann vom Telefon weg und schrieb sich genau auf, was sie sagen wollte. Als sie zurückkam, brachte sie ihre Ansichten stark und klar zum Ausdruck. Ihr Exmann war ziemlich verblüfft. Er versuchte, sie auszumanövrieren (das war seine typische Art), doch sie blieb im Hinblick auf ihre Punkte klar und fühlte sich zufrieden, als sie das Gespräch beendete. Das war für sie ein erstes Mal, und sie empfand großen Stolz auf sich.

Eine Aufgabe: Gehen Sie in Ihren Denk-Raum

Suchen Sie sich einen physischen Ort, der von einer belastenden Situation entfernt ist, einen Ort, der sich in Ihren Augen für die Reflexion eignet. Es könnte sich dabei um ein Büro handeln, ein Wohn- oder Schlafzimmer, aber auch um ein Badezimmer. Denken Sie noch einmal über eine der Stresssituationen nach, die Sie bei den vorherigen Aufgaben ermittelt haben. Die folgenden Fragen können Ihnen helfen, Ihre Reflexion zu fokussieren. Ich sollte hier wohl noch darauf hinweisen, dass Denken nicht einfach Schlussfolgerungen und Logik umfasst, sondern auch andere Formen des Wissens, wie unsere Gefühle und Intuitionen und das Sehen.

- Was steckt hinter dem, was hier geschieht?
- Wie sehen meine Gefühle im Hinblick auf diese Situation aus?
- Was ist mir wichtig? Was hat erste Priorität für mich?
- Stehen meine Handlungen oder Gedanken mit meinen Prioritäten im Einklang?
- Welche Hindernisse stehen mir auf dem Weg zum angestrebten Ergebnis im Weg?
- Von welchen Annahmen gehe ich aus?
- Welche Handlungsoptionen habe ich sonst noch?
- Auf welche inneren und äußeren Ressourcen kann ich zurückgreifen?
- Was kann mir in dieser Situation Freude machen?

Schon einige dieser Fragen können ausreichen, damit Sie vom automatischen auf bewusstes Handeln umschalten.

Organize your thoughts – ordnen Sie Ihre Gedanken

Gewöhnlich kommen uns unsere Gedanken nicht in einer logischen, sequenziellen Abfolge. Damit sinnvolle Handlungen möglich sind, müssen wir sie erst einmal ordnen. Lassen Sie uns mal annehmen, dass Sie zu einer Routineuntersuchung gehen und der Arzt eine verdächtige Schwellung entdeckt. Er möchte Ihnen sofort einen Termin für eine Biopsie geben. Sie werden von Panik ergriffen. Ihnen bricht der Schweiß aus, Sie fühlen sich hilflos und haben Angst davor, nicht exakt das zu tun, was der Arzt sagt. Statt in blinder Panik zu reagieren, setzen Sie das STOP-Tool ein und kommen zu dem Schluss, dass Sie eine zweite Meinung einholen können. Vielleicht wird der zweite Arzt die Ansicht des ersten bestätigen, vielleicht auch nicht. Darauf kommt es aber nicht allein an. Der STOP wird es Ihnen ermöglichen, aus Ihrer Panik herauszukommen und ein Gefühl der Kontrolle zu erlangen. Mit zwei Meinungen bewaffnet können Sie dann nachdenken, Ihre Optionen ordnen und eine klügere Entscheidung treffen.

Eine Aufgabe: Ordnen Sie Ihre Gedanken

Nachdem Sie einige Zeit damit verbracht haben, sich in Ihrem Denk-Raum Fragen zu beantworten, überlegen Sie sich, wie Sie diese Gedanken ordnen können, um zum bewussten Handeln zu gelangen.

Proceed – fahren Sie fort

Sie sind jetzt so weit, dass Sie auf Grundlage Ihrer bewussten Entscheidungen handeln (oder nicht handeln) können. Selbst wenn Sie zu einer späteren Zeit zu der Ansicht kommen sollten, dass Sie eine bessere Entscheidung hätten treffen können, können Sie Fortschritte machen und etwas über sich lernen und für das nächste Mal klüger werden.
Sobald Sie Klarheit gefunden und sich aus der Stressreaktion befreit haben, sollten Sie aktiv werden. Reflexion ohne Aktion ist nur die halbe Miete. Ohne Aktion werden Sie Ihr Ziel nicht erreichen und nicht wirklich etwas lernen. Es ist jetzt also an der Zeit, Ihr Gespräch zu beenden, wieder an die Arbeit zu gehen und mit Ihrem Tag fortzufahren. Der Zweck des STOP-Tools besteht darin, wieder beginnen zu können, mit klarerem Kopf, einer engeren Verbindung zum Zweck Ihres Tuns und einem stärkeren Gefühl, die Kontrolle über die Situation zu haben. Einige der Manager, die ich gecoacht habe, befürchteten anfangs, wenn sie die Benutzung des STOP-Tools empfehlen würden, würden sie ihren Leuten erlauben zu trödeln oder sie würden ihren Wettbewerbsvorteil verlieren. Tatsächlich trifft aber das Gegenteil zu. Wenn Ihr Umfeld etwas mit Ihnen macht, statt dass Sie etwas mit ihm machen, kommt es zu Fehlern. Und Fehler können viel Zeit verschlingen. Sich ein bisschen Zeit dafür zu nehmen, sich bewusst zu werden, wird viel mehr Zeit sparen, als es kostet. Wenn die Leute eine Pause einlegen, einen Plan machen und die Kontrolle gewinnen, steigt die Produktivität.

☛ Eine Aufgabe: Fahren Sie fort

Schreiben Sie eine Aktion auf, mit der Sie in der unmittelbaren Zukunft fortfahren wollen. Seien Sie genau im Hinblick auf die einzelnen Schritte, die Sie machen werden, um die Aktion abzuschließen.

LANGE UND KURZE STOPS

In manchen Situationen ist ein längerer STOP erforderlich - eine Stunde, ein Tag, eine Woche oder sogar ein ganzer Monat. Das hängt davon ab, wie wichtig die Entscheidung ist. Wenn Sie beispielsweise an eine große Veränderung bei Ihrer Berufslaufbahn denken oder jemand, der Ihnen nahe steht, erkrankt oder gestorben ist, wenn Sie eine ernsthafte Beziehung oder die Ehe eingehen wollen, sich fragen, was der Sinn Ihres Lebens ist, oder zu dem Ergebnis kommen, dass Ihre Stresstemperatur höher ist, als Sie akzeptieren wollen, werden Sie einen längeren STOP brauchen, um die Klarheit zu finden, die Sie brauchen - um die beste Aktion auswählen zu können. Indem Sie dieses Buch lesen, legen Sie bereits einen STOP ein, der hoffentlich langfristige positive Auswirkungen haben wird.

☛ Eine Aufgabe: Wählen Sie Ihre STOPs

Ein STOP kann wie ein Schild sein, der Ihnen hilft, den Stressmoment abzuwehren. Wir können STOPs aber auch proaktiv benutzen, um Stabilität aufzubauen und zu verhindern, dass der Stress zurückkehrt. Die Verwendung der in diesem Buch empfohlenen Tools erfordert immer, dass Sie als Erstes einen Schritt zurücktreten und überlegen. Denken Sie über drei Zeitpunkte in Ihrem Tag nach, zu denen STOPs hilfreich wären, und planen Sie dann Ihr weiteres Vorgehen.

Zum Beispiel:

STOPpen Sie am Anfang und am Ende des Tages, um nachzudenken und zu planen.

- STOPpen Sie immer dann, wenn Sie das Gefühl haben, in einem unbewussten Moment gefangen zu sein und keine Kontrolle zu haben.
- STOPpen Sie, bevor Sie zu einer Besprechung gehen, um über den Zweck, die Ziele und die voraussichtlichen Hindernisse nachzudenken.
- STOPpen Sie, bevor Sie Ihr Kind von der Schule abholen, um sich zu überlegen, wie Sie einen besonderen Augenblick mit ihm erschaffen können, bevor Sie beide Ihren Tag fortsetzen.
- STOPpen Sie, bevor Sie sich mit einem Freund zum Essen treffen, um darüber nachzudenken, was für ein Gespräch Sie mit ihm führen möchten.

Wenn Sie sich die Benutzung von STOPs zur Gewohnheit gemacht haben, werden Sie feststellen, dass Sie sie häufig verwenden, und allmählich erkennen, dass Sie Ihre Probleme jetzt auf andere Weise angehen. Zum Schluss noch ein wichtiger Hinweis: Oft legen wir gerade dann keinen STOP ein, wenn wir ihn am nötigsten brauchen. In der Hitze einer Stresssituation, wenn der Stressmacher ununterbrochen auf Sie einredet, könnten Sie versucht sein, sich mitten in den Stress zu stürzen. Unter diesen Umständen fehlt es aber oft an klugen und klaren Entscheidungen. Am klügsten ist es dann, einen Schritt zurückzutreten und zunächst nachzudenken. Das Ergebnis wird stets besser sein, wenn Sie zu Ihren eigenen Bedingungen in den Stress gehen.

TOOL NR. 2: WIE EIN CHEF DENKEN

Sie erinnern sich sicher daran, dass wir darüber gesprochen haben, was es bedeuten würde, wenn Sie der Chef in Ihrem Leben wären, nach dem Motto »Hier habe ich das Sagen!«. Wenn wir uns in unseren Stress-Workshops mit dieser Aufgabe befassen, ist die Reaktion recht erstaunlich. Die Leute hängen sich dann voll rein. Manche richten sogar einen Raum für Chefsitzungen ein. Eine meiner Lieblingsgeschichten stammt von einem Manager mittleren Alters, der bei einem großen Unternehmen arbeitete. Er erzählte uns, dass er eine Stunde für ein Meeting mit seinen gedachten Stellvertretern in seinem fiktiven »Unternehmen« angesetzt habe und den Prozess nun durchspielen wolle. Bei unserer nächsten Sitzung beschrieb er uns, was er dabei entdeckt hatte.

»Unter anderem habe ich herausgefunden, dass ich mein Unternehmen zu demokratisch sein ließ! Ich hörte mir an, was gesagt wurde, und maß allem das gleiche Gewicht bei. Ich sagte immer wieder: ›Ja, das klingt gut, das klingt gut!‹ Als ich das erkannt hatte, begann ich, mehr Kontrolle auszuüben und zu sagen: ›Nein, wir werden es so machen!‹ Das war aber sehr schwierig, und nach einer halben Stunde überkam mich allmählich Müdigkeit.

Da mischte sich ein Geschäftsführungsmitglied mit Kritik ein: ›Eigentlich solltest du doch der Chef sein, aber damit kannst du gar nicht umgehen. Du bist völlig erschöpft, du brichst zusammen!‹

Ich sagte: ›Halte den Mund! Ich mache jetzt ein Nickerchen.‹ Nach einem Schläfchen von rund 15 Minuten kehrte ich erfrischt zurück. Ich schloss die Sache dann ab und beendete das Meeting. Das war interessant für mich. Ich weiß jetzt, dass ich mitten in einer Vorstandssitzung eine Pause einlegen kann.«

Diese Geschichte finde ich faszinierend. Seit ich diese Aufgabe mit Gruppen mache, habe ich gelernt, dass die Leute sich danach gut fühlen.

Sie genießen es, die Kontrolle zu haben. Das bereitet ihnen kein Kopfzerbrechen.

☛ Eine Aufgabe: Die Anwendung des Chef-Tools

Ich möchte Sie jetzt auffordern, sich vorzustellen, dass Sie der Chef in Ihrem Leben sind. Denken Sie daran, dass Sie der Einzige sind, der über die Mission, die Produkte/Dienstleistungen, die Geschäftspolitik, die Werte und die Prioritäten Ihres Unternehmens entscheidet. Der erste Schritt besteht darin, eine Besprechung mit Ihrem Vorstand und Ihrem Stab einzuberufen, bei der Sie die Tagesordnung festlegen. Sie dürfen den Chefsessel nicht an die für Beliebtheit, Gesundheit oder Erfolg zuständigen Stellvertreter abtreten. Sie können sich anhören, was sie sagen, aber Sie sind derjenige, der auf dem Chefsessel sitzt und letztendlich entscheidet.

1. Wie sieht Ihr grundsätzliches Leitbild aus?

Wer sind Sie? Was ist Ihre große Mission im Leben? Sie können sich das auch auf andere Weise fragen: Was würde Ihr »Unternehmen« erfolgreich und glücklich machen?

2. Was ist Ihr wichtigstes Produkt/wichtigster Service?

Was macht Ihr persönliches Unternehmen? Wo liegt Ihre Berufung? Das kann sich im Laufe der Jahre ändern, doch der springende Punkt ist, dass Sie die Entscheidungen treffen. Fangen Sie also damit an, dass Sie darüber nachdenken, was im Augenblick die Hauptaufgabe Ihres Unternehmens ist.

3. Wie sehen Ihre Politik und Ihre Werte aus?

Noch einmal: *Sie* treffen die Entscheidungen! Als Chef sind Sie in der Position, die Werte und die Politik, die Sie bisher benutzt haben, zu überdenken und jede Veränderung vorzunehmen, die Sie für gut befinden. Ziehen Sie damit nicht zu viel Macht an sich? Nein. Sie sind ja derjenige, der Ihre Werte gewählt hat, bewusst oder unbewusst, und Sie sind schon immer für sie verantwortlich gewesen.
Möglicherweise wird das einigen Ihrer Stellvertreter nicht passen. Einer könnte sagen: »Du verhältst dich, als würdest du über den Unterschied zwischen richtig und falsch entscheiden können – ist das denn nicht die Aufgabe von Gott?« Ah – aber welchen Gott wählen Sie, welche Philosophie, welche Prinzipien, welche politische Partei, welche Anschauungen und Ideale? Das mag nach ziemlich viel Arbeit klingen, aber genau das würden Sie doch machen, wenn Sie der Chef eines Unternehmens wären – glauben Sie nicht, dass Ihr Leben mindestens ebenso wichtig ist wie ein Unternehmen? Vielleicht haben Sie manche dieser Werte schon sehr früh in Ihrem Leben akzeptiert und noch nie bewusst über sie nachgedacht.

4. Was sind Ihre Prioritäten?

Welche Ziele Ihres Unternehmens sind Ihnen am wichtigsten? Worauf wollen Sie sich konzentrieren? Es könnte allzu leicht passieren, dass Sie auf das fixiert sind, was Ihrer Ansicht nach in diesem Augenblick die Priorität ist, und die menschlichen Grundbedürfnisse vergessen, insbesondere das Bedürfnis nach Selbstverwirklichung. Wenn Sie dieses Bedürfnis nicht beachten, kann sich aber das Erreichen anderer Prioritäten bedeutungslos anfühlen.

5. Über welche inneren und äußeren Ressourcen verfügt Ihr Unternehmen?

Alle Unternehmen besitzen Ressourcen. Sehen Sie sich noch einmal die Liste der inneren Ressourcen an, die Sie aufgestellt haben. Sie stehen Ihnen alle zur Verfügung. Wie stark stützen Sie sich auf sie? Welche haben Sie bisher ignoriert? Wie könnten Sie sie zu Ihrem Vorteil nutzen? Auf welche externen Ressourcen verlassen Sie sich? Verschaffen Sie sich dadurch den größtmöglichen Vorteil?

6. Wem gehören die Anteile an Ihrem Unternehmen?

Machen Sie eine Liste der Personen, die Anteile an Ihrem Unternehmen besitzen – der Leute, die Miteigentümer Ihres Lebens sind, die bei Ihrem Entscheidungsprozess mitreden können. Bewerten Sie Ihr Eigentum. Wem gehören die meisten Anteile – Ihrem Ehepartner, Ihren Eltern, Ihrem Vorgesetzten, Ihren Kindern? Möglicherweise sind die Eigentümer Ihres Unternehmens gar keine Menschen, sondern Aktivitäten, Konzepte oder sogar Süchte.

7. Was haben Sie für Ihre Anteile bekommen?

Welche Tauschgeschäfte haben Sie gemacht? Was haben Sie für Ihre Anteile bekommen? Anerkennung, Geld, Liebe, Freude? Oder haben Sie Anteile an den Alkohol, Drogen oder Medikamente verkauft, für ein Gefühl des Wohlbefindens und der Behaglichkeit? Auch hier haben Sie Wahlfreiheit. Es könnte beispielsweise sein, dass Sie zu Ihrem für die zwischenmenschlichen Beziehungen zuständigen Stellvertreter gesagt haben: »Ich brauche in meinem Leben Liebe!« Und er könnte erwidert haben: »Gut – dafür musst du alles tun, was Tom sagt, und genau so sein, wie Tom das möchte. Dann wirst du Liebe bekommen.« Möglicherweise werden Sie dann sagen: »Lass uns lieber andere Optionen betrachten.«

8. Wie können Sie Anteile zurückkaufen?

Wählen Sie einen Bereich, in dem Sie Ihrer Ansicht nach zu viele Anteile verkauft haben, und schreiben Sie auf, wie Sie sie zurückkaufen wollen. Falls Sie beispielsweise glauben, dass Sie bei einer Freundschaft zu viel Boden für Anerkennung preisgegeben haben, müssen Sie möglicherweise auf einen Teil der erwarteten Anerkennung verzichten, um Anteile zurückzubekommen. Wenn Sie Ihre Anteile zurückkaufen wollen, müssen Sie bereit sein, dafür zu bezahlen. Falls Sie Anteile an jemanden verkauft haben, damit er Sie mag, könnten Sie sagen: »Ich nehme meine Anteile zurück, auch wenn du mich dann vielleicht nicht mehr magst!« Das heißt nicht, dass Sie dann nicht mehr gemocht werden, sondern nur, dass Sie das Risiko eingehen, nicht mehr gemocht zu werden, um diese Anteile zurückzubekommen. Es ist nicht immer nötig, den Anteilseignern zu sagen, dass Sie Anteile zurückkaufen wollen. Oft werden sie gar nicht gemerkt haben, dass sie sie besitzen. Eine Erklärung Ihnen selbst gegenüber reicht aus, um die erforderlichen Verhaltensänderungen vorzunehmen.

Es wäre klug von Ihnen, wie alle Chefs von Zeit zu Zeit Sitzungen zum Stand der Dinge abzuhalten. Das bedeutet nichts anderes, als dass Sie auf dem Chefsessel sitzen und bestimmen, wie es weitergehen soll.

% verkauft	An wen?	Wofür?	Zurückkaufen	Aktion

AUS EINER PATIENTENAKTE
von Dr. John Horton

Sein Leben wieder selbst in die Hand nehmen

Meine Patientin Melanie war mindestens 20 Prozent der Zeit über krank. Wenn sie eine Erkältung hatte, wurde sie sie nicht etwa in einer Woche wieder los, sondern erst in drei. Eine allergische Reaktion dauerte bei ihr zwei bis drei Wochen. Wenn sie sich verletzte, verlief der Heilungsprozess schleppend. Für Melanie, die sehr gesundheitsbewusst war, gut aß und regelmäßig Sport trieb, war das ziemlich frustrierend. Sie konnte einfach nicht verstehen, dass sie so viele gesundheitliche Probleme hatte.

Ich lud Melanie zu unserem Stressseminar ein, denn ich dachte, das würde ihr helfen. Einige Monate später traf ich sie zufällig in einem Café in der Nähe, wo sie mit einer Gruppe von Freunden saß. Sie rief, ich solle doch an ihren Tisch kommen, und verkündete laut: »Dr. Horton, Ihr Stressseminar hat mir das Leben gerettet!«

Ich freute mich natürlich, doch die Intensität ihrer Worte verblüffte mich ein bisschen. Also fragte ich sie: »Was meinen Sie damit?«

Melanie antwortete mit sehr lauter Stimme: »Dank Ihnen lasse ich mich jetzt scheiden!«

Ich lachte nervös. »Sagen Sie das bitte nicht so laut! Ich möchte ja schließlich, dass weiter Leute zu unserem Stressseminar kommen.«

Melanie erklärte mir dann, das Seminar habe ihr die Augen geöffnet. Sie habe erkannt, dass sie ihre gesamte Energie für das Bemühen aufwendete, mit einem Mann auszukommen, der sie nicht respektierte und ihr gar nicht zuhörte. Seine Einstellung war: »Es geht nach mir – oder du gehst!«

Nachdem Melanie sich für die Scheidung entschieden hatte, kam sie nur noch selten zu mir in die Praxis. Als sie ihr Leben selbst in die Hand nahm, begannen ihre medizinischen Probleme nachzulassen. Ihr Mann war mit dieser Situation allerdings nicht so glücklich. Er suchte mich auf und sagte: »Herr Dr. Horton, sprechen Sie bitte mit meiner Frau und setzen Sie ihr den Kopf zurecht! Sie hat die verrückte Idee, dass sie allein besser dran sein wird, als wenn sie unter meinem Dach lebt und alles so macht, wie ich möchte.« Für Melanie war das jedoch keineswegs eine verrückte Idee – sie hatte wieder selbst Besitz von ihrem Leben ergriffen.

Der entscheidende Punkt beim Chef-Tool ist, dass es Ihnen helfen kann, frei und selbst für Ihr Leben verantwortlich zu werden. Oft ist es nicht leicht, uns einzugestehen, wo und wie wir unsere persönliche Freiheit und Verantwortlichkeit ausgehöhlt haben. Das bringt uns aber gigantische Vorteile. Solange wir uns unserer Unabhängigkeit als Individuen nicht sicher sind, ist es schwierig, gesunde Beziehungen zu entwickeln oder Mitglied eines effektiven Teams zu sein. Man kann gar nicht stark genug betonen, wie wichtig dieser Schritt ist. Unabhängigkeit ist unser wirksamster Schutz vor den Kräften des Stressmachers und für unsere körperliche Gesundheit und unsere mentale Stabilität von entscheidender Bedeutung.

TOOL NR. 3: DIE DREI FRAGEN ZUR KONTROLLE

Vor Kurzem fehlte bei einem unserer Stressseminare nach der Pause ein Teilnehmer. »Wo ist denn Joe?«, fragte ich. Eine der Teilnehmerinnen machte sich auf die Suche nach ihm; als sie zurückkam, berichtete sie: »Joe sagt, dass er am Telefon festhängt.« Wir hatten den ganzen Morgen darüber gesprochen, wie man der Chef in seinem eigenen Leben sein kann, und jetzt sagte er, er würde am Telefon »festhängen«! Da das Gefühl festzuhängen zu den belastendsten Faktoren gehört und er zugesagt hatte, nach den Pausen pünktlich zurückzukommen, schlug ich freundlich vor, er möge doch nach einer Möglichkeit suchen, den Kleister zu entfernen, durch den er »festhing«.
Wie oft haben Sie selbst das Gefühl festzustecken? In einem Job, einer Beziehung oder Verpflichtungen, mit einem grottenschlechten Blatt beim Kartenspiel, in Ihrem Leben? Und wie viel Stress entsteht dadurch, dass Sie nicht herauszufinden versuchen, wo Sie die Kontrolle haben und wo nicht?
Im Laufe des Tages gibt es Hunderte von Dingen, die außerhalb Ihrer Kontrolle liegen, aber Stress hervorrufen können:

- Sie haben keine Kontrolle über den Stau, durch den Sie zu spät zur Arbeit kommen.
- Sie haben keine Kontrolle über die Laune Ihres Vorgesetzten, die Ihnen den Tag verderben kann.
- Sie haben keine Kontrolle über den Zustand der Wirtschaft, der schwerwiegende Konsequenzen für Ihr finanzielles Wohl hat.
- Sie haben keine Kontrolle über das Wetter, das Ihnen Ihre Pläne für das Wochenende ruinieren kann.

Viele der Dinge, die wir gern unter Kontrolle hätten, haben etwas mit unseren Beziehungen zu anderen zu tun. Wenn Sie beispielsweise ein

Kind im Teenageralter haben, werden Sie erkennen, dass es große Probleme mit der Kontrolle gibt. Das ist naturgegeben. Teenager bemühen sich, erwachsen zu werden und sich durchzusetzen. Die Erwachsenen versuchen, dafür zu sorgen, dass sie dort heil und unversehrt hinkommen. Unterschiedliche Agenden ... Oft werden Teenager umso widerspenstiger, je stärker ihre Eltern sich bemühen, Kontrolle auszuüben. Vielleicht denken Sie jetzt ja: »Na, ich habe immerhin die Kontrolle über die Autoschlüssel!« Es gibt jedoch viele Dinge, über die Sie keine Kontrolle haben:

- die Einstellung Ihres Kindes,
- die Motivation Ihres Kindes,
- die Vorlieben und Abneigungen Ihres Kindes,
- die Achtung Ihres Kindes vor Ihren Ansichten,
- die Bereitschaft Ihres Kindes, Ihnen zuzuhören.

Wir wenden erstaunlich viel Energie für das Bemühen auf, die Kontrolle über Dinge zu bekommen, die wir nicht kontrollieren können. Wir sagen: »Weshalb kann diese Person nicht einfach so handeln, wie ich es will?« und regen uns fürchterlich darüber auf. Oder wir sind der Typ, der im Stau immer wieder auf die Hupe drückt, auch wenn das nicht dazu führt, dass der Verkehr wieder fließt.

DAS TOOL DER KONTROLLFRAGEN

Sie können sich durch ein einfaches Werkzeug von dem Stress befreien, in einer gegebenen Situation nicht die Kontrolle zu haben: Stellen Sie sich drei Fragen, und zwar in der aufgeführten Reihenfolge:

1. Was habe ich hier *nicht* unter Kontrolle?
2. Was *versuche* ich im Augenblick zu kontrollieren?
3. Was von dem, was ich derzeit nicht unter Kontrolle habe, *könnte* ich kontrollieren?

Das möchte ich Ihnen an einem Beispiel verdeutlichen.
Einer meiner Freunde, ein Börsenmakler, hatte beim Absturz des Marktes im Jahre 2008 sehr viel Geld verloren – und auch einen großen Teil des Zutrauens zu seiner Fähigkeit, erfolgreich mit Aktien zu handeln. Er hat mir erzählt, er habe manchmal stundenlang wie gelähmt vor seinem Bildschirm gehockt, habe nicht gut schlafen können und sich das schlimmste aller denkbaren Ergebnisse vorgestellt. Sein Verstand sei gerast und er sei davon besessen gewesen, auch die kleinste Bewegung am Aktienmarkt sofort mitzubekommen. Er habe sich gezwungen gefühlt, sich zu bemühen, zumindest einen Teil des Geldes, das er verloren hatte, wieder hereinzuholen. Sein Stressgrad war definitiv sehr hoch. Ich fragte ihn, ob er versuchen wolle, die Fragen zur Kontrolle zu benutzen, und er bejahte das. Seine Ergebnisse sahen dann so aus:

Was habe ich nicht unter Kontrolle?

Ich habe keine Kontrolle über

- die Schwankungen des Marktes,
- die globalen wirtschaftlichen Auswirkungen dieser Rezession,
- das Geld, das ich bereits verloren habe,
- die Ansicht meiner Klienten im Hinblick auf meine Fähigkeiten,
- die inneren Stimmen, die sagen, ich sei ein Versager,
- meine Gefühle gegenüber dieser Situation.

Was versuche ich zu kontrollieren?

- Meine Gedanken dazu, wann ich kaufen und verkaufen sollte.
- Meine Gedanken über eine katastrophale Zukunft.
- Meine Fähigkeit, meinen Klienten Sicherheit zu bieten.

Was von dem, was ich derzeit nicht unter Kontrolle habe, könnte ich kontrollieren?

Ich könnte

- die Situation so akzeptieren, wie sie nun mal ist,
- Pausen einlegen, in denen ich nicht vor dem Computer hocken würde,
- mir ein Wochenende freinehmen und dann mit einer anderen Einstellung zurückkehren,
- Medikamente nehmen, damit ich besser schlafen kann und meine Angst abnimmt,
- versuchen, mich, meine Selbstachtung und den Markt voneinander zu trennen,
- aufhören, mein eigenes negatives Denken zu beachten,
- mir für den Handel in diesem unbeständigen Markt realistische Ziele setzen,
- aufhören, über das zu jammern, was sich nicht mehr ändern lässt,
- – nachdem ich mich entspannt habe – meine Kreativität benutzen, um über Optionen nachzudenken.

Mein Freund entdeckte zu seiner Freude, dass er sehr vieles von dem kontrollieren konnte, was seine geistige und seelische Verfassung – die ihn, wie ihm bewusst geworden war, ebenso quälte wie der Niedergang des Marktes – verbessern würde. Er handelte dann bei dem, was er kontrollieren *konnte*, und gewann dadurch wieder ein Gefühl des Selbstvertrauens, auf dessen Grundlage er aus einer schlechten Situation das Beste machen konnte.
Viele Leute fühlen sich angesichts einer schwierigen Situation klein und hilflos – zumindest aber bescheiden –, nachdem sie die beiden ersten Fragen beantwortet haben. Wenn Sie dabei gute Arbeit geleistet haben, wird Ihnen die letzte Frage aber die Chance zur Reflexion bieten, und die dürfte Ihnen Möglichkeiten eröffnen, die Sie bis dahin nicht erkannt haben. Das reicht dann, um Sie wieder auf den Weg zu einem realistischen Gefühl der Kontrolle zu bringen. Gewöhnlich stellen die Leute fest, dass diejenigen Dinge, über die sie keine Kontrolle haben, sich außerhalb von ihnen befinden, während die Dinge, die sie bisher nicht kontrolliert haben, aber kontrollieren könnten, in ihrem Inneren liegen.

Und das Ergebnis wird stets besser sein, wenn Sie zu Ihren eigenen Bedingungen in Stresssituationen gehen.

☛ Eine Aufgabe: Benutzen Sie die Fragen zur Kontrolle

Wählen Sie eine Situation, die bei Ihnen erheblichen Stress verursacht, und betrachten Sie sie aus der Perspektive der drei Kontrollfragen. Genießen Sie diesen Prozess. Denken Sie daran, dass nichts dagegen einzuwenden ist, den Humor zu Ihrem Gefährten zu machen. Lachen zu können kann das Tor zum Verständnis und zur Bescheidenheit sein.

1. Was habe ich in dieser Situation nicht unter Kontrolle?

Legen Sie eine Liste mit allem an, was Ihnen dazu einfällt, einschließlich der Einstellungen und Aktionen anderer Menschen.

2. Was versuche ich im Augenblick zu kontrollieren?

Schreiben Sie eine Liste von allem, was Sie derzeit zu kontrollieren versuchen – auch der Dinge, die bereits auf Ihrer Liste der Faktoren stehen, über die Sie keine Kontrolle haben.

3. Was von dem, was ich derzeit nicht unter Kontrolle habe, könnte ich kontrollieren?

Erstellen Sie eine Liste mit den Dingen, die Sie kontrollieren könnten, an die Sie bisher aber in diesem Zusammenhang gar nicht gedacht haben. Sie werden sich oft in Form einer blitzartigen Erkenntnis zeigen. Sie sollten nicht überrascht sein, falls es sich dabei um einen inneren Aspekt handelt, an dessen Kontrolle Sie noch nicht gedacht haben.
Benutzen Sie die Kontrollfragen, um Klarheit und Optionen zu gewinnen. Wenn Sie den Fokus auf das legen, was Sie kontrollieren können, statt auf das, was Sie nicht kontrollieren können, werden sich neue

Wege öffnen. Vielleicht werden Sie dann erstaunt feststellen, dass Sie anfangen, Faktoren zu beeinflussen, die bis dahin außerhalb Ihrer Reichweite zu liegen schienen.

In unseren Stressseminaren benutzen wir ein beeindruckendes Zitat von Epiktet, der im Jahre 55 n. Chr. als Sklave geboren und einer der berühmtesten römischen Philosophen wurde. Das Zitat stammt aus dem ersten Kapitel von Epiktets Buch *Die Kunst, vernünftig zu leben*; es ist ein wundervolles Beispiel - nicht nur im Hinblick auf die Frage, was wir in unserem Leben kontrollieren können, sondern auch darauf, dass schlichte Weisheit über Zeitalter hinweg bestehen bleiben kann. Epiktet hätte sich auf das Inner Game beziehen können, als er schrieb:

> Glück und Freiheit beginnen damit, dass wir ein einziges Prinzip klar verstehen: Manche Dinge liegen innerhalb unserer Kontrolle, andere hingegen nicht. Erst wenn wir uns dieser fundamentalen Regel gestellt und gelernt haben, zu unterscheiden zwischen dem, was wir kontrollieren, und dem, was wir nicht kontrollieren können, sind innere Gelassenheit und effektives Handeln möglich.
>
> Innerhalb unserer Kontrolle liegen unsere eigenen Ansichten, Bestrebungen, Wünsche und Abneigungen. Diese Bereiche sind völlig zu Recht unsere Sache, denn sie sind unserem Einfluss direkt unterworfen. Im Hinblick auf den Inhalt und das Wesen unseres inneren Lebens haben wir immer Wahlfreiheit.
>
> Außerhalb unserer Kontrolle liegen jedoch Dinge wie unser Körpertyp, ob wir in Reichtum hineingeboren werden oder zu Geld kommen, wie andere uns betrachten und welchen Status wir in der Gesellschaft haben. Wir müssen uns daran erinnern, dass diese Dinge Äußerlichkeiten und deshalb nicht unsere Sache sind. Das Bemühen, Dinge zu kontrollieren oder zu ändern, bei denen uns das nicht möglich ist, bringt uns nur Qualen.

TOOL NR. 4: EINE NEUE EINSTELLUNG AUSPROBIEREN

Jeder von uns hat Einstellungen – das ist eine Konstante. Eine *Einstellung* besteht aus festen Gedanken und Konzepten, die unsere Wahrnehmungen, Gefühle, Reaktionen und Verhaltensweisen beeinflussen.

Wir haben Einstellungen gegenüber dem, was wir tun: Sind wir gut genug, um das zu machen? Wollen wir es machen? Ist das anstrengend? Wir haben auch Einstellungen gegenüber dem, was uns passiert und wie das Leben uns behandelt. Wenn wir morgens aufwachen, haben wir bereits eine Einstellung. Vielleicht, dass an diesem Tag alles wunderbar – oder ganz schlecht – laufen wird.

Wir haben auch Einstellungen gegenüber uns selbst – nicht nur gegenüber dem, was wir machen oder was uns passiert, sondern auch im Hinblick auf die Frage, wer wir sind.

Unsere Einstellung beeinflusst alles, was wir im Laufe eines Tages tun. Viele Leute denken, ihre Einstellung sei einfach da. Sie sei ein Teil davon, wer sie sind. Wenn Sie aber erkennen, dass Sie der Chef in Ihrem eigenen Leben sind, haben Sie die Freiheit, darüber nachzudenken, wie Sie zu einer bestimmten Einstellung gekommen sind, und alle Änderungen durchzuführen, für die Sie sich entscheiden.

Wir nehmen jetzt einfach mal an, dass Sie unter enormem Stress stehen und sich verzweifelt bemühen, Ihre Gedanken und Gefühle in den Griff zu bekommen. Wir können uns das an einem Flugzeug verdeutlichen, das durch Turbulenzen fliegt. Die Fächer über den Sitzen springen auf, Taschen (Gedanken und Gefühle) ergießen sich in die ganze Kabine. Sie bemühen sich angestrengt, sie wieder in die Fächer zu stopfen, doch sobald Ihnen das gelingt, purzeln noch mehr heraus. Sie können das Chaos nicht bewältigen, da die *Einstellung* des Flugzeugs schief ist – die Nase zeigt zu stark nach unten oder nach oben. Die Kontrolle über die Einstellung des Flugzeugs können Sie nur zurückgewinnen, wenn Sie sich bewusst werden, wie es ausgerichtet ist, und dann den Steuerknüppel finden.

Was können Sie tun, wenn Ihre Einstellung Ihnen nicht gefällt? Dann reicht es schon, sich ihrer bewusst zu werden – das macht Veränderungen überhaupt erst möglich und ist letztendlich auch leichter.
Eine Übung, die wir in unserem Stressseminar gerne anwenden, heißt »Eine neue Einstellung ausprobieren«. Die Anweisungen sind einfach. Einer der Teilnehmer erzählt von einer Situation, die ihn überforderte, und stellt eine möglichst zutreffende Vermutung über die vorherrschende Einstellung an. Dann schlagen die anderen Teilnehmer alternative Einstellungen vor, die zu der Situation passen könnten. Die erste Person hört zu, ohne die Vorschläge zu beurteilen; sie probiert sie alle aus, erspürt, wie sie sich anfühlen, und wählt dann einige, die sich für sie gut anfühlen.
In unserem Seminar haben wir diese Übung mit Fred gemacht, einem Zeitschriftenredakteur. Er war sehr kompetent, befand sich aber gerade in einer Flaute – er hatte keinen Job. Er nahm Kontakt zu allen Leuten auf, die er kannte, doch keiner von ihnen hatte Arbeit für ihn. Allmählich bekam er Angst im Hinblick auf seine finanzielle Situation und befürchtete sogar, dass er obdachlos werden könnte. Das hatte er schon oft durchgemacht, und es hatte sich immer irgendetwas ergeben; doch er wurde ja älter, und sein Selbstvertrauen war eindeutig erschüttert. Ich fragte ihn nach seiner Einstellung, und er erwiderte: »Meine Einstellung ist, dass diese gefährliche und erschreckende Sache mich in ihrer Gewalt hat!«
Ich bat dann die anderen Teilnehmer, neue, frische Einstellungen vorzuschlagen; Fred sollte sie, als würde er sich einen Anzug kaufen, einzeln anprobieren und schauen, wie sie passten und sich anfühlten. Das Ziel bestand nicht darin, die richtige Einstellung zu finden, sondern einfach eine, die sich gut anfühlte.
Einer der Teilnehmer schlug »Das Universum beschützt mich!« vor, eine Einstellung des absoluten Vertrauens, dass alles gut werden würde. Damit konnte Fred nichts anfangen. Er erwiderte: »Ich bin hier im falschen Laden!« Doch dann machten andere Teilnehmer Vorschläge, mit denen Fred etwas anfangen konnte:
»Das ist eine Chance, sich eine neue Einkommensquelle zu erschließen.«
»Ich muss das Denken in den ausgefahrenen Gleisen aufgeben, um eine Lösung zu finden.«
»Ich könnte mich wegen dieser Herausforderung an das kreative Genie wenden, das ich mir gewöhnlich für die Arbeit an den Magazinen aufspare.«

Bald hatte Fred eine neue, frische Einstellung, in der er sich gut fühlte: »Das ist eine Chance, mir eine neue Einkommensquelle zu erschließen; ich werde das Denken in den ausgefahrenen Gleisen aufgeben und meine Kreativität benutzen, um sie zu finden.« Er fühlte sich jetzt viel hoffnungsvoller und dankte der Gruppe für ihre Hilfe. Als ich ihn das nächste Mal sah, sagte er beiläufig: »Ach übrigens – ich habe einen neuen Job!«

Sherry, die dasselbe Seminar besuchte, erzählte von ihrem Kampf mit ihrem Sohn. »Zu seinen Problemen gehört ein hormonelles Ungleichgewicht, durch das er einen dicken Bauch bekommen hat. Seine Körperhaltung ist schlecht, und das verschärft seine Probleme.« Sie gab zu, dass sie oft Wut verspürte. Sie hatte das Gefühl zu wissen, was für den Jungen am besten war – doch er arbeitete einfach nicht mit. Wir sprachen dann über verschiedene Einstellungen, die Sherry ausprobieren konnte.

Sie konnte Mitleid mit ihrem Sohn empfinden, doch davon hielt sie gar nichts.

Sie konnte versuchen, in Ruhe mit ihm über seine körperlichen Probleme zu sprechen. Nein, das hatte sie schon versucht und es hatte nicht funktioniert.

Sie konnte bescheiden sein. Er war zwar nicht der Sohn, den sie bestellt hatte, doch er war ein ganz besonderer Mensch. Das gefiel ihr.

Sie konnte ihren Sohn mit anderen Augen betrachten – nicht auf das Äußere schauen, sondern auf seine inneren Qualitäten. Auch das gefiel ihr.

Sherry räumte ein, dass sie ihre Aufmerksamkeit bisher so stark auf den Körper ihres Sohnes gerichtet hatte, dass sie nicht in der Lage gewesen war, ihn als Person zu würdigen.

EINE NEUE EINSTELLUNG IST IMMER MÖGLICH

Edd hat eine sehr rührende und lehrreiche Geschichte über seinen damals zehnjährigen Enkel Austin erzählt. Der Junge war eines Tages völlig verzweifelt von einem Pfadfindertreffen nach Hause gekommen. »Ich habe keine Freunde! Ich werde niemals Freunde haben!«, klagte er. Edd versuchte herauszufinden, was passiert war. Austin sagte, sein bester Freund sei hinter seinem Rücken über ihn hergezogen und nun würden sich alle über ihn lustig machen. »Mich mag niemand!«, schluchzte er. Edd bemühte sich, ihm zu helfen, die Situation anders zu sehen, doch er wurde nur noch wütender und unglücklicher.

Dann fragte Edd ihn: »Kennst du das Gedicht ›Wenn ...‹ von Rudyard Kipling?« Nein, davon hatte Austin noch nie gehört. Edd schlug daraufhin vor, dass er es sich im Internet ansehen solle. Das entlockte ihm endlich ein Lächeln. »Gut, aber das darfst du Mama nicht erzählen!« Eigentlich durfte er zu dieser Tageszeit nämlich nicht ins Internet gehen, doch Edd hatte das Gefühl, dass diese Lektion es rechtfertigte, gegen die Regeln zu verstoßen.

Austin fand das Gedicht, und sie lasen es dann zusammen, Vers für Vers:

> Wenn du den Kopf bewahrst, ob rings die Massen
> Ihn auch verlieren und nach Opfern schrei'n;
> Dir treu sein kannst, wenn alle dich verlassen,
> Und dennoch ihren Wankelmut verzeih'n. ...
> Lässt dich mit Lügnern nie auf Lügen ein;
> Kannst du dem Hasser deinen Hass versagen ...

Edd konnte spüren, dass die Energie seines Enkels sich völlig veränderte, während sie das Gedicht lasen. Als sie zu den letzten Zeilen kamen, war er wieder der Alte:

> Dein ist die Erde dann mit allem Gute,
> Und was noch mehr mein Sohn: Du bist ein Mann!
> (Übertragen von Lothar Sauter
> http://www.staff.uni-mainz.de/pommeren/Gedichte/wenn.html)

Austin druckte sich das Gedicht aus und sagte: »Ich will es mir immer ansehen können, wenn ich es brauche!« Er hätte es gern über seinem Bett an der Decke befestigt, aber dafür war die Schrift zu klein. Er heftete es dann direkt neben seinem Bett an die Wand und genoss den Rest des Tages.

Edds Erlebnis mit seinem Enkel zeigt, wie einfach und natürlich es sein kann, von einer Einstellung der Verzweiflung zu einer der Akzeptanz und der Herausforderung zu wechseln.

Eine Aufgabe: Das Tool »Eine neue Einstellung ausprobieren«

Wählen Sie eine Situation in Ihrem Leben, die viel Stress hervorruft und Ihre innere Stabilität erschüttern könnte. Daran kann eine andere Person beteiligt sein, ein Job oder eine Aktivität, vor der Sie Angst haben. Es kann etwas Großes oder auch etwas Kleines sein. Beschreiben Sie den Stress.

Denken Sie ehrlich über Ihre derzeitige Einstellung nach. Es könnte sein, dass Sie dafür weit in die Tiefe gehen müssen, doch wenn Sie sie gefunden haben, werden Sie das wissen. Dann wird es bei Ihnen nämlich klicken. Schreiben Sie sie sich auf.

Befassen Sie sich nun mit Ihren inneren Ressourcen. Üben Sie, unterschiedliche Einstellungen zu finden und auszuprobieren. Ein Beispiel: Falls Ihre typische Einstellung Groll ist, wie würde es aussehen, wenn Sie eine Einstellung der Dankbarkeit anlegen würden, bevor Sie in die Situation gehen? Probieren Sie so lange Einstellungen aus, bis Sie eine finden, die passt und sich für Sie gut anfühlt. Sie wissen ja, dass Angst-, Frustrations- und Schmerzgefühle das Stresssystem aktivieren. Wenn Sie aber eine Einstellung haben, die sich für Sie gut anfühlt, wird sie Sie vor dem Stresssystem und seinen eingeschränkten Reaktionen wie Kämpfen, Fliehen oder Erstarren schützen.

AUS EINER PATIENTENAKTE
von Dr. Edd Hanzelik

Eine neue Einstellung

Paul hatte zweimal so starke Schmerzen in der Brust erlebt, dass man ihn ins Krankenhaus gebracht hatte. Er befürchtete, dass er etwas Ernstes haben könnte, doch bei den Tests ergab sich nichts. Die Schmerzen kamen also offensichtlich nicht von seinem Herzen.

Ich fragte Paul: »Was verstehen Sie im Hinblick auf diese Schmerzen?«

Er antwortete: »Dass das keine körperliche Sache ist.«

Ich sagte: »Nach dem, was Sie mir erzählt haben, kann ich Ihnen versichern, dass es eine körperliche Sache *ist*! Es kommt vielleicht nicht von Ihrem Herzen, aber Sie haben echte Schmerzen in Ihrem Körper.« Vielen Patienten fällt es schwer zu akzeptieren, dass Stress körperliche Auswirkungen hat – dass er sich nicht »nur im Kopf« abspielt.

Ich fragte Paul dann nach seinem Stressgrad. Er sagte als Erstes, er hasse seinen Job. Er war Schauspiellehrer, ein zupackender Mensch, der seiner Arbeit Leidenschaft entgegenbrachte. Aufgrund der finanziellen Kürzungen beim Schulsystem lehrte er jetzt aber nicht mehr Schauspiel, sondern Keyboard und Zeichnen, in einem Raum ohne jegliche Ausstattung für das Zeichnen; außerdem beaufsichtigte er die Schüler einmal in der Woche in der Mittagspause und zweimal bei den Hausaufgaben. Das alles war für ihn uninteressant und so langweilig, dass es schmerzte. Er sagte: »Ich habe überhaupt keine Kontrolle. Keine Kontrolle über den Direktor, die Regeln, die Finanzen. Ich kann kaum etwas kontrollieren!«

Ich fragte ihn: »Was von dem, was Sie derzeit nicht kontrollieren, könnten Sie kontrollieren?« Sein erster Gedanke war, obwohl er das abtun wollte, seine Einstellung. Ich verwendete einige Zeit darauf und führte ihn durch die entsprechende Übung. Ich schlug ihm in rascher Folge mögliche Einstellungen vor, die er ausprobieren sollte. Diejenige, die sich für ihn gut anfühlte, war: »Das passiert aus irgendeinem Grund, und ich kann davon profitieren.« Zuerst konnte er sich überhaupt nicht vorstellen, dass er aus seiner beruflichen Situation einen Nutzen ziehen könnte, doch er öffnete sich, probierte die Einstellung aus und kam zu dem Schluss, dass sie sich recht gut anfühlte.

»Was ist mit den Schmerzen? Können Sie auch da eine neue Einstellung annehmen?«, fragte ich. Zuerst hielt er das nicht für möglich, doch dann dachte er, sie könnten ihn an irgendetwas erinnern. Ich sagte, vielleicht sei das ja ein Barometer für seinen Stress. Das gefiel ihm.

Paul hatte jetzt also viel zu überdenken und zudem mehrere neue Tools und »frische« Einstellungen, die auszuprobieren waren. Ich regte ihn dazu an, vor dem nächsten Schuljahr, das in drei Wochen beginnen würde, eine neue Einstellung zu entwickeln. Er erkannte zu seiner Erleichterung, dass er nicht hilflos war, dass er etwas gegen seinen Stress tun konnte. Im Laufe des Schuljahrs konnte er den Stress, den er erlebte, dann beträchtlich reduzieren. Er änderte seine Einstellung und konzentrierte sich auf das, was er kontrollieren konnte. Außerdem entdeckte er erfreuliche Aspekte an seiner Arbeit und begann, es zu würdigen, dass jetzt weniger von ihm verlangt wurde.

Das ist ein verbreiteter Stresstyp, bei dem wir feststellen, dass wir uns nicht daraus befreien können, etwas zu tun, was wir nicht tun wollen. Oft sehen wir nicht, dass der Stressmacher die Situation verschlimmert. Schon eine einfache Veränderung der Einstellung kann dann häufig Erleichterung bringen. Bei Paul wurde eine Situation, die unerträglich gewesen war und zu seinen heftigen Brustschmerzen beigetragen hatte, in etwas Erträgliches und sogar Vorteilhaftes verwandelt. Sein Problem verschwand zwar nicht über Nacht, doch er war zuversichtlich, dass er es im Laufe der Zeit lösen können würde.

Wenn Menschen eine Einstellung finden, die sich angenehm anfühlt, überrascht es sie, wie leicht es ist, sie anzunehmen. Es kann zwar passieren, dass sie in ihre alte Einstellung zurückfallen, doch sobald sie das merken, können sie zu ihrer neuen zurückkehren. Das ist eine wichtige Komponente des persönlichen Schildes; sie hilft, eine Stressquelle zu ermitteln und einen Schutz gegen sie zu errichten. Für mich hat das Einstellungs-Tool ungeheure Kraft. Es hilft mir, daran zu denken, dass ich die Kontrolle über meine Einstellung habe, die so viel in meiner Welt beeinflusst. Dass man die eigene Einstellung erkennt, ist der erste und wichtigste Schritt. Wenn wir die Einstellung und die Notwendigkeit einer Veränderung sehen, ist die Veränderung selbst verhältnismäßig einfach. Manchmal reicht es schon, dass ich erkenne, ob mein Flugzeug nach oben oder nach unten ausgerichtet ist oder waagerecht liegt. Die erforderliche Anpassung erfolgt dann fast automatisch.

TOOL NR. 5: DER ZAUBERSTIFT

Das Zauberstift-Tool benutze ich am Beginn fast aller Tage und zudem immer dann, wenn ich Zugang zu meinen Ressourcen brauche. Es handelt sich um eine ganz einfache Sache, für die man nur einen Stift und Papier und einen ruhigen Ort braucht. Ich sage oft, dass dabei »Selbst 2 schreibt«.

Eine Aufgabe: Das Zauberstift-Tool

1. Wählen Sie irgendeinen schwierigen Umstand, der Sie beschäftigt. Dabei kann es sich um eine Person oder eine Sache handeln, um etwas Großes oder Kleines – alles, wofür wir statt der üblichen Kommentare von Selbst 1 ein bisschen Klugheit brauchen. Wir wollen mal annehmen, dass Ihr Sohn, der in die neunte Klasse geht, eine schlechte Mathenote nach Hause bringt.
2. Nehmen Sie sich ein bisschen Zeit, um das Gespräch aufzuschreiben, das Sie normalerweise über diese Situation führen würden – den laufenden inneren Dialog. Machen Sie das so lange, bis Ihr Selbst 1 am Ende seiner Konzepte und Ideen angekommen ist. Es könnte sagen: »Ich wusste, dass der Junge seine Hausaufgaben nicht gemacht hat, obwohl er das behauptete. Ich muss hier wirklich mal hart durchgreifen, sonst wird garantiert nichts aus ihm. Er hat hier schon viel zu lange seinen Kopf durchgesetzt. Ich muss ihm zeigen, wer hier das Sagen hat. Wenn ich ihm das durchgehen lasse, wird er denken, dass er mit allem durchkommt …«
3. Wenn Ihr Selbst 1 seine Gedanken zum Ausdruck gebracht hat, halten Sie bitte inne und stellen Sie sich vor, Sie könnten Ihren Stift mit ausgewählten inneren Fähigkeiten ausstatten. Mit *Ihren* inneren Fähigkeiten. Ich wähle oft Klarheit, Mitgefühl und Offenheit, doch Sie kön-

> nen sich für jede Qualität von Ihrer Liste der inneren Ressourcen entscheiden. Stellen Sie sich vor, dass Sie Ihren Stift nacheinander in die von Ihnen gewählten Ressourcen tauchen. Denken Sie dann an nichts und erlauben Sie Ihrem Stift, eine Botschaft für Sie zu schreiben. Denken Sie nicht darüber nach – lassen Sie Ihren Stift einfach über das Papier gleiten. Falls Sie feststellen sollten, dass Sie nichts zu schreiben haben, schreiben Sie bitte einfach weiter. Zensieren Sie das, was der Zauberstift schreibt, nicht. Falls Sie Ihren Zauberstift mit Gelassenheit, Geduld und Empathie ausstatten, könnten Sie beispielsweise schreiben: »Ich weiß, dass es schwer ist, ein Kind zu sein. Es gibt so viele Ablenkungen, so viele Dinge, die nach mehr Spaß aussehen als die Arbeit für die Schule. Dass er lieber fernsehen als seine Hausaufgaben machen will, bedeutet nicht, dass er ein schlechter Mensch ist. Ich kann ihm helfen, eine Umgebung zu erschaffen, in der es für ihn leichter ist, sich zu konzentrieren, wenn er das muss, und Spaß zu haben, wenn die Zeit dafür gekommen ist. Keine Machtkämpfe mehr ...«

Durch das Zauberstift-Tool können wir auf sehr praktische Weise lernen, wie wir unsere inneren Ressourcen anzapfen können. Es kann Ihnen helfen, zwischen dem Ton und dem Inhalt der Stimmen Ihres Selbst 1 und Ihres Selbst 2 zu unterscheiden. Wenn Sie das, was Ihr Zauberstift geschrieben hat, mit dem vergleichen, was Sie selbst geschrieben haben, werden Sie vielleicht feststellen, dass Ihnen einiges von dem, was von Ihrem Selbst 1 kommt, gefällt und einiges von dem, was von Ihrem Selbst 2 stammt, nicht. Das macht gar nichts. Es gab ja in beiden Fällen keine Zensur. Ziehen Sie einfach Kreise um die Teile, die sich für Sie gut anfühlen und in Ihren Augen Sinn ergeben. Natürlich geht es hier nicht um Zauberei, sondern um eine Kunst, die wir aus unseren Erfahrungen lernen.

Ich habe mal ein großes internationales Publikum, das aus Buchprüfern bestand, aufgefordert, die Aufgabe mit dem Zauberstift zu machen; danach sollten die Leute vorlesen, was ihr Selbst 2 geschrieben hatte. Als Erstes stand ein Osteuropäer auf und entschuldigte sich dafür, dass er keine Prosa habe schreiben können. Es folgten dann Worte, die die Schönheit und den Rhythmus eines kunstvollen Gedichts hatten und einem großen Teil des Publikums, das ja mit Zahlen arbeitete, die Tränen in die Augen trieben. Wenn Selbst 2 nicht gefiltert wird, kann es voller Überraschungen stecken!

AUS EINER PATIENTENAKTE

von Dr. John Horton

Eine heilende Perspektive

Vor einiger Zeit kam Joan zu mir, eine Frau Anfang 30, die eine Schwellung im Nacken hatte. Es erwies sich, dass sie die Hodgkin-Krankheit hatte, die sich behandeln und heilen lässt. Die Schwellung wurde entfernt; es folgte eine lange Chemotherapie und sie begann, mich regelmäßig aufzusuchen. Für mich bestand die Rolle des Arztes nicht darin, die Krankheiten der Patienten zu managen. Ich betrachtete mich vielmehr als Coach.

Als Joans Krankheit diagnostiziert wurde, befand sie sich in einem Zustand völliger Erschöpfung. Wenn einer ihrer Kollegen sie um etwas bat, sagte sie immer Ja. Nun begann sie aber zu begreifen, dass sie sich jetzt um sich selbst kümmern musste und nicht um andere Leute. Mit dieser Erkenntnis trat eine phänomenale Veränderung ein. Als ich sie aufforderte, vom Standpunkt ihres Selbst 2 aus zu schreiben, unter Benutzung des Zauberstifts, schrieb sie: »Das ist nichts, wovor man Angst haben müsste. Es ist so, wie es ist. Es ist natürlich, Angst zu verspüren, und sogar Wut darüber, dass diese Krankheit dich davon abhält, das zu tun, was du normalerweise tust. Doch diese Gefühle sind nicht *du*. Es sind einfach Gefühle, die zeigen, wie wichtig dir dein Leben ist. Du hast jetzt Zeit für dich selbst und kannst dich auf eine Weise um dich kümmern, die du dir bisher nicht zugestanden hast. Du kannst sogar Spaß haben und dir von deinem Mann und deiner Familie helfen lassen. Dann werden sie sich gut fühlen. Diese Krankheit wird vorübergehen, und du kannst deine Ausfallzeit gut nutzen.«

Meiner Ansicht nach kann kein Zweifel daran bestehen, dass Joans heilende Einstellung unmittelbar dazu beitrug, dass sie sich schnell erholte. Es gibt zahlreiche medizinische Untersuchungen, die zeigen, dass die Einstellung der Schlüsselfaktor beim erfolgreichen Umgang mit einer ernsten Krankheit ist.

TOOL NR. 6: DER ROLLENTAUSCH IM KOPF (TRANSPOSING)

Bei allen Stressoren, an denen andere Menschen beteiligt sind – und es lässt sich ja nicht leugnen, dass das nur bei ganz wenigen nicht der Fall ist –, ist es effektiv, die Situation mit den Augen der anderen Person zu betrachten. Jeder von uns nimmt die Realität durch seine eigene Brille wahr, zu der seine Gedanken, Gefühle und Absichten gehören. Als Menschen erkennen wir jedoch, dass andere Leute andere Standpunkte haben als wir selbst, und können uns bemühen, sie zu verstehen. Die Fähigkeit, Situationen mit den Augen des anderen zu betrachten – *Empathie* –, gehört zu den stärksten menschlichen Qualitäten. Empathie bewirkt nicht nur, dass wir uns sehr gut fühlen, sondern eröffnet uns auch ein breiteres Kommunikationsspektrum.

DAS TOOL DES GEDACHTEN ROLLENTAUSCHS (TRANSPOSING)

Wer dieses Werkzeug benutzen will, muss drei Fragen aus der Perspektive der anderen Person beantworten. Bei diesen Fragen geht es um drei fundamentale Perspektiven des Menschseins – Denken, Fühlen und Wollen. Versetzen Sie sich in den anderen hinein und fragen Sie unter Benutzung der ersten Person:

- Was denke ich im Augenblick?
- Was fühle ich im Augenblick?
- Was will ich im Augenblick?

Diese Fragen unterstützen Sie dabei, Situationen mit den Augen des anderen zu sehen und auf Ihre Empathie zurückzugreifen. Sie erweitern auch Ihr Spektrum bei der Kommunikation mit dem anderen; selbst wenn Sie seine Ansichten nicht teilen, hilft es, sich darüber im Klaren zu sein, woher seine Meinung kommt. Ein Sprichwort aus der Welt der amerikanischen Indianer lautet: »Beurteile niemanden, solange du nicht eine Meile in seinen Mokassins gelaufen bist!« Das trifft den Nagel auf den Kopf.

Ich erinnere mich an ein Gespräch mit Derek, der als Vertriebsleiter bei einem Software-Unternehmen arbeitet. Der Managementstil seines Chefs – der sehr aggressiv und kritisch war – frustrierte ihn enorm. Ich fragte ihn, weshalb sein Chef sich seiner Ansicht nach so verhielt. Er zuckte mit den Achseln und antwortete: »Er ist einfach ein ganz schlechter Manager!« Ob diese Beurteilung nun zutraf oder nicht – sie half Derek nicht, gute Leistungen zu erbringen, und gab ihm auch keine Anhaltspunkte dafür, wie er seinen eigenen Stress verringern konnte. Deshalb bat ich ihn, sich für einen Moment in seinen Chef hineinzuversetzen. »Sie sind der Chef, Sie sitzen an Ihrem Schreibtisch und erwarten Ihren Vertriebsleiter Derek zu einem Gespräch. Was denken Sie in diesem Augenblick?«

Derek dachte eine Minute lang darüber nach und erwiderte dann: »Ich denke, dass der Absatz im Laufe des letzten Jahres um 20 Prozent zurückgegangen ist und dass wir uns bemühen müssen, ihn wieder nach oben zu treiben.«

»Gut!«, sagte ich. »Was fühlen Sie in diesem Augenblick?«

»Ich fühle mich angespannt und mache mir Sorgen um meinen Job.«

»Was soll das Gespräch mit Derek Ihnen also bringen?«

»Ich will wohl, dass Derek mir hilft, aus diesem Schlamassel herauszukommen!«, antwortete er nachdenklich. »Allein kann ich das nicht schaffen.«

Diese Übung hatte tief greifende Auswirkungen auf Derek. Er begann jetzt, seine eigene Rolle anders zu sehen – nicht nur als Objekt des Zorns seines Chefs und als Opfer seiner Situation, sondern als eine Person, die sein Chef für seinen eigenen Erfolg und den Erfolg des Unternehmens brauchte.

Der gedachte Rollentausch ist besonders für die freundschaftlichen und familiären Beziehungen nützlich. Bei diesen Beziehungen wird ja die meiste Liebe ausgetauscht, doch dort können auch die größte Feindschaft und der größte Stress auftreten. Wenn Sie das Tool effektiv benutzen wollen, darf es hinter Ihren Anstrengungen keine manipulativen Motive geben – nur den aufrichtigen Wunsch, den anderen zu verstehen.

Vor langer Zeit gab es zwischen meiner Schwester und ihrer 16-jährigen Tochter Streit darüber, zu welcher Zeit sie im Sommer zu Hause sein musste. Meine Nichte ging mit einem jungen Mann und wollte bis 23 Uhr wegbleiben dürfen. Ihre Mutter hingegen wollte, dass sie spätestens um 22 Uhr zurück war. Meine Schwester bat mich um Rat, denn sie wollte diesen ständigen Streit gern beilegen. Sie sagte: »Wenn ich bei dieser Sache nachgeben würde, hätte ich einfach das Gefühl, meine mütterliche Pflicht nicht zu tun. Und ich weiß, wie leicht man sich in einer lauen Sommernacht hinreißen lassen kann. Die Hauptsache ist aber, dass mir diese ewige Streiterei mit meiner Tochter nicht gefällt.«
Ich forderte sie auf, sich in ihre Tochter hineinzuversetzen. Das hörte sich dann etwa so an:
»Ich denke, meine Mutter traut mir nicht zu, dass ich die Situation mit meinem Freund kontrollieren kann. Ich denke, ich sollte sie so lange unter Druck setzen, bis sie das tut.«
»Ich fühle mich verletzt und rebellisch. Ich habe das Gefühl, dass ich mir vertrauen kann.«
»Ich will mir und meiner Mutter beweisen, dass man mir zutrauen kann, bis 11 wegzubleiben, ohne in Schwierigkeiten zu geraten.«
Als ich mit meiner Nichte sprach, stellte sich heraus, dass meine Schwester ihr Denken, Fühlen und Wollen ziemlich zutreffend dargestellt hatte. Ich bat sie dann, sich in ihre Mutter hineinzuversetzen. Und sie sagte:
»Ich denke, dass es meine Mutterpflicht ist, dafür zu sorgen, dass sie früh nach Hause kommt.«
»Ich denke, dass ich selbst nicht so lange ausgehen durfte, als ich in ihrem Alter war.«
»Ich denke, dass ich in diesem Alter auch ab und zu in Schwierigkeiten gekommen bin.«
»Ich fühle, dass ich meine Tochter liebe und dass mir sehr wichtig ist, was ihr passiert.«
»Ich habe Angst, dass sie sich zu viel zutrauen und in Schwierigkeiten geraten könnte.«
»Ich will eine gute Mutter sein und meine Tochter beschützen.«
Wie sah das Ergebnis aus? Letztlich blieben beide bei ihrem Standpunkt. Die Uhrzeit wurde nicht geändert, und meine Nichte forderte das auch weiterhin immer mal wieder. Jetzt führten die beiden aber völlig andere

Gespräche. Das waren keine Kämpfe mehr, sondern Diskussionen zwischen zwei starken Frauen, die den Standpunkt der jeweils anderen wirklich akzeptierten. Der Streit war vorbei.

Der gedachte Rollentausch mit sich selbst

Man kann auch einen gedachten Rollentausch mit sich selbst vollziehen, um ein klareres Bild davon zu bekommen, was man in einer bestimmten Situation wirklich denkt, fühlt und will. Dafür muss man aus sich selbst heraustreten, als würde man von oben herabblicken, um eine möglichst breite Perspektive zu bekommen, und in der dritten Person fragen:

- Was denkt *er/sie* im Augenblick?
- Was fühlt *er/sie* im Augenblick?
- Was will *er/sie* im Augenblick?

Wir gewinnen fast nie genug Abstand zu uns selbst, um wirklich objektiv zu sein. Dieses Tool kann uns da jedoch ein Stück weiterhelfen.

☛ Eine Aufgabe: Der gedachte Rollentausch

Schreiben Sie drei Personen auf, bei denen Sie regelmäßig einen gedachten Rollentausch durchführen können, zum Wohle Ihrer Beziehung. Wählen Sie für einen Rollentausch in diesem Augenblick diejenige aus, die Stress hervorruft.
Versetzen Sie sich in die andere Person hinein und stellen Sie die drei Fragen für einen Rollentausch im Kopf: Was denke ich im Augenblick? Was fühle ich im Augenblick? Was will ich im Augenblick?
Haben Sie neue Erkenntnisse über diese Person oder über Ihre Möglichkeiten für eine effektive Kommunikation mit ihr gewonnen? Falls nicht, sollten Sie die Aufgabe noch einmal machen. Sie wissen ja, dass wir Menschen uns immer ändern können, in Abhängigkeit von der Zeit und unserer Wahrnehmung der spezifischen Situation. Der gedachte Rollentausch ist zwar eine sehr einfache Aufgabe, erfordert aber Bescheidenheit und Mut, wenn man ihn gut machen will. Eine Ursache für Stress

ist die Annahme, dass wir einen anderen Menschen kennen, obwohl wir nicht genau hingesehen haben. Je öfter wir den gedachten Rollentausch vollziehen, desto selbstverständlicher wird seine Anwendung für uns.

TOOL NR. 7: NEUDEFINITIONEN

Beim Streben nach Stabilität ist das Neudefinitions-Tool unverzichtbar – wir brauchen festen Boden, auf dem wir stehen können, sodass wir nicht umstürzen, wenn Herausforderungen an uns zerren. Das Tool beruht auf der Tatsache, dass wir alle bestimmte Brillen oder Definitionen bei uns tragen, durch die wir uns selbst, andere Menschen, Aktivitäten und die Ereignisse in unserem Leben betrachten. Diese Definitionen färben nicht nur unsere Sichtweise, sondern schränken auch unsere Handlungsmöglichkeiten ein. Unsere Brillen können bewusst sein, sind aber häufiger unbewusst. Stereotype sind ein charakteristisches Beispiel für vorgefasste Definitionen, die von Generation zu Generation weitergegeben werden, bis sie automatisch bestimmen, wie wir die Welt sehen. Der Zweck des Neudefinitions-Tools liegt darin, uns unsere Schlüsseldefinitionen ins Bewusstsein zu bringen, sodass wir uns von dem lösen können, was nicht mit unseren derzeitigen Verpflichtungen im Einklang steht, und das wählen können, was mit ihnen im Einklang steht.
Hier ein kurioses Beispiel für unbewusste Definitionen, das den Prozess sehr gut verdeutlicht: Ein Mann fragte seine Frau an jedem Erntedankfest, weshalb sie den Truthahn mit abgeschnittenen Beinen brate, weshalb sie ihn nicht wie alle anderen serviere, als ganzen Truthahn. Seine Frau antwortete dann immer abwehrend: »Meine Mutter hat mir beigebracht, es so zu machen.« Das stellte ihren Mann aber nicht zufrieden. Eines Jahres beschloss er, der Sache auf den Grund zu gehen: »Lass uns doch deine Mutter fragen!« Also riefen sie ihre Mutter an, und sie bestätigte: »Ja, das stimmt – wir schneiden dem Truthahn immer die Beine ab, bevor wir ihn braten.« Als ihr Schwiegersohn sich nach dem Grund erkundigte, sagte sie: »So hat meine Mutter es mir beigebracht, und sie war eine ausgezeichnete Köchin.« Der Mann wollte die Sache jetzt ein für alle Mal klären und rief die 83-jährige Großmutter seiner Frau an. Und die sagte: »Oh, ja – in meiner Jugend haben wir dem Truthahn

immer die Beine abgeschnitten, bevor wir ihn in die Bratröhre geschoben haben, weil die Herde damals einfach nicht groß genug waren.«
Sie würden vermutlich staunen, wenn Sie wüssten, wie viele Prozesse, Verfahrensweisen und Regeln in Ihrem eigenen Leben auf Umständen beruhen, die längst nicht mehr gegeben sind, weil die Definitionen sich nicht mit den Zeiten geändert haben.

DAS TOOL FÜR NEUDEFINITIONEN

Wenn Sie dieses Tool benutzen möchten, um Stabilität aufzubauen, sind folgende Schritte nötig:

1. Die derzeitige Definition oder das augenblickliche Konzept ermitteln. (Man sollte dem Truthahn die Beine abschneiden, bevor man ihn in die Bratröhre schiebt.)
2. Herausfinden, woher diese Definition ursprünglich kommt. (Im obigen Fall: von der Großmutter.)
3. Sich fragen: »Steht die derzeitige Definition mit meinen augenblicklichen Umständen und inneren Verpflichtungen im Einklang?« (Ich habe einen größeren Backofen und will, dass der Truthahn so gut wie möglich aussieht.)
4. Falls nicht, eine Neudefinition vornehmen, die mit Ihren derzeitigen Umständen und inneren Verpflichtungen im Einklang steht. (Der ganze Truthahn ist in Ordnung.)
5. Die Realität unter dem Gesichtspunkt der neuen Definition betrachten.

Das Neudefinitions-Tool wird Ihnen helfen, die Souveränität und die Verantwortlichkeit dafür, wie Sie die Dinge sehen und darstellen, wiederzuerlangen. Es zeigt Ihnen, dass Ihre Definitionen einen großen Unterschied bewirken und dass Sie in allen Situationen frei wählen können, wie Sie die Welt sehen wollen. Sie wissen ja: Bei einer Stressreaktion wollen wir etwas Äußerliches verändern oder vor ihm weglaufen oder wir sind so betäubt, dass wir nicht wissen, was wir tun sollen. Das Tool für Neudefinitionen hilft Ihnen, Ihre Aufmerksamkeit auf die Umstände zu verlagern, über die Sie die Kontrolle haben.

In unserem Seminar entfuhr einer Frau beim Prozess der Neudefinition von Selbstsucht mal: »Nach meiner alten Definition ist es selbstsüchtig zu atmen!« Alle lachten, doch hier lag eine wichtige Erkenntnis: Wenn man das Atmen als »selbstsüchtig« bezeichnet, ist es manchmal vielleicht gar nicht verkehrt, »selbstsüchtig« zu sein. Anders ausgedrückt: Wenn wir das tun, was für unsere Gesundheit und unser Wohlbefinden notwendig ist, ist das nicht wirklich selbstsüchtig, solange wir nicht die Chancen einer anderen Person, dasselbe zu machen, beeinträchtigen. Denken Sie jetzt bitte darüber nach, wie Ihre neue Definition von »selbstsüchtig« aussehen würde.

Eine Aufgabe: Ein stressiges Konzept neu definieren

Bei dieser Übung sollen Sie ein Wort nehmen, das für Sie beängstigend, frustrierend oder schmerzhaft ist, und es unter Benutzung Ihrer inneren Ressourcen so lange neu definieren, bis es Sie nicht mehr unter Stress setzt.
Ich gebe Ihnen jetzt einige kurze Beispiele aus dem Stressseminar:

Wort: Selbstsüchtig
Übliche Definition: Nur an sich selbst denken.
Neue Definition: Sich um die eigenen Grundbedürfnisse kümmern, sodass man mehr geben kann.

Wort: Schuldig
Übliche Definition: Ein »Verbrechen« begehen, das man dann immer mit sich herumschleppt.
Neue Definition: Einen Fehler machen, aus dem man lernen und den man korrigieren kann.

Wort: Angst
Übliche Definition: Ein schlechtes Gefühl, das auf Schwäche und Unsicherheit hindeutet.
Neue Definition: Ein inneres Barometer für die Sicherheit, das eine Herausforderung anzeigt, vor der man steht.

Ermitteln Sie bitte einige Personen oder Aktivitäten, die bei Ihnen Stress auslösen könnten. Wählen Sie im Hinblick auf Ihren Stress ein Schlüsselwort, das Sie neu definieren können – beispielsweise »Chef«, »Geld«, »Ehemann/Ehefrau« oder »Arzt«. Machen Sie dann die folgenden fünf Schritte:

1. Identifizieren Sie die Definition, die Sie derzeit benutzen.
2. Woher stammt sie?
3. Steht sie im Einklang mit Ihren derzeitigen inneren Verpflichtungen und Prioritäten?
4. Falls nicht: Nehmen Sie eine Neudefinition vor.
5. Wenden Sie Ihre neue Definition an, um Ihre Wahrnehmung der belastenden Beziehung oder Situation zu verändern.

AUS EINER PATIENTENAKTE

von Dr. Edd Hanzelik

Eine neue Definition von Großartigkeit

Eine unserer Patientinnen definierte neu, was es bedeutet, eine großartige Mutter zu sein, und das half ihr. Bei ihrem ersten Termin war Sarah aufgewühlt und weinerlich. Sie hatte eine lange Liste ihrer Symptome zusammengestellt und verstand nicht, weshalb sie sich so schlecht fühlte. Ich nahm ihre Krankengeschichte im Detail auf, um verstehen zu können, welche Faktoren Einfluss auf sie hatten, und erfuhr, dass sie sechs Kinder hatte und vor allem anderen eine großartige Mutter sein wollte. Wenn sie sich hinsetzte, und sei es auch nur für einen Augenblick, hatte sie ein schlechtes Gewissen, weil sie ihrer Ansicht nach nicht genug tat. Ich sagte Sarah schon bei unserem ersten Gespräch, dass all die Symptome auf ihrer langen Liste meiner Meinung nach durch Stress und Erschöpfung hervorgerufen wurden und dass mein Rezept darin bestand, dass sie sich viel besser um sich selbst kümmern solle. Das schien sie sehr erstaunlich zu finden.

Im Grunde forderte ich Sarah auf, ihre Vorstellung davon, was es bedeutete, eine großartige Mutter zu sein, neu zu definieren. Ihre aktuelle

Definition lautete: »Mich ganz auf die Bedürfnisse meiner Familie konzentrieren.« Nach einem kurzen Coaching erkannte sie, was tatsächlich das Beste war, was eine Mutter ihren Kindern geben konnte: eine wirklich gesunde und glückliche Mutter. Ihre neue Definition war dann einfach: »Als Mutter bin ich ein wichtiger Teil der Familie, und man muss sich um mich kümmern.« Sie konnte sehen, dass so eine Mutter emotional weniger verkrampft sein würde, dass es einfacher sein würde, mit ihr auszukommen, und dass sie viel akzeptierender, freundlicher, spielerischer und verständnisvoller sein würde. Ihre Liebe würde leicht fließen, weil sie sich gut fühlte. Und genau das brauchte die ganze Familie.

Sarah erkannte, dass es für sie nur einen Weg gab, glücklich und gesund zu werden: ihre eigenen Bedürfnisse zu erkennen und auf sie zu reagieren. Sie musste sich selbst auf der Liste ihrer Prioritäten viel weiter nach oben setzen. Ihr Mann wurde ihr eine große Hilfe, er unterstützte und ermutigte sie. Beide hatten verstanden, dass sie sich nicht um die Familie kümmern konnte, wenn ihr eigener Tank leer war. Zu meiner Freude kam es bei Sarahs körperlicher und emotionaler Gesundheit zu einem tief greifenden Wandel, als sie sich ihrer neuen Definition der Mutterschaft verschrieb.

Es ist immer möglich, eine Neudefinition vorzunehmen. Und das ist eine wundervolle Erfahrung, als würde man neue Luft atmen. Als meine Kinder Teenager waren, hatte ich ein sehr dramatisches Erlebnis mit solchen Neudefinitionen. Ich war beruflich in Kopenhagen und wollte nun nach Hause fliegen, um mit meiner Familie Weihnachten zu feiern. Dann fiel mir aber auf, dass ich mich nicht auf das Wiedersehen mit meinem Sohn und meiner Tochter freute, sondern mich sogar etwas gestresst und belastet fühlte. »Wieso?«, fragte ich mich. »Wie betrachte ich meine Kinder denn, dass ich mich so fühle?«

Ich nahm mir einen Augenblick Zeit, um nachzudenken. Was mir dann in den Kopf kam, war schon eine kleine Konfrontation: »Deine derzeitige Definition deiner Kinder lautet: ›Probleme, die gelöst werden müssen.‹« Autsch! Das klang, als wäre es wirklich so. Wenn eines meiner Kinder an die Schlafzimmertür klopfte, erwartete ich sofort ein Problem. Daher lautete meine Definition von Vater: »Problemlöser«.

Ich fragte mich, woher ich diese Perspektive hatte, und erkannte bald, woher sie stammte: Mein eigener Vater neigte dazu, mich auf diese Weise zu betrachten.

Ich fragte mich, ob ich eine bessere Definition finden konnte. Schließlich gelangte ich zu folgender Idee: »Meine Kinder sind meine einzige Chance, die Liebe zu erleben, die es zwischen Vater und Sohn und Vater und Tochter geben kann. Sie sind meine einzige Chance für Elternliebe.« Das war für mich eine große Überraschung. Diese neue Definition veränderte meine Beschreibung meiner Kinder gar nicht – sie veränderte nur die Brille, durch die ich sie betrachtet hatte, ohne das überhaupt zu wissen. Die neue Definition fühlte sich viel besser an und ich konnte sehen, dass sie stärker mit meiner aktuellen inneren Verpflichtung, mein Leben und meine Familie so intensiv wie möglich zu genießen, im Einklang stand.

In jenem Jahr flog ich dann aufgeregt und voller Vorfreude nach Hause. Und dann erlebte ich eine echte Überraschung! Als das Klopfen an der Tür erklang, kamen aus irgendeinem unerfindlichen Grund keine Probleme herein, sondern wirkliche Menschen, für die ich wirkliche Gefühle hegte.

TOOL NR. 8: DAS INNER GAME-DREIECK

Die Idee vom Inner Game-Dreieck ergab sich aus einer tiefschürfenden Frage, die ein interessierter Geschäftsmann stellte. »Was macht das Inner Game denn tatsächlich?« Er hätte gern eine schlichte Aussage gehört. Ich hatte keine Antwort parat und musste erst einmal eine Weile nachdenken. Ich dachte an Leute zurück, die unter Benutzung des Inner Game Durchbrüche geschafft hatten. Dann antwortete ich: »Wenn man das Inner Game gut spielt, passieren drei Dinge gleichzeitig: Die Leistung ist hervorragend, man lernt auf natürliche Weise und man empfindet Freude.«

Es war, als hätte zum ersten Mal mein Selbst 2 die Frage beantwortet. Und als ich weiter darüber nachdachte, wurde mir klar, dass das eine schöne Definition für die Arbeit, das Spiel und überhaupt alle menschlichen Aktivitäten war. Ich erkannte, wie stark auch ich bisher durch das kulturelle Konzept beeinflusst worden war, dass Leistung das Einzige ist, was zählt. Arbeit wurde mit Leistung gleichgesetzt und der Erfolg wurde anhand von Ergebnissen beurteilt, die mit der Leistung im Zusammenhang standen. Es ist aber eine Tatsache, dass wir, wenn wir arbeiten, auch entweder lernen oder nicht; und dass wir dabei eine Erfahrung machen, die irgendwo zwischen Elend und Erfüllung liegt. Ich erkannte zudem, dass für das in der Entwicklung befindliche Kind alle drei Elemente – Leistung, Lernen und Freude – von sich aus wichtig sind und gewöhnlich gleichzeitig auftreten.

Leistung (**P**erformance): Das tatsächliche »Tun« selbst.
Lernen (**L**earning): Das, was wir beim Tun lernen oder wieder verlernen.
Freude (**E**njoyment): Die Qualität der Erfahrung, die wir beim Tun machen.

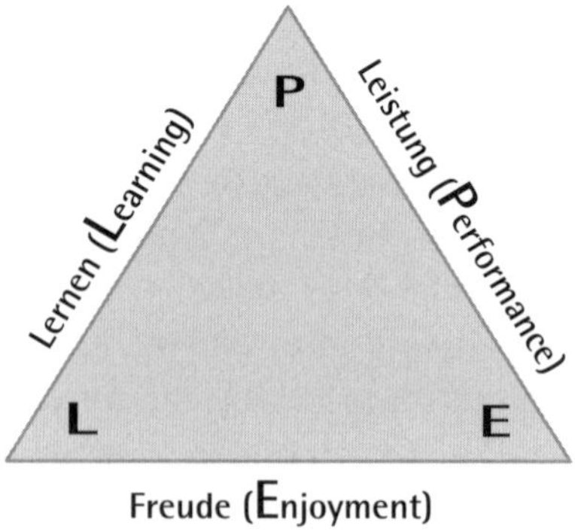

Es ist kein Geheimnis, dass die meisten Menschen bei ihrer Definition der Arbeit das Lernen und die Freude auslassen. Das Inner Game-Dreieck bietet uns die Möglichkeit, bei allen Aktivitäten eine Balance zu finden – eine Balance, die einfach menschlicher ist, als wenn man nur eine Seite des Dreiecks nimmt und alles auf diese eine Karte setzt. Leistung findet in der äußeren Welt statt. Die Brücke wird gebaut, das Produkt wird verkauft, das Essen wird auf den Tisch gestellt ... Dass Leistungsziele notwendig sind, lässt sich auch gar nicht bestreiten. Es ist aber durchaus gerechtfertigt, beim Lernen und bei der Freude ebenfalls Ziele zu setzen. Lernen und Freude finden im Inneren statt, doch sie sind genauso wertvoll wie äußere Ergebnisse.
Viele Leute betrachten die Freude nicht als notwendigen Bestandteil der Leistung. Das gilt besonders für die USA, wo wir unter dem Einfluss der puritanischen Arbeitsethik stehen. Der spanisch-amerikanische Philosoph George Santayana definierte »Puritaner« einst so: »Eine Person, die von der nagenden Angst zerfressen wird, dass sich irgendwo irgendwie irgendjemand freuen könnte.«

Eine alleinerziehende Mutter, die unseren Workshop besuchte, erzählte folgende Geschichte: Eines Tages bekam sie bei der Arbeit einen Anruf – ihr Sohn sei für diesen Tag von der Schule ausgeschlossen worden und sie müsse ihn sofort abholen. Auf dem Weg zur Schule verspürte sie Angst und auch ein bisschen Wut. Dann erinnerte sie sich jedoch an das Inner Game-Dreieck aus dem Workshop und begann darüber nachzudenken, wie sie es benutzen konnte, um zu verhindern, dass der Stress über ihr zusammenschlug.

Ihr unmittelbares Leistungsziel war einfach: Ihr Sohn hatte bereits Schulverbot für diesen Tag bekommen und es gab nichts, was sie dagegen tun konnte. Ihr wurde jedoch klar, dass sie tatsächlich auch ein Lernziel hatte. Sie hatte kaum eine Vorstellung davon, wie die Schule für ihren Jungen war. Sie war zu beschäftigt gewesen, um innezuhalten und ihm zuzuhören. Sie wusste auch nicht, was an diesem Tag geschehen war und zu dem Schulverbot geführt hatte. Sie hatte viel zu lernen und war durchaus interessiert.

Als sie über das Ziel bei der Freude nachdachte, erkannte sie erfreut, dass sie und ihr Sohn für den Rest des Tages freihatten und dass sich ihnen die seltene Chance bot, ihn gemeinsam zu verbringen. Sie konnten auf Abenteuer gehen!

Sie können sich sicher vorstellen, dass der Junge höchst erstaunt war, als seine Mutter lächelnd ausstieg und verkündete, dass sie zum Mittagessen in sein Lieblingsrestaurant gehen würden. Dort entspann sich ein wundervolles Gespräch. Sie erfuhr an diesem Tag viel über ihren Sohn, was sie bis dahin nicht gewusst hatte – genug, um dann gut informiert mit seinem Lehrer über den Vorfall zu sprechen, der zu dem Schulverbot geführt hatte.

Eine Aufgabe: Benutzung des Inner Game-Dreiecks

Unser Stress beginnt meistens mit einem Ungleichgewicht, bei dem das Leistungselement alles andere im Inner Game-Dreieck erdrückt. Das ist unsere soziale Prägung durch unsere Umwelt. Deshalb möchte ich, dass Sie jetzt einen Bereich wählen, in dem Sie Leistungsstress verspüren. Das kann alles sein – ein Streit in der Familie, ein berufliches Projekt, sogar das Ziel, eine bestimmte Anzahl von Kilos abzunehmen.

- Was ist Ihr Leistungsziel? Wählen Sie objektiv, was Sie erreichen wollen.
- Was würden Sie gerne lernen? Entscheiden Sie sich für etwas, was Ihnen wertvoll und vielleicht sogar über die eigenen Erfahrungen zu lernen ist.
- Was würde Ihnen Freude machen? Welches positive Erlebnis ist Ihnen bei dem Leistungs- und Lernprozess wichtig?

Anfangs könnte Ihre Fokussierung auf die Leistung, einfach aus Gewohnheit, das Lernen und die Freude erdrücken. Wenn Sie sich aber innerlich dazu verpflichten, alle drei Elemente wichtig zu nehmen, werden Sie bald eine Balance finden, bei der alle drei Seiten des Dreiecks durch die beiden anderen gestützt und sogar vergrößert werden. Es macht ja schließlich Spaß, gute Leistungen zu erbringen und zu lernen. Und das Lernen wird im Laufe der Zeit Ihre Leistungen verbessern. Insgesamt übernehmen Sie in Ihrem Leben dann mehr Kontrolle. Erst so werden Sie wirklich Mensch, nicht nur ein menschlicher Macher.

4 DAS LEBEN ERFAHREN

EILEENS GESCHICHTE

Wenn Sie eine gute Toolbox haben, ist das passende Werkzeug gleich in dem Augenblick zur Hand, in dem es benötigt wird. Ich habe festgestellt, dass die Leute gewöhnlich als Erstes das STOP-Tool benutzen, da es Raum dafür schafft, auch die anderen zu benutzen. Dann wird es eine kreative Aufgabe herauszufinden, welches andere Tool die wirksamste Hilfe ist oder sich am besten zum Aufbau langfristiger Stabilität eignet.

Vor Kurzem hatte ich die seltene Gelegenheit, mit einer Patientin von John und Edd zu sprechen und zu hören, was sie selbst davon erzählte, wie die Verwendung der Inner Game-Tools ihren Gesundheitszustand verbessert hatte. Eileen machte großen Eindruck auf uns alle, als sie an unseren Workshops teilnahm: Hier war eine Frau, die unter extrem harten Umständen aufgewachsen war und deren Familienleben auch noch eine große Belastung blieb, als sie erwachsen war. Ihre hohen Stressgrade zeigten sich in Form von schweren Erkrankungen. Ihre innere Verpflichtung dazu, dass es ihr gut gehen sollte – dass sie in ihrem Selbst 2 leben wollte –, wurde trotzdem für alle in der Gruppe eine Inspiration.

Eileen, eine attraktive 55-Jährige, war fünf Jahre zuvor zum ersten Mal zu Edd gekommen, als Notfallpatientin ohne Termin. Er erinnert sich daran, dass sie sich damals vor Schmerzen krümmte, unbeherrschbar weinte und laut stöhnte. Sie hatte eine komplizierte medizinische Geschichte, mit mehreren Operationen, dem Rückfluss von Magensäure und chronischen Darmbeschwerden. Die zierliche Frau nahm 16 Medikamente, und ihre anderen Ärzte hatten gesagt, sie könnten ihr nicht mehr helfen. Nach einer gründlichen Untersuchung und zahlreichen Tests kam Edd zu dem Schluss, dass sie unter einem Reizdarm-Syndrom litt, einem Zustand, der durch Stress stark verschlimmert wird. Als er mehr über sie erfuhr, fand er ihre Geschichte im wahrsten Sinne des Wortes haarsträubend. Kein Wunder, dass ihre Stressgrade enorm hoch waren!

Heute ist Eileen nicht mehr die verzweifelte, kranke Frau, die zu Edd in die Praxis kam. Sie hat keine Bauchschmerzen und auch keine Darmbeschwerden mehr. Ihre Energie ist gut und ihre Lebensgeister sind sehr positiv. Sie ist ein anderer Mensch geworden! Wie hat Eileen es geschafft, ihre riesigen körperlichen Probleme zu überwinden? Zu den Hauptfaktoren für ihre heutige Gesundheit gehört, dass sie verstanden hat, welche Rolle Stress bei ihren Krankheiten spielte, und sich innerlich dazu verpflichtet hat, die Inner Game-Tools zur Unterstützung ihrer Genesung zu benutzen.

Eileen ist ein inspirierendes Beispiel aus dem wirklichen Leben – jemand, der sich aktiv mit dem Inner Game beschäftigt hat. Sie wollte ihre Geschichte gern anderen erzählen, um ihnen zu zeigen, dass es selbst nach lebenslangem Stress möglich ist, fundamentale Veränderungen zu erreichen.

MEIN GESPRÄCH MIT EILEEN

»Hatten Sie erkannt, dass Stress einer der Hauptfaktoren bei Ihren Erkrankungen war?«, fragte ich Eileen.

»Nein, ich habe das alles völlig geleugnet!«, antwortete sie. »Ich wusste nicht, dass ich durch den Stress so erschöpft war. Um die Wahrheit zu sagen: Ich war sogar der Ansicht, ich würde gut mit Stress umgehen. Was für ein Witz! In Wirklichkeit ging ich überhaupt nicht mit ihm um, und er drückte mich zu Boden.«

»Was hat am meisten zu Ihrem Stress beigetragen?«

»Ich habe mein ganzes Leben lang unter großer Anspannung gestanden!«, erwiderte sie. »Wir waren zu Hause zwölf Kinder, und ich war eine der älteren Töchter. Meine Familie war gestört. Unser Vater beschimpfte und schlug uns. Ich übernahm die Rolle der Beschützerin und trug die Welt auf meinen Schultern, schon als junges Mädchen. Ich konnte nicht Nein sagen. Ich hatte keine Grenzen. Ich fühlte mich so erdrückt. Als ich zu Dr. Hanzelik kam, war ich wirklich sehr krank und ganz verzweifelt, weil mir keiner meiner anderen Ärzte helfen konnte. Ich fühlte mich in meiner eigenen Welt wie eine Gefangene.«

»Womit begann Ihre Genesung denn?«, erkundigte ich mich.

»Als ich zum ersten Mal bei Dr. Hanzelik war, nahm er sich Zeit für mich. Ich hatte das Gefühl, dass er mich bestätigte, indem er mir zuhörte, und ich glaubte ihm, als er sagte, dass ich mich erholen könne. Als Erstes musste ich akzeptieren, dass *ich* existierte. Bevor ich zu Dr. Hanzelik kam, war ich überhaupt nicht auf dem Bild. Ich hatte gar keine Kontrolle. Und ich musste akzeptieren, dass ich Hilfe brauchte. Ich hatte mich schon immer viel mit der Erforschung meines Innenlebens beschäftigt. Ich hatte das Gefühl, dass ich jetzt so weit war zu lernen. Das ganze Team in der Praxis von Dr. Hanzelik half mir.«

»Wie haben Sie die Energie gefunden, sich selbst zu helfen, obwohl Sie doch so krank waren?«, fragte ich.

»Schon dass ich etwas tat, half mir, eine gewisse Energie zu verspüren. Beim Stressseminar bekam ich das Werkzeug dafür, mir selbst zu helfen. Am Anfang war das STOP-Tool besonders wertvoll. Ich konnte einen Schritt zurücktreten und klar denken, bevor ich zu einer neuen Aufgabe Ja sagte. Auch die Fragen zur Kontrolle waren mir eine große Hilfe. Ich erinnerte mich immer wieder daran, dass ich andere Menschen nicht verändern konnte. Sie mussten sich selbst ändern! Das war für mich eine sehr wichtige Erkenntnis. Ich hatte so lange versucht, meine Familie in Ordnung zu bringen, dass ich gar nicht wusste, dass es auch eine andere Möglichkeit gab. Vor einer Weile hatte ich mich bemüht, meiner 14-jährigen Nichte zu helfen, die sehr viele Probleme hatte. Leider arbeitete sie manchmal nicht mit, und die anderen aus der Familie waren wütend auf mich und gaben mir die Schuld, wenn die Situation sich verschlechterte. Für mich war das eine große Stressquelle, und es half mir zu verstehen, dass ich sie nicht ändern konnte – nur mich selbst. Also begann ich dann, aktiv Schritte zu machen, um *mir* zu helfen. Dazu gehörten Veränderungen bei meiner Ernährung und die Teilnahme an Workshops zur Gesundheit; ich lernte zu meditieren, ich ging zu einem Psychologen und in ein Wellnessbad. Ich fing an, für eine Stressberatung zu Dr. Horton zu gehen, und besuchte seine Workshops für Menschen mit emotionalen Verletzungen. Ich entdeckte, dass ich damit aufhören konnte, so stark auf die Bedürfnisse aller anderen zu reagieren.

Die Tools aus den Stress-Workshops wendete ich sofort an. Zu den ersten Dingen, die ich lernte, gehörte die große Bedeutung der Aufmerksamkeit, der Wahlfreiheit und des Vertrauens. Diese wunderbaren kleinen Wörter habe ich jetzt für immer in meinem Kopf, und das hilft mir wirklich. Ich bin mir bewusst, was um mich herum und mit mir passiert. Ich achte viel stärker darauf, was mit meinem Körper geschieht. Vorher konnte ich meinen Körper gar nicht spüren, bis etwas passierte, was körperlich so schlimm war, dass ich zu Boden ging. Ich konnte nicht einmal meine eigenen Schmerzen spüren.

Das Wissen um meine Freiheit, selbst wählen zu können, war für mich ein sehr wichtiger Aspekt. Vorher war ich, wenn irgendjemand in Panik angerufen hatte, sofort in mein Auto gesprungen, um dem Betreffenden zu Hilfe zu eilen, und hatte auf dem Weg zu ihm über mein Handy mit ihm geredet. Jetzt berücksichtige ich eher andere Optionen, beispielsweise, dass ich sagen kann: ›Leider kann ich nicht sofort zu dir kommen, aber ich kann am Telefon mit dir beten!‹ Ich entdeckte, dass ich nicht mehr für alle die Retterin sein konnte.

Ich lernte, dass ich einen Schild zu meinem Schutz brauchte. Ich hatte so große Angst, dass es sehr selbstsüchtig war, dass ich mich um mich selbst kümmern wollte. Ich erinnere mich daran, dass ich geweint habe, weil ich dachte, ich wäre selbstsüchtig. Ich begann sogar, an meiner eigenen Existenz zu zweifeln. Ich fragte mich, wie ich mich als liebevoller Mensch fühlen konnte, obwohl ich selbst doch in meinem Leben nicht viel Liebe erfahren hatte. Ich erforschte jede einzelne Phase meines Lebens und entdeckte, dass ich ein System von Anschauungen hatte, das ich bisher nie infrage gestellt hatte. Ich hatte unzählige Stimmen in meinem Kopf – alle anderen sagten mir, was ich machen und nicht machen sollte. Sie nennen das den Stressmacher. Ich begann, all meine Anschauungen ernsthaft in Zweifel zu ziehen, und fand meinen eigenen Platz in meinem eigenen Leben. Ich lernte, mir selbst zu vertrauen.

Auch die Einstellungsaufgabe war sehr hilfreich für mich. Ich machte ein Schild und verteilte im ganzen Haus Kopien, um mich daran zu erinnern, die Tools zu benutzen. In der Mitte des Schilds stand eine Frage: ›Mit welcher Einstellung fliegst du?‹ An den Seiten befanden sich rundum Aufmerksamkeit, Wahlfreiheit und Vertrauen. Die Leute hielten mich für verrückt, aber ich musste das tun. Ich verteilte sogar an alle in meinem Stressseminar solche Schilder. Ich erinnere mich daran, dass ich den Leuten dort erzählt habe: ›Diese Tools funktionieren tatsächlich. Ich arbeite zurzeit mit ihnen, und sie helfen mir!‹ Mir war klar, dass ich die Übungen und die Aufgaben für zu Hause machen und die Tools üben musste. Für mich gab es kein Zurück. Ich hatte keine andere Wahl, als mich weiter vorwärtszubewegen.« Als sie das sagte, zitterte ihre Stimme.

Ich sagte: »Ich kann sehen, auf welche Weise die Tools Ihnen geholfen haben, das alles zu bewältigen! Ich würde aber gern noch wissen, wie das dazu geführt hat, dass Ihre gesundheitlichen Beschwerden nachgelassen haben.«

Sie antwortete: »Ich hatte immer unerträgliche Schmerzen in den Schultern und im Magen. Als ich zum ersten Mal zum Arzt ging, konnte ich nicht mal mehr gerade stehen. Mir fielen die Haare aus. Die Leute sagten, ich würde ja so krank aussehen. Ich setzte mich damals oft ins Auto und weinte, weil ich mich so furchtbar schlecht fühlte. Mir war so übel! Ich konnte nichts essen, denn mein Magen wurde mit Essen nicht fertig. Es war, als würde in mir ein Feuer brennen. Schließlich erkannte ich, dass Stress sich tatsächlich auch körperlich niederschlägt. Es war so, als würden die Sorgen aus meinem Kopf schnurstracks in meinen Magen marschieren. Jetzt halte ich den Kopf höher. Ich habe das Gefühl, dass alles an mir leichter ist. Ich habe keine Schmerzen mehr in den Schultern und im Magen. Die Leute sagen, ich würde gut aussehen, und ich fühle mich auch gut. Ich habe herausgefunden, dass das Hauptproblem mein Kopf war. Das hatte ich gar nicht gewusst. Ich habe nun das Gefühl, dass mein Kopf und mein Körper gesünder sind.«

Als ich Eileen damals gegenübersaß, konnte ich sehen, dass sie mir eine wahre Geschichte erzählt hatte – sie hatte sich tatsächlich beigebracht, die Tools für das Inner Game zu benutzen. Ich ließ aber noch nicht locker. »Ich befürchte, manche Leser werden denken, dass Ihre Geschichte zu einfach klingt! Was würden Sie zu ihnen sagen?«

Sie lachte und versicherte mir: »Oh, das war gar nicht einfach! Ich habe Rückschläge erlebt, und das wird auch jedem anderen so gehen. Die größte Herausforderung kam vor Kurzem mit einer Krise in der Familie. Zuerst konnte ich damit schlicht nicht umgehen. Ich war so überwältigt, dass ich die Tools nicht benutzen konnte. Plötzlich waren die ganzen Stresssymptome wieder da – die Schmerzen in den Schultern und im Magen, die Angst, die Verdauungsprobleme und die Depression. Ich wollte nicht wieder in den Stress zurückfallen, wusste aber einfach nicht, wie ich das verhindern konnte.

Ich griff dann zum Telefon und rief Dr. Hanzelik und Dr. Horton an. Sie berieten mich im Hinblick auf die Benutzung der Tools. Ich begann, wieder zu einem Psychologen zu gehen, und ging auch wieder ins Stressseminar, was sehr hilfreich war. Außerdem machte ich mit Unterstützung des ganzen Kurses die Einstellungsübung – und meine Einstellung veränderte sich. Meine neue, frische Einstellung war, dass ich mit dieser Sache fertigwerden konnte und dass meine Familie und ich daraus lernen und einen Nutzen ziehen würden. Das fühlte sich gut an, und ich bin dabei geblieben. Jetzt habe ich das Gefühl, dass ich meine Balance zurückgewonnen habe. Wenn man einmal ohne den ganzen Stress gelebt hat, will man nicht mehr in ihn zurück.«

Dieser Satz beeindruckte mich. *Wenn man einmal ohne den ganzen Stress gelebt hat, will man nicht mehr in ihn zurück.* Genau! Wir können entscheiden, ob wir uns durch die Umstände vernichten lassen oder inmitten von ihnen Kontrolle und sogar Zufriedenheit finden wollen. Eileens tapfere Bemühungen zeigen, wie wichtig die Inner Game-Tools sein können; dass sie sich auf diese Tools stützte, machte zweifellos einen wirklichen Unterschied dabei, dass sie die beträchtlichen Herausforderungen bewältigen konnte, denen sie sich gegenübersah. Sie war eindeutig zur Chefin in ihrem Leben geworden und hatte Anteile von den Menschen zurückgekauft, denen sie unbedingt gefallen wollte. Sie hatte neu definiert, was es für sie bedeutete, anderen wirklich zu helfen. Lernen und Freude hatten bei all ihren Aktivitäten ihren Platz neben der Leistung eingenommen. Die Fragen zur Kontrolle, die Einstellungsübung und der Inner Game-Lernkode hatten einen starken Lernprozess eingeleitet, bei dem sie dann auch viele andere Ressourcen nutzte. Dass sie entdeckt hatte, wie sie ihren Stress reduzieren konnte, hatte tief greifende Auswirkungen auf ihr körperliches, mentales und soziales Wohlbefinden und auf ihre Freude am Leben. Ihre Begeisterung war ansteckend – es machte mich glücklich zu sehen, dass jemand die Toolbox voll ausschöpfte.

Die Benutzung der Tools ist völlig individuell. Für den Abbau von Stress gibt es kein Patentrezept. Wir wissen aber, dass es Ihnen gelingen wird, sich von Herausforderungen nicht umwerfen zu lassen, wenn Sie lernen, wie Sie auf Ihre inneren Ressourcen zurückgreifen und Ihre Stabilität kontinuierlich verbessern können. Sie werden entdecken, dass auch Sie im Hinblick auf Stress selbst entscheiden können.

Eileen sagte begeistert und aufrichtig zu mir: »Meine Welt hat sich verändert. Ich habe erkannt, dass es weniger meine Berufung ist, allen anderen zu helfen, sondern eher, gesund genug zu sein, um anderen auf bewusste Weise helfen zu können. Das ist Bestandteil meines per-

sönlichen Schildes – dass ich jetzt weiß, was ich tun kann, was ich nicht tun kann und was ich empfangen kann. Dass ich offen dafür bin, Dinge zu empfangen, hat dabei eine große Rolle gespielt. Das war neu für mich. Ich habe es außerdem geschafft, zu einigen der Menschen, die mich nicht vorangebracht haben, Nein zu sagen und von ihnen wegzugehen. Für mich war das ein großer Schritt. Früher habe ich mein Leben aus dem Bauch heraus geführt, aus meinen emotionalen Reaktionen. Nun habe ich entdeckt, dass ich aus meinem Herzen heraus leben kann. Das fühlt sich viel, viel besser an!«
Selbst 1 benutzt oft nur eine Seite des Inner Game-Dreiecks, unter Ausschluss der beiden anderen. Das kann zu einem unerträglichen Ungleichgewicht bei der Gesundheit und dem Wohlbefinden führen. In einem unserer Stressseminare erzählte ein leitender Manager, seine erfolgreiche Karriere auf dem Gebiet der Grundstückserschließung sei sehr kraftraubend und ganz unprofitabel geworden, als er zugelassen habe, dass die ehrgeizigen Bestrebungen von Selbst 1 ihn in der Arbeit auffraßen. Er schilderte uns, wie er sich bei einem Projekt finanziell völlig übernommen hatte. Dabei hatte er dann nicht nur viel Geld verloren, sondern war aufgrund seiner Verluste auch in eine Depression gestürzt. Jetzt war sein Leben wieder in der Balance, und er fasste seine Erfahrung in einer Warnung an die anderen zusammen: »Man darf das E im Inner Game-Dreieck, das ja für Freude [enjoyment] steht, nicht als E für Ego missdeuten.«

Eine Aufgabe: Die Benutzung der Tools

Ermitteln Sie den Umstand in Ihrem Leben, der Ihnen derzeit die größten Sorgen bereitet. Wählen Sie dann zwei oder drei Werkzeuge aus der Toolbox, die Sie in dieser Situation anwenden könnten.
Denken Sie vorher bitte über die beiden folgenden Fragen nach:

1. Wie groß ist, auf einer Skala von 1 bis 10, mein Vertrauen dazu, dass die Anwendung der Tools mir helfen wird?

1	**5**	**10**
sehr gering		sehr hoch

2. Wie stark ist, auf einer Skala von 1 bis 10, meine innere Verpflichtung dazu, die Tools in meinem Leben anzuwenden?

1 sehr gering — **5** — **10** sehr hoch

EINE SACHE VON LEBEN UND TOD

Als ich das Inner Game entwickelte, wurde mir schnell klar, dass es sich nicht nur darauf anwenden ließ, Bälle zu schlagen. Es war vielmehr eine Vorgehensweise, die in allen Lebensbereichen funktionierte. John und Edd, die ja Ärzte sind, haben mir das bestätigt. Sie haben es fast jeden Tag mit Patienten zu tun, bei denen es um Leben und Tod geht. Gerade in diesen Augenblicken denken die Leute oft ernsthaft über die Qualität ihres Lebens nach. Beim Spiel des Lebens sind die Inner Game-Tools dazu bestimmt, es zu erleichtern, selbst in solchen Augenblicken eine Antwort zu finden, bei der es kein Bedauern gibt.

AUS EINER PATIENTENAKTE

von Dr. John Horton

Robert weiß, was das Beste ist

Vor vielen Jahren fragte mich ein Kollege, ob ich es übernehmen würde, Hausbesuche bei Robert Young zu machen. Die meisten Leute, die ein bestimmtes Alter erreicht haben, werden sich daran erinnern, dass Young in der Fernsehserie *Vater ist der Beste (Father Knows Best)* mitspielte und später der Allgemeinmediziner in der Serie *Dr. med. Marcus Welby (Marcus Welby, M.D.)* war. Obwohl es sich dabei ja um erfundene Charaktere handelte, wurde Robert Young auch im wirklichen Leben eine Ikone – er repräsentierte den perfekten Vater und den perfekten Arzt. Obwohl ich als einer der Leiter eines medizinischen Hospizes jahrelang Erfahrung gesammelt hatte, fühlte ich mich ein bisschen eingeschüchtert. Ich hatte schon oft gehört, dass Ärzte mit Marcus Welby verglichen wurden und dabei schlecht abschnitten.

Robert Young selbst erhob keinen Anspruch auf Größe. Im Gegenteil – er sagte im Laufe der Jahre oft, er sei nicht der Vater, den er gespielt habe, und besitze auch nicht die Klugheit des Arztes. Er hatte Probleme mit Alkoholismus und Depressionen gehabt und hatte sich bei Interviews bestürzt darüber gezeigt, dass die Leute nicht zwischen der Fernsehfigur und dem realen, nicht perfekten Menschen unterscheiden konnten.

Als ich Robert zum ersten Mal aufsuchte, war er schon ziemlich alt. Er trank nicht mehr, und seine Depression war auch kein Problem mehr. Er wohnte in einem wunderschönen Haus und wurde dort von einigen sehr fähigen Betreuern versorgt, die ihn verehrten. Ich fand ihn freundlich, charmant und leutselig.

Ich kümmerte mich dann drei Jahre lang medizinisch um Robert und entwickelte ein gutes Verhältnis zu seinem Pflegepersonal. Im Laufe der Zeit beschlossen wir, ihm zu erlauben, alles so zu machen, wie er es sich wünschte; wir drängten ihn nicht, aufzustehen und seine Übungen oder irgendetwas anderes zu machen, was er nicht tun wollte. Er legte sich wirklich gern ins Bett und schlief viel, friedlich wie ein Kind. Wenn er dann doch aufstand, aß er eine herzhafte Mahlzeit, sah fern und besuchte Freunde. In seinen letzten Monaten wollte er das Bett nicht mehr verlassen und wir betreuten ihn dort. Als ich eines Tages wieder zu ihm kam, wachte er sehr fröhlich auf. Ich fragte ihn beiläufig, wie er sich fühle. Er sah mich mit einem wundervollen Ausdruck der Zufriedenheit an und antwortete: »Perfekt!« Er starb dann ohne einen einzigen Seufzer, ein Stöhnen oder auch nur den leisesten Schmerz. Seine Pflegekräfte waren dabei, und es war so ruhig und so schön, dass wir spontan applaudierten. Jemand rief: »Toller Abgang, Robert!«

Wir wollten es Robert Young vor allem ermöglichen, seine letzten Jahre so stressfrei wie möglich zu verleben. Niemand forderte ihn auf, Dinge zu machen, die im Widerspruch zu seinem Wunsch nach Ruhe und Entspannung standen. Es ist bekannt, dass viel Leid aus der Vergangenheit ausgelöscht werden kann und sich neue Schaltkreise bilden können, wenn man es dem Gehirn – so stark es auch gestresst sein mag – erlaubt, sich zu entspannen.

Inzwischen gibt es eine wundervolle Bewegung, die für eine »soziale« Betreuung in Hospizen sorgen will, sodass Sterbende im Hospiz oder auch zu Hause eine Umgebung bekommen, in der sie unerledigte Dinge hinter sich lassen und sich aus dem Leid herausentwickeln können, sodass sie die Chance haben, in Frieden und Liebe aus dem Leben zu gehen. Das habe ich schon oft gesehen, wenn genug Zeit und Verständnis da waren, um diese Art des Abschieds zu ermöglichen.

Wenn in einer Zeit, in der man so verletzlich ist, aber Angst, Frustration und Schmerzen das Stresssystem antreiben, machen die Ableitungen des Kämpfens (Wut, Bitterkeit, Jammern), Fliehens (Drogenmissbrauch, wilde Fantasien, Dissoziation, also beispielsweise Gedächtnisstörungen und Halluzinationen) oder Erstarrens (Angst, Verzweiflung, Depressionen) den Prozess des Gehens für alle schwierig. Wir können wirklich auch darüber frei entscheiden, wie wir uns in den letzten Monaten, Wochen, Tagen und Stunden unseres Lebens entwickeln wollen.

INNER GAME IM ALTER

Meine frühe Arbeit mit dem Inner Game erfolgte überwiegend mit jüngeren Menschen und im Zusammenhang mit Sport; das Problem des Alterns spielte damals also keine Rolle. Als ich später begann, im Unternehmenskontext zu coachen, erkannte ich sofort, dass ältere Berufstätige eine klare Einstellung gegenüber dem Altern hatten, die ihren Stress noch verschlimmerte. Sie lautete: »Ich habe meine beste Zeit hinter mir!« Ich erinnere mich daran, dass ein enorm erfolgreicher und fähiger Manager sagte: »Letzte Woche bin ich 50 geworden. Von nun an geht es nur noch bergab.« Objektiv betrachtet war er natürlich nicht anders als eine Woche zuvor. Mein Eindruck war sogar, dass er mit 50 auf dem Höhepunkt seines »Spiels« stand. Das spielte jedoch keine Rolle. Er ließ sich von einer bloßen Zahl völlig aus der Balance bringen. Der Unterschied lag in seiner Einstellung.

Der soziale Druck, der mit dem Alterungsprozess kommt, ist real. Dieser Stressor ist aber von dem getrennt, wer wir wirklich sind. Wenn es ums Altern geht, brauchen wir nicht auf die Stimmen unseres Stressmachers zu hören – wir können sie umgehen.

Die Art und Weise, auf die viele Menschen dem Älterwerden gegenüberstehen, erinnert mich an den Leistungsdruck, der das Tennisspiel stört. Sie denken zu viel über ihre Bewegungen nach, versuchen zu angestrengt, das Spiel zu kontrollieren, und machen sich zu viele Sorgen über die Ergebnisse ihrer Handlungen und über ihr Selbstbild. All das sind von Zweifeln getriebene Störungen, die verhindern, dass wir das Spiel gut spielen.

TOOLS FÜR DEN ALTERUNGSPROZESS

Wir können unsere späteren Jahre aber durchaus auch ohne diese Störungen verleben, als reines Selbst 2, das nicht durch die Stimmen von Selbst 1 beeinträchtigt wird. Das Inner Game-Dreieck ist hier ausgesprochen nützlich. Es mag ja zutreffen, dass Sie in manchen Bereichen nicht mehr mit der gleichen Fertigkeit Leistungen erbringen können, wenn Sie älter werden, doch Sie können sich dann neue Leistungsziele setzen. Und wenn Sie den beiden anderen Komponenten, dem Lernen und der Freude, genauso viel Bedeutung beimessen, werden sich Ihnen neue Gelegenheiten bieten. Freude und Lernen sind bis zu dem Tag möglich, an dem Sie sterben. Sie können sagen: »Ich werde nicht zulassen, dass der Stress mich der Chance beraubt, mich an diesem großen Geschenk des Lebens zu erfreuen!«

Auch das Einstellungs-Tool ist in diesem Zusammenhang sehr nützlich. Probieren Sie doch eine neue Einstellung gegenüber dem Altern aus! Zum Beispiel:

»Ich bin klüger geworden und kann meine vielen Erfahrungen mit anderen teilen.«

»Ich habe mehr Zeit dafür, nachzudenken und meine inneren Ressourcen zu entdecken.«

»Ich habe jetzt noch einmal die Chance, das zu wissen, was ich als Kind wusste: Das Leben selbst ist schön, aus keinem bestimmten Grund – die große Sache ist, hier zu sein, und ich kann mich nahtlos von einer Freude zur nächsten bewegen.«

»Ich kann loslassen, die Schmerzen meines Lebens stillen und den Frieden finden, den ich brauche, damit ich mit Anstand und Würde leben und sterben kann.«

Ein 90-jähriger Mann hat mal zu mir gesagt: »Was die Leute von mir halten, spielt für mich keine Rolle mehr. Ich kann alles sagen, was ich sagen will.« Das passiert bei sehr alten Menschen oft. Sie lassen all ihre Ängste und Urteile los und kehren dazu zurück, einfach sie selbst zu sein.

AUS EINER PATIENTENAKTE
von Dr. John Horton

Die Einstellung gegenüber dem Tod ändern

Bei der 45-jährigen Kathy war Multiple Sklerose festgestellt worden. Nun wachte sie fast jede Nacht mit Panikattacken auf. Seit der Diagnose hatte sie große Angst, obwohl ein Spezialist der Spitzenklasse von der renommierten UCLA (University of California, Los Angeles) ihr versichert hatte, dass es sich um eine eher leichte Form handelte und sie eine normale Lebensspanne haben sollte.

Wenn Kathy nachts aufwachte, war sie voller Angst – nicht vor Invalidität, sondern vor dem Tod selbst. Ich bemühte mich gar nicht, sie davon zu überzeugen, dass es keinen Grund zur Angst gab, sondern sprach mit ihr über das Inner Game und bat sie, neue Einstellungen gegenüber dem Tod auszuprobieren und nach einer zu suchen, die sie nachts zu ihrem Schutz tragen konnte.

Ich begann, ihr ein paar mögliche Einstellungen vorzuschlagen. »Wie wäre es damit, dass Sie in den Himmel kommen, wenn Sie sterben?«

»Daran glaube ich nicht!«, erwiderte sie.

»Wie wäre es denn damit: Wenn Sie sterben, zerfallen Sie einfach in Atome und es existiert nichts anderes?«

Sie schrie auf. »Davor habe ich doch gerade Angst! Das funktioniert nicht!«

Schließlich schlug ich ihr folgende Einstellung vor: »Dass Sie schon über 40 Jahre gelebt haben. Irgendeine wohlwollende Macht hat sich um Sie gekümmert, und wenn Sie gehen, wird diese Macht sich weiter wohlwollend um Sie kümmern.«

Kathy lächelte. »Das gefällt mir!«, sagte sie.

Ich erzählte ihr, dass die gesamte Forschung zur Nahtoderfahrung diese Einstellung stützt. Die allen Fällen gemeinsamen Elemente sind, dass die Menschen den Frieden, den sie dann verspürten, und das Licht, das sie sahen, als sehr freundlich empfanden, und dass diese Freundlichkeit darauf gerichtet war, sich am Leben zu erfreuen und lieben zu lernen. Auch das gefiel ihr.

Als Kathy die Einstellung, die sie unbewusst getragen hatte, durch eine bewusste ersetzte, hörten die Panikattacken genauso schnell auf, wie sie begonnen hatten. Ich kenne sie jetzt seit zehn Jahren, und sie hat seit jenem Tag keine einzige Panikattacke mehr gehabt.

Meine Erfahrung mit Kathy erinnert mich an eine bekannte chinesische Geschichte, in der es um einen klugen und loyalen Minister geht, den die Garde eines törichten Kaisers zu seiner Hinrichtung führt. Der Minister bleibt stehen, um die Pflaumenblüten zu bewundern, und einer der Soldaten fragt ihn: »Weshalb bewundern Sie die Pflaumenblüten, obwohl Sie doch gleich sterben werden?« Er erwidert: »Was sollte ich denn sonst machen?«

EINE NEUE DEFINITION

Jack, ein leitender Manager Mitte 40, war in einem Maß von seinem Alter besessen, das extrem wirkte. Er war jugendlich und erfolgreich und erfreute sich offenbar guter Gesundheit – es schien keinen ersichtlichen Grund dafür zu geben, dass er sich so große Sorgen machte. Ich war mir sicher, dass seine Selbstdefinition zu seinem Stress beitrug, und fragte mich, wie sie wohl lautete. Auf meine hartnäckigen Fragen hin verriet er mir, dass sein Vater mit 52 an einem Herzinfarkt gestorben war und dass er selbst seitdem der Ansicht war, dass auch sein eigenes Leben kurz bemessen sein würde. Obwohl er sehr fit war und seine Ärzte ihm versicherten, dass er bei guter Gesundheit war, konnte er die Vorstellung nicht abschütteln, dass auch ihn ein vererbliches Monster holen würde. Ich bat Jack, über eine neue, mit seinen Umständen und inneren Verpflichtungen im Einklang stehende Definition nachzudenken – eine

Definition, die ganz seine eigene sein würde, nicht die seines Vaters. Diese Aufgabe verblüffte ihn, war dann aber sehr befreiend für ihn. Er hatte immer nur im Zusammenhang mit dem, was seinem Vater passiert war, an seine eigenen Zukunftsaussichten gedacht. Er kam zu dem Schluss, dass er ein gesundes Leben führte und dass er über den Zeitpunkt seines Todes keine Kontrolle hatte.

Ein Freund, der auf die 65 zuging, wurde depressiv, weil das bei seinem Beruf zwangsweise den Ruhestand bedeutete. Bei vielen Menschen führt der Gedanke an diese Zeit zu einer Schädigung des Selbst. Das Wort ist schon an sich negativ. »Ruhestand« bedeutet ja im Grunde, dass man tatenlos herumsteht, also nichts mehr leistet und erreicht. Dass man sein Gnadenbrot bekommt. Kein Wunder, dass sich so viele ältere Menschen schämen! In der heutigen Zeit, wo die Leute bis weit in ihre 80er-Jahre und sogar darüber hinaus ein Leben voller Tatkraft führen können, ist das eine besondere Kränkung. Ich fragte meinen Freund, ob er »Ruhestand« unter Benutzung des entsprechenden Tools neu definieren könne, und er kam auf die Vorstellung, dass der Ruhestand ein »zweites Leben« bedeute. Diese Definition verlieh ihm die Beweglichkeit, mit Begeisterung und Optimismus in die Jahre zu gehen, die noch vor ihm lagen.

SIE HABEN IMMER NOCH DAS SAGEN!

Wenn Sie der Chef in Ihrem Leben sind, haben Sie das Sagen, ob Sie nun 20, 40, 60 oder jenseits der 90 sind. Aus Ihrem eigenen Leben können Sie nicht gefeuert oder entlassen werden. Sie sitzen am Kopf des Tischs, bis Sie sterben. Die Leute um Sie herum werden zwar ihre eigene Meinung haben, doch über die Mission und die Aktivitäten Ihres Lebens entscheiden Sie ganz allein.

Einer meiner Freunde, ein 85-jähriger früherer Unternehmenschef, hat zu mir gesagt: »Ich habe meine sozialen Verpflichtungen alle erfüllt – jetzt frage ich mich, was ich mit dem Rest meines Lebens anfangen soll!« Wir sprachen dann über den Vergleich mit dem Chef; er dachte darüber nach und sagte schließlich: »Als Chef könnte ich doch erklären, dass es meine Mission und mein Hauptprodukt ist, den Rest meines Lebens zu genießen!« Diese Vorstellung gefiel ihm, doch dann setzte er verschmitzt hinzu: »Mein Stellvertreter für die Freude erzählt mir gerade, dass man sein Leben am besten genießen kann, indem man von einer Frau zur nächsten und dann wieder zur nächsten geht!«

Ich lachte über die Unternehmungslust dieses 85-Jährigen, der noch immer gut aussah und voller Energie war, und sagte: »Würdest du diesen Rat denn befolgen, wenn du ihn als Chef, der sich innerlich dazu verpflichtet hat, die Freude in seinem Leben zu maximieren, von einem Stellvertreter bekommen würdest?«

»Wahrscheinlich nicht!«, erwiderte er, doch er verstand, was ich sagen wollte. *Er* konnte die Entscheidung treffen.

In unserem Stressseminar erzählte Gail, eine geschiedene Frau Mitte 50: »Mein Stellvertreter für das Aussehen sagt, wenn ich sozial und beruflich konkurrenzfähig bleiben will, sollte ich mich liften lassen. Ich bin mir nicht sicher, ob ich diesen Rat befolgen soll. Was halten Sie davon?«

»Ich finde, wenn Sie ein Unternehmen leiten würden und einer Ihrer Stellvertreter eine Richtung vorschlagen würde, über die Sie sich nicht sicher wären, sollten Sie um weitere Standpunkte bitten«, antwortete ich.

Sie lachte herzlich. »Ja, mein Stellvertreter für die Finanzen lehnt das völlig ab.«

Auch das Kontrollfragen-Tool kann dabei helfen, das Altern in die richtige Perspektive zu rücken. Es gibt hier viel, was Sie nicht unter Kontrolle haben: das Vergehen der Jahre, den allmählichen Verschleiß Ihres physischen Körpers, die Tatsache, dass Sie eines Tages sterben werden ... Fragen Sie sich, was Sie unter Kontrolle haben und was Sie sonst noch kontrollieren könnten.

AUS EINER PATIENTENAKTE

von Dr. Edd Hanzelik

Jünger werden

Obwohl das Altern ein natürlicher Bestandteil des Lebens ist, finden meine Patienten es schwierig, diese Pille zu schlucken. Sie betrachten es als Misserfolg, als hätten sie sich durch den Verlust der vollen Fähigkeiten, die sie als junge Menschen besaßen, selbst im Stich gelassen. Durch eine meiner Patientinnen, Penelope, habe ich jedoch verstanden, dass man diesen Prozess akzeptieren und sogar genießen kann.

Penelope war Ende 60 und hatte sich viele Jahre lang nicht gut gefühlt. Trotzdem hatte sie sich innerlich stark dazu verpflichtet, gesünder zu werden, und war neuen Methoden und Therapien gegenüber offen. Sie probierte eine neue Diät aus, steigerte ihre körperliche Aktivität, nahm Nahrungsergänzungsmittel und begann, zu einem Therapeuten zu gehen. Ihre Gesundheit verbesserte sich im Laufe mehrerer Jahre erheblich. Eines Tages sagte sie zu mir: »So gut habe ich mich in meinem ganzen Leben noch nicht gefühlt!« Und sie setzte hinzu: »Ich *werde jünger*!«

Dieses Bild verblüffte mich sehr. Mir wurde klar, dass die Möglichkeit, »jünger zu werden«, in allen Lebensphasen besteht. Die inneren Qualitäten der frühen Jahre verschwinden nicht, wenn wir älter werden. Wir können immer noch wissbegierig, entschlossen, begeistert, aufgeregt und voller Vorfreude sein. Solange wir nicht tot sind, kann uns nichts daran hindern, uns voll ins Leben zu stürzen.

Bei älteren Menschen ist die Einstellung ganz wichtig für die Gesundheit. Ich habe immer wieder gesehen, dass ältere Frauen und Männer erkranken, nachdem sie in Rente gegangen und ihre Kinder »ausgeflogen« sind. Sie glauben, ihr Leben habe keinen Sinn mehr, und der daraus resultierende Stress ist so groß, dass sie ihn nicht ertragen können. Ich coache sie dann, damit sie verstehen, dass sie immer noch sie selbst sind, auch wenn sie älter werden, und dass sie immer noch die Fähigkeit haben, ganz zu leben. In unserer Praxis können wir sehen, wie man das Leben bis zum letzten Atemzug genießen kann. Ich liebe es, wie manche Patienten das aufgreifen und verschiedene, ganz einzigartige Weisen finden, vital und engagiert zu bleiben, während sie die 80 und dann auch die 90 überschreiten. Diese Bemühungen haben ungeheure positive Auswirkungen auf ihre Gesundheit und ihr Wohlbefinden.

WÄHLEN SIE IHR TOOL!

Ich wünsche Ihnen, dass Sie immer, wenn Sie sich großen und kleinen Herausforderungen gegenübersehen, das passende Inner Game-Tool finden – das Tool, das Ihnen helfen wird, Ihren Stress zu überwinden, selbst wenn es um Leben und Tod geht! Auch angesichts von mehreren Stressoren können Sie den Fokus auf Ihre innere Stabilität legen, Ihren persönlichen Schild benutzen und Tools auswählen, mit deren Hilfe Sie gelassen weitermachen können. Das Inner Game ist unabhängig vom Alter, von der Gesundheit, der finanziellen Situation und allen anderen äußeren Realitäten, und mit jeder Anwendung wird Ihnen der Umgang leichter fallen.

INNER GAME IM LEBEN

Mich hat mal jemand gefragt: »Woher weiß ich, dass ich das Inner Game gut spiele?« Ich antwortete: »Dann fühlt es sich leicht an. Wenn Sie aufhören, sich angestrengt zu bemühen, und beginnen, mehr zu vertrauen, wird der Erfolg kommen.«

Vor vielen Jahren gab Jennifer Capriati, eine damals erst 14 Jahre alte Tennisspielerin von Weltklasse, ein Interview, das mir im Gedächtnis haften geblieben ist. Einer der Reporter sagte, sie sei ja noch so jung – da müsse es doch sehr beängstigend und belastend sein, gegen einige der größten Tennisspielerinnen anzutreten. Jennifer erwiderte: »Wenn ich Angst davor hätte, Tennis zu spielen, würde ich es mit Sicherheit nicht tun.«

Das aus dem Mund eines so jungen Mädchens! Jennifer Capriati musste in ihrem Leben dann viele Probleme durchstehen, doch in jenem Augenblick sprach sie als reines Selbst 2, ohne die Zweifel und Ängste, mit denen Selbst 1, der Stressmacher, uns quält. Freiheit von Stress erreichen wir, wenn wir uns erlauben, in jedem Augenblick unseres Lebens gegenwärtig zu sein, uns zu freuen und zu lernen.

Das ist keine idealistische Perspektive! Ich habe Menschen sagen hören: »Ja, in einer perfekten Welt würde ich mich selbst an die erste Stelle setzen. In einer besseren Welt würde ich nicht springen, wenn mein Chef sagen würde: ›Mach!‹ Aber nicht hier, in der realen Welt.« Ich hoffe jedoch, Sie haben durch dieses Buch erkannt, dass Sie umso weniger produktiv sein werden, je stärker Sie zulassen, dass der Stressmacher Ihre Gedanken und Handlungen beherrscht. Dass Sie dann auch umso weniger gesund und glücklich sein werden. Sie brauchen sich nicht zwischen Zufriedenheit und Erfolg zu entscheiden – Zufriedenheit ist eine fundamentale Voraussetzung für Erfolg.

Wenn Sie Ihr Inner Game gut spielen wollen, müssen Sie verstehen, dass Urteile darüber, ob Sie gut genug sind, nicht die Realität sein müssen.

Sie werden Ihnen vielmehr von anderen und von Ihrem eigenen inneren Kritiker aufgezwungen. Wenn Sie ganz in Ihrem Tun aufgehen, sind Sie sich ohne Beurteilungen bewusst, was gerade geschieht.

Denken Sie noch einmal an kleine Kinder. Wenn ein Kind laufen lernt, fällt es hin und steht wieder auf, fällt hin und steht wieder auf ... Wir sagen dann nicht: »Was bist du doch für ein Dummkopf! Du kannst ja noch nicht mal gerade stehen!« Nein, wir lächeln und freuen uns über das, was wir als natürlichen und schönen Lernprozess erkennen. Wir klatschen Beifall und sagen: »Was für ein bemerkenswertes Kind!« Und das Kind sagt nicht zu sich selbst: »Ich bin so ungeschickt!« Nein, es lacht und strahlt und versucht es erneut.

Alles an diesem Prozess fühlt sich richtig und natürlich an, doch im Laufe der Zeit geht uns die Fähigkeit verloren, im Hier und Jetzt zu sein und uns direkt zu freuen und zu lernen. Ein Freund, der mich kürzlich besuchte, war niedergeschlagen. Er sagte: »Ich liebe meine Frau. Ich bin so glücklich darüber, dass ich mit ihr verheiratet bin!«

»Weshalb machst du denn dann so ein langes Gesicht?«, fragte ich.

Er antwortete: »Unsere Ehe ist ja noch frisch. Ich kenne nicht sehr viele Leute, die auch nach zehn oder 20 Jahren noch glücklich sind. Ich bin mir nicht sicher, dass wir das aufrechterhalten können.«

Seine Ehe war gut, aber die »Was wäre, wenn ...?« führten dazu, dass er sich elend fühlte. Viel zu viele von uns lassen zu, dass ihnen ihre Freude am Leben durch die Angst vor unbekannten Katastrophen, die eintreten könnten, vergällt wird.

AUS EINER PATIENTENAKTE

von Dr. John Horton

Reflexion und Heilung

Eine neue Patientin, Martha, kam wegen ihrer Erschöpfung zu mir. Die erfolgreiche Geschäftsfrau hatte sich schon von mehreren Ärzten untersuchen lassen, die aber keine offensichtliche körperliche Ursache für ihre Erschöpfung gefunden hatten. Ein Freund hatte ihr mich empfohlen – für eine zusätzliche Meinung. In ihrer recht langen Krankengeschichte nannte Martha mehrmals Stress als mögliche Ursache für ihre Erschöpfung. Sie hatte jedoch das Gefühl, sie würde ihn gut »managen« – durch sportliche Betätigung, häufige Kurzurlaube und vernünftige Essgewohnheiten.

Noch vor der körperlichen Untersuchung lehnte Martha sich auf ihrem Stuhl zurück und fragte mich nach meiner Ansicht zu ihrer Verfassung und ihrem Stress. Da ihr medizinischer Zustand bereits von anderen guten Ärzten eingehend analysiert worden war, sah ich keinen Grund, ihr diese Frage nicht zu beantworten. Unser Gespräch war dann für uns beide eine Überraschung – für mich, weil ich sie ohne irgendeine Erklärung zu einem Entdeckungs- und Reflexionsprozess mit Inner Game einlud. Wir hatten beide das Gefühl, dass die daraus resultierenden Erkenntnisse ihre Belastung durch den Stress schnell zumindest zum Teil reduzieren würden.

Ich erklärte Martha, sie könne den Stress nur verstehen, wenn sie mehr vom Leben verstehe. Ich fragte sie: »Was sind die Notwendigkeiten und Prioritäten Ihres körperlichen Lebens?«

Sie antwortete: »Schlaf – das ist im Augenblick ein Problem für mich. Und gutes Essen, sportliche Betätigung und Urlaube.«

Ich lächelte. »Ich denke, dass Sie die drei ersten Prioritäten ausgelassen haben!«

Sie war verwirrt und sehr interessiert. »Was meinen Sie damit?«

»Sie haben nichts von Wasser gesagt!«, antwortete ich.

»Oh, ja – natürlich.«

»Und wie ist es damit, sich aufzuwärmen, wenn Ihnen sehr kalt ist, oder sich abzukühlen, wenn Ihnen wirklich heiß ist?«

Sie stimmte mir zu: »Ja, das ist wichtig.«

»Und als Letztes: Was ist mit Luft?«

Es amüsierte Martha, dass ihr die drei Topprioritäten entgangen waren. Ich wies sie darauf hin, dass der Aufbau unserer körperlichen Existenz ganz klar ist und dass die Dinge gewöhnlich umso einfacher und grundsätzlicher sind, je wichtiger sie sind. Das Atmen ist ein Geschenk; es ist so wichtig, dass wir nie auch nur darüber nachdenken müssen.

Ich erklärte ihr dann, dass die fundamentalsten Ursachen von Stress Angst und Frustration sind. Diese Erfahrungen lösen die starken Strömungen des Systems »Kämpfen, Fliehen oder Erstarren« aus und verändern unsere Gedanken, Gefühle und Handlungen. Das verstand sie.

Dann fragte ich sie nach den Strukturen des psychischen und sozialen Lebens bei ihr und bei allen Menschen. Auch hier redeten wir nicht über Stress, sondern über die Struktur des Lebens. Es war für uns beide ein spontanes und aufregendes Gespräch.

Martha dachte nach und sagte dann, die sozialen Beziehungen seien die höchste Priorität. Nach weiterem Überlegen fügte sie ein gutes Selbstbild hinzu. Ich fragte sie, ob es noch andere kritische Bedürfnisse gebe, die sie nicht erwähnt habe. Sie dachte nach und verneinte das dann. Ich sagte, ihr seien drei entgangen, und sie war wieder überrascht und neugierig. Ich fragte sie, ob sie Maslows Hierarchie der Bedürfnisse kenne. Sie bejahte das – und so wies ich sie darauf hin, dass sie die beiden ersten Bedürfnisse ausgelassen hatte, Überleben und Sicherheit. Bei ihr gab es da keine Probleme, denn sie lebte an einem sicheren Ort und war wohlhabend.

Als ich sie an das Bedürfnis nach Selbstverwirklichung erinnerte, hielt sie jedoch inne und saß eine Weile ganz still da. Dann räumte sie aus tiefster Überzeugung ein, dass sie dieses Bedürfnis seit Langem vernachlässigt hatte und wusste, dass das die Ursache ihrer Erschöpfung war.

Martha erzählte mir, sie habe immer an erster Stelle um der Freude willen gearbeitet; Geld und Status hätten für sie nur eine Nebenrolle gespielt. In den letzten Monaten habe ihre Arbeit ihr jedoch keine

Freude gemacht. Wir sprachen dann darüber, dass das Stresssystem mit unseren Gefühlen zusammenhängt. Unsere wichtigsten körperlichen Bedürfnisse sind ebenso an Gefühle gebunden wie die wichtigsten psychischen und sozialen. Das ist ein einfaches System, das auf der Freude basiert. Wenn unsere Arbeit oder unser Sozialleben uns keine Freude bringt, werden wir entweder gehen oder darum kämpfen wollen, die Situation zu verändern, oder erstarren (das Gefühl haben, dass wir feststecken). Unsere Fähigkeit zur Rationalisierung ist jedoch so stark, dass wir die Gefühlsseite ignorieren und uns dazu treiben, uns anzupassen. Ohne dass Martha das erkannt hätte, war ihre Stressreaktion durch ihre fehlende Zufriedenheit ausgelöst worden.

Wird uns eines unserer Grundbedürfnisse über längere Zeit nicht erfüllt, führt das zu chronischen Stressreaktionen und eventuell auch zu Krankheiten – selbst dann, wenn wir uns dieses Bedürfnisses nicht bewusst sind und es vernachlässigen. Manche unserer Patienten glauben, sie könnten ohne Liebe, Selbstachtung oder Selbstverwirklichung leben. Solange sie diese Bedürfnisse nicht verstehen und daran arbeiten, sie zu erfüllen, leiden sie gewöhnlich weiter unter chronischem Stress und können ihre Krankheit nur schwer überwinden.

LOSLASSEN UND LEBEN

Vor Kurzem hatte ich die Ehre, dem 60-jährigen Abenteurer Miles Hilton-Barber zuhören zu dürfen, der am Ende eines Business-Management-Kurses für Rolls-Royce einen Vortrag zum Thema »Motivation« hielt. Zu seinen größten Leistungen gehören die Besteigung des Kilimandscharo, des höchsten Bergs in Afrika, und des Montblanc, des höchsten Bergs in Westeuropa. Er hat zudem den »härtesten Wettlauf der Welt« – 240 Kilometer durch die Sahara beim Marathon des Sables – absolviert und nonstop die ganze Wüste von Katar durchquert, in 78 Stunden ohne Schlaf. Diese Leistungen wären bei jedem Abenteurer bemerkenswert – doch Miles begann damit erst, als er bereits 54 und völlig blind war!

Er sagte, bis zu diesem Punkt habe er im Gefängnis seiner Blindheit gelebt. Mit 50 habe er dann beschlossen, sich durch seine Blindheit an nichts hindern zu lassen, was er wirklich machen wollte. »Mit dieser einfachen, aber tief greifenden Veränderung meiner Einstellung begann mein Leben als Abenteurer«, erklärte er. Sein Vortrag war nicht nur von Klugheit geprägt, sondern er hielt ihn auch mit dem Genuss eines Menschen, der daran glaubte, sich an jedem einzelnen Augenblick seines Lebens zu erfreuen. »Jetzt bin ich gegen Stress sehr unempfindlich!«, sagte er.

Wir haben alle schon Beispiele für Menschen gesehen, die unvorstellbare Verluste erlitten haben und sich trotzdem mutig und sogar zuversichtlich voranbewegen. Sie haben Möglichkeiten gefunden, ihre inneren Ressourcen dafür zu nutzen, ungeachtet ihres Schmerzes Stabilität zu erlangen. Wir bewundern sie aus der Ferne, doch wir haben alle die Fähigkeit, so mit uns und dem Leben umzugehen.

Sich mit dem Inner Game zu beschäftigen bedeutet nicht, dass wir unsere Wünsche und Bedürfnisse aufgeben, sondern dass wir sie sein lassen können, wenn wir das für nötig erachten. Wir wollen ja nicht wie der Affe sein, der sich in einer Falle verfängt, weil er den Apfel nicht loslassen will. Inner Game heißt, im Augenblick zu leben, aber nicht, an ihn gefesselt zu sein.

Zu unserem Stressseminar kam mal eine Frau, die ihm überhaupt nichts abgewinnen zu können schien. Sie sagte am Schluss, sie sei noch genauso gestresst wie am Anfang. Das machte John neugierig, und da er ihren Mann kannte, fragte er ihn, weshalb seine Frau seiner Meinung nach so großen Widerstand zeige. Der Mann antwortete: »Sie ist vom Leben unserer erwachsenen Kinder besessen. Ich möchte das so ausdrücken: Auf ihrem Kaffeebecher steht: ›Wenn du sie liebst, lass sie gehen. Wenn sie nicht zurückkommen, spür sie auf und bring sie um!‹«

Einige Jahre später kam diese Frau als Patientin zu John. Sie erzählte ihm, es bereite ihr enorme Schwierigkeiten, Probleme bei ihren Kindern und deren Familien zu lösen. Sie konnte nicht loslassen. Nach einigen Sitzungen benutzte sie die Inner Game-Tools eine Weile; eines Tages brachte sie den Kaffeebecher mit in die Praxis und überreichte ihn John. »Das ist jetzt Ihrer!«, sagte sie lächelnd.

AUS EINER PATIENTENAKTE
von Dr. Edd Hanzelik

Frei für die Liebe

Judith, eine 48-jährige Patientin, erzählte mir, dass ihr erstes Kind mit schweren Missbildungen geboren worden war und deswegen bereits mehr als 30 Operationen über sich hatte ergehen lassen müssen. Ich empfand sofort Zuneigung für Judith; ich wusste, wie schmerzhaft das für sie gewesen sein musste, doch *ihre* Erfahrung sah anders aus. Sie betrachtete die Geburt dieses Kindes als Beginn ihrer eigenen spirituellen Erfahrung. Sie war in eine Gruppe von Müttern behinderter Kinder gegangen und hatte es interessant gefunden, dass sie nicht so reagierte wie die anderen Mütter. Sie machte nie irgendjemandem Vorwürfe, sie fühlte sich nie als Opfer und fragte nie: »Warum?« Ihr Sohn ist jetzt 18: Er geht aufs College und wurde kürzlich zum beliebtesten Studenten im ersten Semester gewählt. Bei dem Prozess, dieses Kind großzuziehen, hat sie viel gelernt. Wenn sie diese Erfahrung betrachtet, empfindet sie Dank, denn sie ist ein sehr positiver Aspekt ihres Lebens. Ihre Geschichte zeigt auf wundervolle Weise, dass wir uns auch angesichts der Herausforderungen des Lebens Stabilität bewahren können und dass es von unserer Wahrnehmung der Ereignisse abhängt, wie viel Stress wir erfahren.

WAS IST ERFOLG?

John, Edd und ich haben mit unserem Verleger über dieses Buch gesprochen; er wollte wissen, ob es den Leuten zum Erfolg verhelfen würde. Über diese Frage habe ich viel nachgedacht, da ich die Leute beim Coaching häufig bitte zu definieren, was sie unter Erfolg verstehen. Den meisten von uns hat man offenbar eingeimpft, Erfolg auf eine bestimmte Weise zu betrachten. Manche glauben, man könne Erfolg an Geld, Macht und Einfluss messen, andere hingegen, an einem glücklichen Familienleben, und wieder andere, an hervorragenden beruflichen Leistungen.

Welche Bedeutung hat Erfolg für Sie? Wie stark wird diese Bedeutung von der Gesellschaft geprägt, in welchem Ausmaß ist sie Ihre eigene? Denken Sie bitte einen Augenblick darüber nach, was Sie im Namen des Erfolgs anstreben. Die Klarheit über den Sinn Ihres Lebens wirkt sich dann auf alle Ihre Entscheidungen aus. Nur das verhindert, dass Sie Ziele verfolgen, die nicht mit Ihrem wichtigsten Bestreben im Einklang stehen, und dass Sie sich bei diesem Prozess selbst verlieren.

Ich habe mal eine Präsentation vor Managern aus Unternehmen und Pädagogen gehalten. Am Schluss hatte einer der Manager, Jim, den Kopf in den Händen vergraben und schluchzte. Die Leute fingen an, sich um ihn zu scharen, um ihn zu trösten und ihm Ratschläge zu geben. Da das zu einem großen Durcheinander führte, ging ich zu Jim und fragte ihn, ob er gern einen Spaziergang machen würde. Er sagte: »Ja!«, und seine Stimme klang dabei erleichtert. Als wir eine Weile schweigend nebeneinander her gegangen waren, fragte ich ihn, ob er mir sagen wolle, weshalb er geweint habe. Er sagte: »Aus Angst!« Ich fragte ihn, ob er darüber sprechen wolle, und er verneinte das zunächst. Nachdem wir wieder eine Zeit lang geschwiegen hatten, sagte er schließlich: »Gut, ich werde Ihnen erzählen, wovor ich Angst habe. Ich habe in meinem Leben alles erreicht, was ich erreichen wollte. Ich habe Angst davor, dass ich so weitermachen und dann sterben werde, ohne erfahren zu haben, wer ich eigentlich bin.«

Das war eine erstaunliche Erklärung. Ich sagte: »Das ist eine der edelsten Ängste, von denen ich je gehört habe! Dass Sie diese Angst haben, bedeutet aber auch, dass Sie den Drang oder Wunsch haben zu wissen, wer Sie sind, und das kann Ihnen gute Dienste leisten. Wenn Sie dieses Bedürfnis ernst nehmen, wird es Sie zu Ihrem Ziel führen.«

Bei Jims Geschichte gibt es eine klare Unterscheidung zwischen zwei Arten von Zielen: äußeren und inneren. Er glaubte zuversichtlich, dass er alle äußeren Ziele, die er sich setzte, erreichen konnte. Im Hinblick auf die inneren Ziele war er sich da nicht so sicher, und das quälte ihn sehr.

Gibt es zwischen dem äußeren und dem inneren Erfolg einen grundsätzlichen Konflikt? Das glaube ich nicht. Ich habe sehr reiche Menschen gesehen, die ganz offensichtlich weder glücklich noch zufrieden waren. Ich habe auch arme, äußerlich erfolglose Menschen mit einem Lächeln im Gesicht und Zufriedenheit in den Augen gesehen. Es gibt jedoch auch Reiche, die glücklich sind, und Arme, die es nicht sind. Meiner Meinung nach sind der äußere und der innere Erfolg in Wirklichkeit nicht voneinander abhängig. Es gibt keinen Grund dafür, nicht beide Ebenen des Erfolgs anzustreben.

Wenn Sie Ihre äußeren Ziele untersuchen, werden Sie feststellen, dass es sich dabei nicht um Ziele an sich handelt. Wenn Sie den US-Präsidenten fragen würden, weshalb er ein bestimmtes Ziel erreichen wolle, würde er wahrscheinlich etwas sagen wie: »Damit ich in meinem Land und in der Welt einen Unterschied machen kann.« Und wenn Sie ihn dann fragen würden, was er gewinnen würde, wenn er das erreichen würde, könnte er antworten: »Tiefe Zufriedenheit.« Und wenn man einen Reichen fragen würde, was er sich von seinem Reichtum erhofft habe, würde er vielleicht sagen, im Grunde ein Gefühl der Freiheit und Sicherheit. In beiden Fällen – und in zahlreichen anderen, auf die wir diesen Test auch anwenden könnten – würden wir wahrscheinlich entdecken, dass der äußere Erfolg letztlich von dem Wunsch nach einem inneren Zustand – wie Glück, Zufriedenheit, Sicherheit, Freiheit oder Frieden – getrieben wurde.

Der äußere Erfolg bringt das, was er eben bringt. Sowohl die Mittel zur Erreichung des Ziels als auch das Ziel selbst können uns wertvolle äußere und innere Belohnungen bescheren. Der innere Erfolg wird nach inneren Maßstäben beurteilt. Nur der Betreffende selbst weiß, ob er ihn erreicht, denn dabei geht es darum, wie wir uns fühlen.

Daher lautete unsere Antwort auf die Frage unseres Verlegers: »Ja, dieses Buch wird den Lesern helfen, mehr Erfolg zu haben und vielleicht ihre eigene innere Definition des Erfolgs zu finden.«

DAS GESCHENK

Wenn ich über die Zeiten in meinem Leben nachdenke, in denen es mir nicht gelang, mich so zu akzeptieren, wie ich bin, werde ich traurig. Manchmal lag das an meiner Tendenz, mich dem zuzuneigen, was wir die Schattenseite nennen könnten, manchmal auch an meiner fehlenden Bereitschaft, die schöne Seite zu akzeptieren. In meiner Kindheit durfte ich Unzulänglichkeiten durchaus eingestehen. Den Teil von mir anzuerkennen, den ich mochte und respektierte, war jedoch absolut verboten – ganz besonders außerhalb der Familie. Man brachte mir bei, dass es Egoismus und Prahlerei wäre, wenn ich aussprechen würde, was an mir schön, begabt oder wirklich individuell war. Der Preis für dieses Konzept war, dass ich mit der negativen Seite vertrauter wurde als mit der positiven und dass ich ständig damit belastet war, die eine in die andere zu verwandeln. Das Schlechte musste gut werden, das Schwache stark, das Inkompetente kompetent, das Langweilige bezaubernd. Ich war von Idealismus umgeben und glaubte, der Sinn meines Lebens bestände darin, mich den Idealen gewachsen zu zeigen, die von mir oder von anderen erfunden worden waren. Um die Wahrheit zu sagen: Dieses Spiel ist eine große Belastung! Man fühlt sich dabei nicht gut, und nach einer Weile wird es langweilig und mühsam.

Ich habe die Erfahrung gemacht, dass es nur einen Weg gibt, diesem Spiel zu entkommen: Ich muss herausfinden, wer ich wirklich bin. Wenn ich in dem Spiel feststecke, das unter dem Motto »Mich bemühen, mich zu ändern« steht, ist es schwer zu erkennen, dass ich bereits schön bin. Wenn ich erkenne, dass ich als kleines Kind schön war, wie alle kleinen Kinder, entfährt mir ein Seufzer der Erleichterung. Unter dem Drang, es perfekt zu machen, habe ich ein natürliches Verlangen entdeckt – das Verlangen, zu wissen, wertzuschätzen, zu bewundern, mich zu freuen. Dieses Verlangen ist mir angeboren, im Gegensatz zu den Idealen, die ich übernommen habe. Es ist der Drang zu wissen, wer ich bereits bin und schon immer gewesen bin. Das Verlangen, die Möglichkeiten zu akzeptieren, die ich als Mensch habe. Das ist kein Spiel! Es ist real. Es ist auf Fakten gegründet. Ich lebe. Ich atme. Und ich will von den Spielen frei sein, die die Leute in der Arena der öffentlichen Meinung spielen. Ich möchte eine Beziehung zu dem Selbst, das ich bin, als das ich erschaffen wurde. Ich will berücksichtigen, dass das Geschenk des Lebens begrenzt ist, und ich will aus der Zeit, die mir gegeben wird, das Beste machen.

Etwas in mir sagt: »Na, das ist nichts Besonderes – wir leben und atmen ja alle! Was ist da die große Sache?« In ruhigen Augenblicken erkenne ich dann aber, dass das sehr wohl eine große Sache ist – eine sehr große sogar, für mich und für uns alle! Ich bin nicht hier, um mit anderen zu konkurrieren, sondern um zu erforschen und zu entdecken, was die große Sache daran ist, dass ich überhaupt hier bin; dass ich atme; dass ich lieben kann, glücklich darüber sein kann, dass ich lebe, dankbar sein und mich ganz einfach freuen kann.

Als Kind habe ich oft darüber nachgedacht, wie es nach meinem Tod sein würde. Meine Fantasie trug mich an einen Ort, an dem Gott in etwa sagen würde: »Nun, Tim, du bist wieder da. Wir haben dich im Jahre 1938 in San Francisco auf die Erde gesetzt, als zweiten Sohn einer Familie der oberen Mittelklasse. Du hattest eine wirklich gute Erziehung und viele Talente und Chancen. Und während deines Lebens war die Welt voll von furchtbaren Problemen.« Und dann kam die große Frage: »Was hast du dagegen getan?« Ich hatte immer Angst, dass es nicht genug sein würde.

Erst als ich die 30 überschritten hatte, führte meine Fantasie mich auf eine andere Reise. Keine mit Perlen besetzten Tore, keine Engel – nur Gott und ein Repräsentant, die in meiner Gegenwart miteinander sprachen. Gott sagte: »Wie lange haben wir gebraucht, um diesen Planeten, die Erde, zu erschaffen – mehrere Milliarden Jahre, nicht wahr? Und wie lange hat es gedauert, den menschlichen Körper zu entwickeln? Soweit ich mich erinnere, viele Millionen Jahre. Wir haben da sehr viel hineingesteckt.« Dann blickte Gott mich an und sagte: »Wir haben dir einen dieser menschlichen Körper geschenkt. Nicht den Körper einer Fledermaus, eines Wurms oder eines Nilpferds, sondern einen erstklassigen Körper, in dem du mit anderen Menschen auf diesem erstklassigen Planeten leben solltest.« Dann kam eine neue große Frage: »Wie hat er dir gefallen? Und was an ihm hast du am meisten gemocht?«

Ich sah mich selbst bei meiner Antwort: »Wie er mir gefallen hat? Ich hatte gar nicht genug Zeit, um ihn richtig zu genießen. Ich war zu sehr damit beschäftigt, die Welt und mich selbst in Ordnung zu bringen, um mich einfach nur an ihm zu erfreuen!«

Wenn ich mir dieses Gespräch vorstellte, dachte ich immer: »Wie schade!« Der entscheidende Punkt bei dem Geschenk war mir völlig entgangen! Natürlich möchte jeder, der ein Geschenk macht, wissen, ob es dem Empfänger gefallen und ob er es überhaupt ausgepackt hat.

Beim Inner Game geht es letztlich darum, das Geschenk des Lebens auszupacken und uns daran zu erfreuen. Manchmal kann das ungewohnt sein, doch in Wirklichkeit ist es die natürlichste Sache der Welt. In dem Augenblick, in dem wir geboren werden, werden uns wundervolle Potenziale geschenkt – für Bewusstheit, Freude, Frieden, Freiheit –, und unzählige andere Fähigkeiten. Kein Geber wird mehr verlangen, als dass wir diese Geschenke benutzen und genießen.

5 ANHANG

MEDIZINISCHE ERLÄUTERUNGEN

Fragen und Antworten zu den Themen »Stress«, »Gehirn« und »Gesundheit« von Dr. John Horton und Dr. Edward Hanzelik

Was geschieht im Körper, wenn wir Stress erfahren?

Das Gehirn nimmt eine Bedrohung wahr und alarmiert die Amygdala oder den Hippocampus, die dann zusammen mit dem Hypothalamus das sympathische Nervensystem, die Hirnanhangdrüse und die über den Nieren liegenden Nebennierendrüsen aktivieren. Das führt insgesamt dazu, dass die fundamentalen Stresshormone Adrenalin und Cortison gebildet werden.
Als Ergebnis dieser hormonellen Aktivität steigen der Puls und der Blutdruck. Das Blut wird vor allem in die Muskeln gepumpt. All das ist eine Vorbereitung auf die klassischen Stressreaktionen Kämpfen oder Fliehen. Bei einer Erstarrungsreaktion passiert das Gegenteil – Blutdruck und Puls sinken.
Auch der Verdauungsapparat ist beteiligt. Der Körper versteht, dass in einer Situation, in der es um Leben oder Tod geht, keine Zeit für das Verdauen von Nahrung bleibt. Der Verdauungsprozess wird daher abgestellt, durch die Reduzierung der Blutzuführung, der Verdauungsenzyme und des Speichels. Das Immunsystem zieht sich zusammen und wird weniger aktiv. In Perioden von chronischem Stress werden auch die Sexual- und Fortpflanzungsfunktionen auf Sparflamme geschaltet.
Unser Körper ist sehr intelligent. Er weiß, wie er auf vorübergehende Krisen reagieren muss. Diese systemische Aktivität ist jedoch auf eine ganz kurze Zeitspanne ausgelegt. Wenn die Stressreaktion länger andauert und chronisch wird, werden die zunächst dem Schutz dienenden Aktivitäten schädlich.

Woher weiß ich, ob ich unter Stress stehe?

Die meisten Menschen können es spüren, wenn sie unter Stress stehen. Sie sehen Situationen, die schwierig für sie sind und für die sie keine einfachen Lösungen parat haben. Sie können fühlen, dass ihr Körper durch den Zustand der Unsicherheit, den sie erfahren, beeinträchtigt wird.

Unser Stresssystem wird automatisch aktiviert, da haben wir keine Wahl. Wenn Sie sich in einer belastenden Situation befinden – wenn Sie beispielsweise im Untersuchungszimmer sitzen und auf den Arzt warten –, wird Ihnen vielleicht auffallen, dass Ihr Herz ein bisschen schneller schlägt, Ihre Atmung etwas beschleunigt ist und dass Sie schwitzen, besonders in den Achselhöhlen. Woher kommt das? Da das, was der Arzt Ihnen sagen und mit Ihnen machen wird, eine Bedrohung sein könnte, werden die Stresshormone freigesetzt und Sie bereiten sich darauf vor, zu kämpfen oder zu fliehen. Ihr Körper, der erwartet, dass Sie beim Kämpfen oder Fliehen sehr viel Hitze produzieren werden, bildet bereits Schweiß, um Sie abzukühlen.

Weshalb fühlt Stress sich schlecht an?

Ihr Gehirn deutet viele einfache Situationen unbewusst als Bedrohung Ihrer Existenz – beispielsweise einen Streit mit Ihrem Ehepartner, ein Kind, das sich schlecht benimmt, ein Gerät, das nicht richtig funktioniert, eine zeitliche Verpflichtung, sogar Gedanken über Sie selbst oder irgendetwas anderes. Alle diese Stressoren können die gleiche Stressreaktion auslösen, von der bei Tieren das Überleben lebensgefährlicher Angriffe abhängt. Da wir Menschen gewöhnlich weder kämpfen noch fliehen, führt die chronische Aktivierung des Stresssystems bei uns zu einer Anhäufung der Stresshormone, die bewirkt, dass der Körper wenig Ressourcen für die Aufrechterhaltung der Gesundheit zur Verfügung hat. Während er sich darauf vorbereitet, um sein Überleben zu kämpfen, werden die Immun-, Verdauungs-, Fortpflanzungs- und hormonellen Systeme alle auf kleine Flamme geschaltet.

Sie verstehen, dass ein so großes chemisches Ungleichgewicht sich schlecht anfühlen und viele Beschwerden mit sich bringen wird. Weil die

Leute sich so unwohl fühlen, versuchen dann viele, sich durch Stoffe wie Nikotin, Alkohol, Koffein, Essen, Zucker und rezeptpflichtige oder andere Drogen und Medikamente besser zu fühlen, was die Sache aber natürlich nur verschlimmert.

Laut Dr. Phil W. Gold, dem ehemaligen Leiter der Abteilung für Psychologie, Neurologie und Endokrinologie am US-amerikanischen National Institute of Mental Health (NIMH), ist unser Stresssystem mit den Gefühlen verbunden. Bedrohungen, die Nichterfüllung von Bedürfnissen und Schmerzen lösen das System aus. Vielleicht ignorieren wir schlechte Gefühle, weil wir keinen Ausweg aus dem Stress sehen oder weil man uns beigebracht hat, ihn auszuhalten. Vielleicht erklären wir uns auch rational, dass wir das Unbehagen ignorieren sollten. Bedauerlicherweise werden wir aber körperliche, mentale, emotionale und soziale Konsequenzen tragen müssen, solange wir uns schlecht fühlen und unser Stresssystem überaktiv ist.

Wie sehen die Symptome von chronischem Stress aus?

Chronischer Stress kann sich auf alle Aspekte des Körpers auswirken. Zu den häufigsten Beschwerden gehören Muskelverspannung (insbesondere im Genick), Verdauungsstörungen, Kopfschmerzen, Unregelmäßigkeiten bei der Menstruation, Herzrhythmusstörungen, Schmerzen in der Brust, Erregbarkeit, verminderter Sexualtrieb, beeinträchtigte Denkfähigkeit, Hautausschläge, Schlafstörungen und Erschöpfung. Außerdem kann Stress alle bereits vorhandenen Krankheiten verschlimmern, einschließlich von Diabetes, Bluthochdruck, Arthritis und Infektionen. Menschen, die unter Stress stehen, neigen zudem dazu, sich nicht gut genug um sich selbst zu kümmern, und das intensiviert die Beschwerden ebenfalls.

Brauchen wir die Reaktionen Kämpfen, Fliehen oder Erstarren denn nicht, um zu überleben? Ist Stress nicht auch manchmal gut?

Wir sprechen hier größtenteils nicht davon, dass wirklich lebensbedrohliche Situationen bei Menschen die Stressreaktion auslösen. Der Hauptteil unserer schlimmsten Ängste, Frustrationen und Schmerzen wird

durch unseren inneren Stressmacher hervorgerufen, und da hilft es nicht, zu kämpfen, zu fliehen oder zu erstarren.
A. T. Simeons, ein Schüler des Stresspioniers Hans Selye, schrieb im Jahre 1961: »Kämpfen/Fliehen ist ein antiquierter Mechanismus, der evolutionär nicht mit der Entwicklung des menschlichen Gehirns Schritt gehalten hat.«
Natürlich hat das Stresssystem durchaus seinen sinnvollen Platz. Wenn Sie mit etwas beschäftigt sind, was für Sie eine Herausforderung darstellt – beispielsweise mit einer Abfahrt auf Skiern oder einer Rede vor Publikum –, wird Ihr Stresssystem sich aktivieren und Ihnen helfen, die Herausforderung zu bewältigen. Ihre Sicht und Ihr Denken werden dann klarer. Ihr Körper wird für die kommende Anforderung bereit sein. In einer wirklich lebensbedrohlichen Situation – wenn es zum Beispiel in Ihrem Haus oder Ihrer Wohnung brennt – wird Ihr Stresssystem schnell die Ressourcen mobilisieren, die Sie brauchen, um Ihr Leben zu retten. In solchen Situationen ist Stress tatsächlich gut, doch sie machen nur einen sehr kleinen Bruchteil der Stressoren aus, denen wir uns gegenübersehen. Sobald der Stress chronisch und dauerhaft wird, vermindert das dadurch entstehende biochemische Ungleichgewicht Ihre Gesundheit, Ihre Leistungsfähigkeit und Ihre geistige Klarheit.

Kann Stress zu Krankheiten führen?

Es ist offensichtlich, dass Stress vielen Krankheiten die Tür öffnet. Bisher konnte allerdings nicht bewiesen werden, dass irgendeine Krankheit allein durch Stress ausgelöst wird. Die unmittelbaren Auswirkungen des Stresssystems – erhöhter Puls, Blutdruck und Blutzucker – können bei dafür anfälligen Menschen zu Bluthochdruck, Diabetes, Herzrhythmusstörungen und Herzerkrankungen führen oder diese Krankheiten verschlimmern. Cortison ist ein Insulin-Antagonist und verstärkt das metabolische Syndrom, was zu Gewichtszunahme, hohen Cholesterinwerten und Herzkrankheiten führt. Viele Verdauungsstörungen – wie das Reizdarm-Syndrom, Entzündungen der Gallenblase, Magengeschwüre und Rückfluss der Magensäure – können durch Stress ausgelöst werden. Die Unterdrückung des Immunsystems durch Stress erhöht die Anfälligkeit für Infektionen, selbst für den ganz normalen Schnupfen, und beeinträchtigt die normale Heilung.
Im Laufe der Zeit ermüden die Nebennierendrüsen und das Immunsystem kann überaktiv werden, was Allergien und Autoimmunerkrankungen

hervorrufen kann, wie Lupus und chronische Polyarthritis. Die Auswirkungen auf die Knochen verschlimmern Osteoporose und verzögern bei Kindern das Wachstum. Chronische Erschöpfung und Fibromyalgie werden durch Stress verschlimmert, Atmungsprobleme wie Asthma ebenfalls. Psychische Störungen wie Depressionen, Angst, Zwangsneurosen und Alkoholismus werden sämtlich stark durch Stress beeinflusst. Es ist also offensichtlich, dass chronischer Stress das normale Funktionieren und die Balance der Körpersysteme verzerrt.

Kann ich meine Gesundheit verbessern oder Krankheiten loswerden, wenn ich meinen Stress verringere?

Der Abbau von Stress verbessert die Gesundheit tatsächlich. Krankheiten lassen sich dann leichter behandeln; da sie generell außer dem Stress noch andere Ursachen haben, werden die meisten sich allein durch den Abbau von Stress nicht heilen lassen, doch die Heilung wird dann leichter gelingen. Um die Gesundheit zu verbessern und Krankheiten vorzubeugen, raten wir zu spezifischen Aktivitäten wie einer besseren Ernährung, Sport, gutem Schlaf, dem Verzicht auf schädliche Stoffe und regelmäßigen Vorsorgeuntersuchungen. Unserer Erfahrung nach werden die Reduzierung und Vermeidung von Stress sich auf alle diese Faktoren auswirken und sind ebenso wichtig, wenn man Krankheiten verhindern und die Gesundheit fördern will.

Welche wissenschaftlichen Beweise stützen den Inner Game-Ansatz?

Das Gebiet der Neurobiologie hilft uns, das menschliche Gehirn und den Verstand eingehender zu verstehen. Zu den Funktionen des mittleren präfrontalen Cortex, die Daniel Siegel in *The Mindful Brain* (*Das achtsame Gehirn*) beschreibt, gehören die körperliche Regulierung (Ausbalancierung des sympathischen und des parasympathischen Nervensystems), eine abgestimmte Kommunikation (Koordination des Inputs aus dem eigenen Verstand mit dem Input aus dem Verstand anderer), das emotionale Gleichgewicht, Flexibilität bei den Reaktionen (die Fähigkeit, innezuhalten, bevor man handelt – die Wurzel des STOP-

Tools), Empathie (die Wurzel des Tools für den gedachten Rollentausch), Erkenntnisse (sich selbst reflektierende Aufmerksamkeit), die Dämpfung der Angst, die Intuition (die Prozesse, die zu tiefem Wissen führen) und das moralische Empfinden (was für das Ganze am besten ist, nicht nur für den Einzelnen).

Man hat beobachtet, dass diese Hirnzentren ihre Fähigkeit zu wachsen bis zum Ende des Lebens behalten. Inner Game legt den Fokus auf die vielen inneren Ressourcen und bietet Tools für einen verstärkten Zugang zu ihnen. Derzeit bestätigen wissenschaftliche Studien die Existenz dieser Ressourcen und unsere Fähigkeit, mehr Zugang zu ihnen zu gewinnen.

Können wir Stress mithilfe unserer inneren Ressourcen überwinden?

Es gibt viele interessante Forschungen, die zeigen, dass Liebe – eine der wichtigsten inneren Ressourcen – unbedingt erforderlich ist. Der französische Kinderarzt René Spitz machte eine wichtige Beobachtung, als er am Ende des Zweiten Weltkriegs von einem Waisenhaus in Frankreich, wo Kinder schon im ersten Lebensjahr starben, zum Berater berufen wurde. Dr. Spitz sollte herausfinden, durch welchen ansteckenden Erreger die Todesfälle verursacht wurden, konnte jedoch keinen entdecken.

Die Hygiene bei den Babys war sogar gut. Dr. Spitz fiel aber auf, dass keine der Betreuerinnen die Kinder mal in den Arm nahm und mit ihnen spielte. Alles war aufgabenorientiert. Als Dr. Spitz die Betreuerinnen dann bat, den Kindern gegenüber Liebe zu zeigen und mit ihnen zu spielen, hörten diese Todesfälle auf.

Harry Harlow, ein US-amerikanischer Psychologe, führte ein Experiment durch, das die Beobachtungen von Dr. Spitz bestätigte. Er zog Affen teils mit echten Müttern auf, teils mit Stoffmüttern. Letztere waren genauso groß wie Affen. Sie hatten Körper aus Draht, die mit Stoff umhüllt waren, und dort, wo ihre Brüste hätten sein sollen, Fläschchen, sodass die Affenbabys wie von ihren Müttern gefüttert werden konnten. Die von den Stoffmüttern »aufgezogenen« Affen waren nicht zur Sozialisation fähig und zeigten viele Verhaltensprobleme. Die von echten Müttern aufgezogenen Affen hingegen durchliefen eine normale Sozialisation.

Vor Kurzem wurde an den US-amerikanischen National Institutes of Health eine Studie mit Rhesusaffen durchgeführt, die ergab, dass ängstliche Mütter ängstliche Kinder produzierten, die sich nicht gut in die Affengruppe integrierten. Um herauszufinden, ob das genetisch oder durch die Aufzucht bedingt war, nahmen die Forscher einige der jungen Affen und gaben sie Müttern, die nicht ängstlich waren. Sie wuchsen dann zu nicht ängstlichen Erwachsenen heran. Tierschützer haben gegen diese Studie protestiert, mit dem Argument, dass die Ergebnisse offensichtlich gewesen seien.

Norman Cousins hat in *Der Arzt in uns selbst* das große Potenzial einer anderen inneren Ressource beschrieben: des Humors. Er litt an einer lebensbedrohlichen Krankheit und sah sich den ganzen Tag über lustige Filme an, wobei er aus voller Kehle lachte. Bemerkenswerterweise erholte er sich mithilfe dieser und anderer natürlicher Behandlungen von seiner Krankheit und wurde zum Adjunct Professor of Medical Humanities an der Medical School der UCLA berufen, um dort Lehrveranstaltungen über seine Erfahrung abzuhalten.

Angesichts der verschiedenen Nervensysteme kann es nicht überraschen, dass die Reaktionen von Kindern, die mit viel Stress aufwachsen – insbesondere mit Gewalt, Missbrauch, Wut, emotionaler Distanz oder Vernachlässigung –, von den primitiveren Teilen des Gehirns beherrscht werden. Wenn Kinder in einer liebevollen und fürsorglichen Umgebung aufwachsen, in der viel gelacht wird, besteht eine viel bessere Chance, dass ihre Nervensysteme sich auf gesündere Weise entwickeln. Für gesunde Nervensysteme brauchen Kinder vier Dinge: grundlegende körperliche Pflege und entsprechenden Schutz, echte Liebe, dass man sich an ihnen erfreut und sie wertschätzt und dass sie als einzigartige Wesen verstanden werden. Würde es nicht sehr viel weniger Verbrechen, Drogen-, Nikotin- und Alkoholmissbrauch und Geisteskrankheiten geben, wenn diese vier Grundbedürfnisse allen Kindern von den Erwachsenen und Kulturen, die sich um sie kümmern, erfüllt würden?

Welche Rolle spielt die Hoffnung, die ja ebenfalls zu unseren inneren Ressourcen gehört?

»Die Hoffnung ist eines unserer zentralen Gefühle – doch wenn man uns bittet, sie zu definieren, sind wir oft ratlos«, schreibt Jerome Groopman in seinem vor einigen Jahren erschienenen Buch *Hoffnung, die wirkt.*

»Viele von uns verwechseln Hoffnung mit Optimismus, der vorherrschenden Einstellung, dass sich schon alles zum Besten wenden wird. Hoffnung ist jedoch nicht dasselbe wie Optimismus. Sie entsteht nicht dadurch, dass man uns auffordert, positiv zu denken, oder dass wir eine übertrieben rosige Vorhersage hören. Im Gegensatz zu Optimismus, der eher ein Denken ist, hat Hoffnung eine umfassendere innere Verankerung in uns.« Wir haben die Erfahrung gemacht, dass das auf alle inneren Ressourcen zutrifft.

Wie sieht es mit dem posttraumatischen Belastungssyndrom aus?

Oft sind traumatische oder belastende Erfahrungen aus der Kindheit bei Erwachsenen eine versteckte Quelle von Stress. Da die Erinnerung so schmerzhaft ist oder die Erfahrung aus der frühen Kindheit stammt, wird sie oft aus dem bewussten Gedächtnis verdrängt.

Die Struktur des posttraumatischen Belastungssyndroms (PTSD, Posttraumatic stress disorder) unterscheidet sich von chronischem Stress. Das bei starkem Stress freigesetzte Hormon ist Adrenalin. Es wirkt schnell und mobilisiert den Körper für extreme Reaktionen auf schweren Stress. Adrenalinreaktionen sind unangenehm und erfordern, dass wir handeln, um die Situation zu entschärfen. Das bei chronischem Stress ausgeschüttete Hormon ist hingegen Cortison, das ebenfalls von den Nebennierendrüsen gebildet wird. Es mobilisiert die Ressourcen des Körpers für lange anhaltenden Stress. Einige der häufigsten mit Stress verbundenen Krankheiten, wie Depressionen und das metabolische Syndrom, stehen mit einem hohen Cortison-Spiegel im Zusammenhang.

Beim posttraumatischen Belastungssyndrom geht die Adrenalinreaktion manchmal weiter und die Cortisonreaktion bleibt aus oder kann das Gefühl einer unmittelbaren Bedrohung nicht ausschalten. Wir wissen, dass Adrenalinreaktionen durch Ereignisse ausgelöst werden können, die den Betreffenden an das ursprüngliche traumatische Ereignis erinnern, beispielsweise durch einen lauten Knall bei Kriegsveteranen oder durch einen aggressiven Unbekannten bei Frauen, die vergewaltigt wurden. Bei frühkindlichen Traumata sind die Auslöser manchmal nicht zu erkennen, doch sie bewirken trotzdem ernste Reaktionen.

Zum Mechanismus des posttraumatischen Belastungssyndroms gehört das Feuern der Amygdala, das in unseren denkenden Gehirnen viele reaktive Wege erzeugt. Das können wir nicht durch Denken beeinflussen, da es zu schnell geschieht und wir von unseren denkenden Gehirnen aus keine Kontrolle über die Amygdala haben.

Es ist bekannt, dass die Behandlung des posttraumatischen Belastungssyndroms ausgesprochen schwierig ist. Nachdem Dr. Horton in seiner Praxis eine Reihe von Patienten mit PTSD gesehen hatte, entwickelte er einen Workshop, dessen Fokus auf der natürlichen Heilung emotionaler Wunden lag.

Der Workshop war auf die Betrachtung möglicher Mittel gegen die Auswirkungen dieser Erfahrungen ausgelegt. Dr. Horton forderte die Teilnehmer auf, alle potenziellen Mittel in drei Kästchen einzusortieren. In eines kamen die Dinge, die immer bei jedem halfen, in das zweite die Dinge, die nicht hilfreich waren und schädlich sein konnten, und in das dritte die Dinge, deren Wirkung relativ war – sie konnten hilfreich sein, aber auch schädlich, je nach der Person und den Umständen. Die Gruppen ermittelten fünf Dinge, die ihrem Gefühl nach immer für jeden heilend waren: Liebe, Selbstverständnis, eine innere Verpflichtung des Betreffenden dazu, dass es ihm besser gehen sollte, Hoffnung und die Annahme der Gaben des Lebens. Diese Schlussfolgerung steht mit der Philosophie des Inner Game im Einklang. Dass wir über angeborene innere Ressourcen verfügen, die durch Traumata nicht beschädigt oder zerstört werden können, trifft zu und macht Hoffnung.

Wenn das posttraumatische Belastungssyndrom geheilt werden soll, ist ein großer Prozess der Neudefinition erforderlich. Die Heilung beginnt damit, dass der Betreffende versteht und akzeptiert, dass die Stressreaktionen durch die Assoziation mit Ereignissen aus der Vergangenheit ausgelöst werden, die sich nicht ändern lassen und vom Selbst getrennt sind. Dann können die inneren Ressourcen gute Freunde werden und die Lebenserfahrung kann sich auf das Lernen und die Freude verlagern.

Was kann man tun, wenn Stress aus der Vergangenheit beim Körper dauerhafte Auswirkungen hinterlassen hat?

Stress aus der Kindheit kann die Struktur des Gehirns so verändern, dass die Amygdala eher dazu neigt, auf Stressoren zu reagieren. Zu uns kommen viele Patienten, deren Nervensysteme durch Stress überreizt sind. Sie zeigen oft körperliche Symptome, die sich in den Jahren mit erhöhtem Stress angesammelt haben. Die Inner Game-Tools können dabei helfen, mit dem Prozess zu beginnen, den Körper von den früheren schädlichen Auswirkungen von Stress zu befreien.

Auch viele andere Methoden sind hilfreich, wie Massagen, die traditionelle chinesische Medizin mit Akupunktur, Nahrungsergänzungsmittel, Meditation, Sport, Yoga, Psychotherapie und Medikamente. Dr. Herbert Benson hat ein Buch über die Relaxation Response (*Gesund im Stress*) geschrieben, eine angeborene Neigung des Körpers, sich zu entspannen, die durch einfache Meditationstechniken ausgelöst wird. Wenn die Betreffenden das Beste aus der modernen und der integrativen Medizin benutzen und das mit möglichst guter Selbstpflege kombinieren, sind erstaunliche Ergebnisse möglich. Da jeder Mensch einzigartig ist, ist der Schlüssel jedoch das individuelle Lernen – es gibt keine Kleidergröße, die allen passt.

Zudem lernen wir in der Kindheit über sogenannte Spiegelneuronen – das heißt, wir spiegeln oder kopieren das, was wir in unserer Familie und unserer Kultur sehen. Außerdem können wir die inneren Gefühle und Gedanken derjenigen Menschen spiegeln oder kopieren, die Einfluss auf uns haben. Die neuen medizinischen Modelle der psychischen Veränderungen sind auf die neuronale Plastizität fokussiert, die zu allen Zeiten im Leben das Wachsen neuer Schaltkreise im Gehirn ermöglicht, die die Erfahrungen aus der Vergangenheit überlagern können.

Reagieren Männer und Frauen auf die gleiche Weise auf Stress?

Neue Studien weisen darauf hin, dass die Männchen und Weibchen bei allen Arten unterschiedlich auf Stress reagieren. Die Reaktion der Frauen besteht nicht im Kämpfen oder Fliehen, sondern wird als »Neigung zur Freundschaft« beschrieben. Das wird als evolutionäre Reaktion zum

Selbstschutz betrachtet; die Frauen benutzen dabei ihre Stärken bei der Zusammenarbeit und der Fürsorge für andere.
Auch die Wahrnehmung von Stressoren ist bei Männern oft anders als bei Frauen; die Frauen sind sich der subtileren Stressoren der menschlichen Kommunikation und Gefühle stärker bewusst. Ein weiterer Unterschied ist, dass Frauen sich bei Stress eher auf die Details der Situation konzentrieren, während Männer zu einer breiteren oder philosophischeren Sichtweise neigen. Das kann zu Konflikten führen – die Männer glauben, die Frauen würden sich in den Details verfangen und könnten das »große Bild« nicht sehen; die Frauen hingegen halten die Männer für unpraktisch und gedankenverloren.
Inner Game ist für beide Geschlechter gleichermaßen wichtig. Wir können die gleichen angeborenen Fähigkeiten und die gleichen inneren Wege zur Klugheit entwickeln. In unseren Workshops erleben wir, dass sowohl Männer als auch Frauen ihren Fokus von den äußeren Stressaspekten zum Inner Game verlagern und so ihre Fähigkeit verbessern, Stabilität aufzubauen und dem Verlust der Balance zu entgehen.
Wir hoffen, Sie haben erkennen können, dass Sie auch im Hinblick auf Stress frei wählen können. Sie können die automatische Aktivierung Ihres Stresssystems akzeptieren oder sich bewusster werden, was genau passiert, um anders zu reagieren. Jeder von uns besitzt alle Qualitäten, die wir für die innere Stabilität brauchen, die es uns ermöglicht, angesichts der Herausforderungen des Lebens die Balance zu halten. Wir wissen, dass es zu Krankheiten, schlechter Leistungsfähigkeit und Elend führen kann, wenn wir uns durch die Stressreaktion definieren und antreiben lassen. Wir wissen aber auch: Wenn wir lernen, die Herausforderungen des Lebens zu bewältigen und unsere Stabilität aufzubauen, kann uns das helfen, unser Potenzial voll auszuschöpfen und uns wirklich unseres Daseins zu erfreuen.

MEDIZINISCHES GLOSSAR

Erklärungen zu denen im Buch verwendeten medizinischen Begriffen von Dr. Michael Lacour, Facharzt für Psychosomatische Medizin, Psychotherapie und Innere Medizin, in Lahr.

Amygdala – aus dem Griechischen abgeleitet: »Mandel« oder auch »Mandelkern« genannt. Zuständig für emotionale Gedächtnisinhalte.

Chronische Polyarthritis – aus dem Griechischen abgeleitet: Poly – »viel« und Arthritis – »Gelenkentzündung«. Die bekannteste Polyarthritis ist die Rheumatoide Arthritis, die typischerweise mit Entzündungen der Fingergrundgelenke, Fingermittelgelenke, der Handgelenke und der Zehengrundgelenke einhergeht.

Endokrinologie – aus dem Griechischen abgeleitet: Endokrin – »nach innen trennend« bzw. abscheidend und -logie – »Lehre« oder »Wissenschaft«, also die Lehre von den Hormonen.

Fibromyalgie – dreiteilige Zusammensetzung aus dem Lateinischen fibra – »Faser« und den griechischen Wörtern mys – »Muskel« und algos – »Schmerz«, also Muskelfaserschmerz, der auf stressassoziierte Muskelverspannungen zurückgeführt wird. Heute fasst man das Fibromyalgiesyndrom als zentrale Schmerzverarbeitungsstörung auf.

Hirnanhangdrüse – Hypophyse – aus dem Griechischen abgeleitet: »Sprössling«, das mit seinem Vorderlappen die Bildung und Ausschüttung der Stresshormone reguliert.

Hippocampus – aus dem Lateinischen abgeleitet: »Seepferdchen« oder auch »Ammonshorn« genannt (abgeleitet von den ausgestorbenen Kopffüßern, den Ammoniten); zuständig für faktische Gedächtnisinhalte. Beide, Mandelkern und Seepferdchen/Ammonshorn sind wichtige Bestandteile des **limbischen Systems**.

Hypothalamus – lateinisiert, aus dem Griechischen abgeleitet: Hypo – »unter«, thalamus – »Kammer«. Oberstes Regulationszentrum des vegetativen und hormonellen Systems.

Insulinantagonist – aus dem Griechischen abgeleitet – »Insulingegenspieler«. Insulin senkt den Blutzuckerspiegel, das Stresshormon Cortisol erhöht ihn.

Limbisches System – aus dem Lateinischen abgeleitet: Limbus – »Saum«. Es beinhaltet einen berühmten Nervenzellen-(Neuronen-)Kreis, der von dem US-amerikanischen Neuroanatomen Papez (Papez-Kreis) beschrieben wurde, und ist für die Regulation von Emotionen sowie des Gedächtnisses zuständig.

Lupus erythematodes – aus dem Lateinischen: Lupus – »Wolf« und aus dem Griechischen abgeleitet: Erythematodes – »der Röte ähnlich«. Bezeichnung für eine Autoimmunerkrankung, die u. a. mit schmetterlingsförmigen Hautausschlägen im Gesicht, einer Gelenkentzündung und Entzündung innerer Organe einhergehen kann und durch Immunkomplexe entsteht, die zu einer generalisierten Gefäßentzündung führen.

Medialer präfrontaler Cortex – aus dem Lateinischen abgeleitet: »zur Mitte hin, vor dem Stirnhirn gelegene Hirnrinde«.

Metabolisches Syndrom – aus dem Griechischen abgeleitet: Metabolisch – »stoffwechselbedingt« und Syndrom – »zusammentreffender Lauf«, also das Zusammentreffen verschiedener Krankheitszeichen zu einem Krankheitsbild. Bezeichnung für das kombinierte Vorliegen einer Störung des Zuckerstoffwechsels (der Zuckererkrankung – Diabetes mellitus), mit Bluthochdruck, Übergewicht und einer Fettstoffwechselstörung.

Nebennierendrüsen – Glandulasuprarenalis – aus dem Lateinischen: »Die über den Nieren gelegene Drüse«, aus deren Rinde das Stresshormon Cortisol und aus deren Mark die aktivierenden Hormone Adrenalin und Noradrenalin in das Blut ausgeschüttet werden.

Neurologie – aus dem Griechischen abgeleitet: Neuros – »Nerv« und Logia – »Lehre« oder »Wissenschaft«, also die Lehre von den Nerven bzw. die Nervenheilkunde.

Neuronale Plastizität – aus dem Griechischen abgeleitet: »Die Formbarkeit der Nerven«. In Abhängigkeit von der Verwendung kommt es zu Anpassungsprozessen des Nervengewebes.

Osteoporose – aus dem Griechischen abgeleitet: »Knochen(aus)höhlung«. Bezeichnung für einen übermäßig starken Knochenabbau.

Parasympathisches Nervensystem – auch **Parasympathikus** genannt – lateinisiert, aus dem Griechischen abgeleitet: »Neben-**Sympathikus**«, der der Gegenspieler des Sympathikus ist.

Posttraumatische Belastungsstörung – aus dem Griechischen abgeleitet: »Die nach einer Wunde« bzw. »Verletzung auftretende« Belastungsstörung. Nach einem solchen Trauma kommt es zu einer tiefgreifenden seelischen Erschütterung: Bei Hinweisreizen wird das Trauma wiedererlebt, Situationen, die an das Trauma erinnern, werden vermieden und es besteht eine Übererregbarkeit.

Sympathisches Nervensystem – auch **Sympathikus** genannt: lateinisiert, aus dem Griechischen abgeleitet: »Mitempfindung«. Aktivierender Anteil des **vegetativen Nervensystems** der für die vegetativen – der bewussten Kontrolle entzogenen – Stressreaktionen verantwortlich ist.

Vegetatives Nervensystem – aus dem Lateinischen abgeleitet: Vegetativus – »das Wachstum der Pflanzen fördernd« auch autonomes Nervensystem genannt, weil es (wie bei Pflanzen, die kein zentrales Nervensystem besitzen) weitgehend autonom vom zentralen Nervensystem die Körperfunktionen reguliert. Zum vegetativen Nervensystem werden der aktivierende Sympathikus und sein Gegenspieler, der deaktivierende Parasympathikus, gerechnet.

VERZEICHNIS DER AUFGABEN UND NOTIZSEITEN

Aufgaben im Teil 1 »Das Stressspiel«

Aufgaben im Teil 2 »Den Stress überwinden«

Aufgaben im Teil 3 »Die Inner Game-Toolbox«

Aufgaben in Teil 4 »Das Leben erfahren«

Platz für eigene Notizen:

WEITERFÜHRENDE INFORMATIONEN

Mehr über Inner Game erfahren Sie auf Tim Gallweys Website www.theinnergame.com.

Bibliografie der Bücher von W. Timothy Gallwey:

Mit *Inner Game Stresss* setzt Gallwey seine überaus erfolgreiche Inner Game-Reihe fort:

Inner Game Coaching: Warum Erfahrungen der beste Lehrmeister sind (Staufen, allesimfluss-Verlag 2010). – *The Inner Game of Work* (Random House 1999).

Inner Game Golf: Die Idee vom Selbstcoaching (Staufen, allesimfluss-Verlag 2003). – *The Inner Game of Golf* (Random Hause, überarbeitete Ausgabe von 2009).

Inner Game Musik: Der Mozart in uns (Staufen, allesimfluss-Verlag 2008). – *The Inner Game of Music* (mit Barry Green; Random House 1986).

Inner Game Ski: Skigenuss durch natürliches Lernen (Staufen, allesimfluss-Verlag 2011). – *Inner Skiing* (mit Robert Kriegel; Random House, überarbeitete Ausgabe von 1997).

Tennis – das innere Spiel: Durch entspannte Konzentration zur Bestleistung (München, Goldmann; überarbeitete Neuausgabe, 1. Auflage 2012). – *The Inner Game of Tennis* (Random House Trade, überarbeitete Ausgabe von 1997).

Sie wollen mehr über Stress und die eigenen Möglichkeiten, ihn zu bewältigen, wissen? Dann empfehlen wir Ihnen die folgenden Titel:

Benson, H.: *Gesund im Stress: Eine Anleitung zur Entspannungsreaktion* (mit Miriam Z. Klipper; Berlin/Frankfurt am Main/Wien, Ullstein 1978) – (1975): *The Relaxation Response*. NY, NY: Morrow.

Cannon, W. B. (1932; überarbeitete Ausgabe von 1930): *The Wisdom of the Body*. NY, NY: Norton.

Eliot, R. S., und D. L. Breo (1984): *Is It Worth Dying For?* NY, NY: Bantam.

Epiktet: *Die Kunst, vernünftig zu leben* (Frankfurt am Main/Olten/Wien, Büchergilde Gutenberg 1987). – Epiktet: *Anleitung zum glücklichen Leben* (Düsseldorf, Artemis und Winkler 2006). – Epictetus (1994) (Neue Interpretation von Sharon Lebell): *The Art of Living*. SF, CA: HarperCollins.

Groopman, J.: *Hoffnung, die wirkt: Wie sich Menschen angesichts schwerer Krankheit behaupten* (München, Goldmann 2005). – (2004): *The Anatomy of Hope*. NY, NY: Random House.

Kabat-Zinn, Jon: *Gesund und stressfrei durch Meditation: Das große Buch der Selbstheilung* (Wien/Gütersloh/Stuttgart, verschiedene Verlage 1993). Auch als: *Heilsame Umwege: Meditative Achtsamkeit und Gesundung* (München/Zürich, Piper 1995). – (1990): *Full Catastrophe Living*. NY, NY: Delacorte Press.

Lehrer, P. M., R. L. Woolfolk und W. E. Sime (Herausgeber) (2007): *Principles and Practice of Stress Management* (3. Auflage). NY, NY: Guilford Press.

Sapolsky, R. M.: *Warum Zebras keine Migräne kriegen: Wie Streß den Menschen krank macht* (München/Zürich, Piper 1998). – (1998): *Why Zebras Don't Get Ulcers*. NY, NY: Barnes & Noble.

Seaward, B. L. (2002): *Managing Stress*. Sudbury, MA: Jones and Bartlett.

Selye, Hans: *Stress beherrscht unser Leben: Das Standardwerk des Pioniers der Stressforschung* (München, Heyne 1991). Auch als: *Stress beherrscht unser Leben* (Düsseldorf, Econ Verl. 1957). – (1956, 1984): *The Stress of Life* (2. Auflage). NY, NY: McGraw-Hill.

Siegel, D. J.: *Wie wir werden, die wir sind: Neurobiologische Grundlagen subjektiven Erlebens und die Entwicklung des Menschen in Beziehungen* (Paderborn, Junfermann 2006). – (1999): *The Developing Brain*. NY, NY: Guilford Press.

Siegel, D. J.: *Das achtsame Gehirn* (Freiamt im Schwarzwald, Arbor-Verl. 2007). – (2007): *The Mindful Brain*. NY, NY: Norton.

DANK

Wir haben vielen Menschen für ihre großartige Unterstützung bei der Erschaffung dieses Buchs zu danken. Unser besonderer Dank gilt:

Catherine Whitney, die aus der Leidenschaft und den Erkenntnissen von uns dreien ein Buch erschuf, auf das wir alle stolz sind.

Jane Dystel, unserer Agentin, die an dieses Buch geglaubt hat und uns geduldig dazu ermunterte, es zu schreiben.

Mark Tavani vom Verlag Random House, der sich dem Werk mit Leidenschaft und Verständnis widmete und viel zu seiner Entwicklung beitrug.

Darüber hinaus ist jeder von uns den zahlreichen Menschen dankbar, die uns bei unserem Leben und unserer Arbeit unterstützt haben.

ÜBER DIE AUTOREN

W. Timothy Gallwey hat eine Reihe von Bestsellern zum Inner Game geschrieben, in denen er eine neue Methode für die Entwicklung von persönlicher und beruflicher Exzellenz auf einer Vielzahl von Gebieten präsentiert. In den letzten 20 Jahren hat er den Inner Game-Ansatz in Unternehmen eingeführt, die nach besseren Möglichkeiten für den Umgang mit Veränderungen (Change Management) suchten. Er lebt in Malibu, Kalifornien.

Dr. Edward Hanzelik, Internist, praktiziert schon seit über 30 Jahren eine neue Methode für die Behandlung von Patienten. Er arbeitet seit mehr als 15 Jahren zusammen mit Dr. John Horton und W. Timothy Gallwey an der Entwicklung einer praktisch umsetzbaren Lösung für Stress.

Dr. John Horton arbeitet seit über 30 Jahren zusammen mit W. Timothy Gallwey an der Inner Game-Reihe und seit 15 Jahren zusammen mit Dr. Edd Hanzelik an Stressseminaren.

WEITERE BÜCHER DES VERLAGES:

INNER GAME COACHING
Warum Erfahrungen der beste Lehrmeister sind
von W. Timothy Gallwey

€ 21,00 / 240 S.
ISBN 978-3-9809167-4-5

INNER GAME MUSIK
Der Mozart in uns
von B. Green u. W. T. Gallwey

€ 17,50 / 221 S.
ISBN 978-3-9809167-3-8

INNER GAME GOLF
Die Idee vom Selbstcoaching
von W. Timothy Gallwey

€ 24,80 / 282 S.
ISBN 978-3-9809167-0-7

INNER GAME SKI
Skigenuss durch natürliches Lernen
von W. T. Gallwey und R. Kriegel

€ 17,50 / 208 S.
ISBN 978-3-9809167-5-2

www.allesimfluss_verlag.de